营造的初心

——传统村落的文化思考

主　编　祁嘉华
副主编　苏志刚　刘　倩　祁俊程

中国建材工业出版社

图书在版编目（CIP）数据

营造的初心：传统村落的文化思考/祁嘉华主编
.--北京：中国建材工业出版社，2018.5
ISBN 978-7-5160-2241-2

Ⅰ.①营… Ⅱ.①祁… Ⅲ.①村落文化—研究—中国
Ⅳ.①K928.5

中国版本图书馆CIP数据核字（2018）第086365号

营造的初心——传统村落的文化思考

主　编　祁嘉华

副主编　苏志刚　刘　倩　祁俊程

出版发行：中国建材工业出版社
地　　址：北京市海淀区三里河路1号
邮　　编：100044
经　　销：全国各地新华书店
印　　刷：北京鑫正大印刷有限公司
开　　本：710mm×1000mm　1/16
印　　张：22
字　　数：330千字
版　　次：2018年5月第1版
印　　次：2018年5月第1次
定　　价：69.80元

本社网址：www.jccbs.com　　微信公众号：zgjcgycbs

本书如出现印装质量问题，由我社市场营销部负责调换。联系电话：（010）88386906

前　言

“不忘初心”是一句语重心长的提醒，告诫忙碌的人们不要因为走得太远、做得太多、变化得太快而忘记了出发时的原点、做事时的初衷、变化前的样子。忙碌当然比无所事事强，但是，如果因为忙碌而忘记了最初的目标，失去了原定的方向，很有可能会干出一些南辕北辙、顾此失彼的事情来。当然，在当下的社会条件下发出这样的提醒绝不是空穴来风，而是有着鲜明的所指。纵观当下的中国，我们确实在不少领域因为走得太快、做得太多、变化得太大而忘记了“初心”。

这种情况在近些年的建筑领域表现得尤其突出——

“房子是用来住的，不是用来炒的”。对不熟悉建筑市场的人来说，初次听到这样的话难免产生某种恍惚：建房来住不是尽人皆知的常识吗？建房不住那得消耗多少资源和土地？据国家统计局的数字，2016年房地产自身的增加值占到GDP的6.5%；国际货币基金组织在加上了与地产相关的产业后推算，房地产至少要占到中国经济总量的23.73%。与此同时还有一组来自学界的数字，据中国社会科学院财经战略研究所的专家统计，2015年全国商品住房过剩约21亿平方米，其中现房过剩约1亿平方米，期房过剩约19.9亿平方米，加上之前的过剩额，全国总库存约39.96亿平方米。由此不难看出，近年来建造房子的初衷已经发生了很大变化，变居住为商品、拿家园来盈利，从而达到通过建房对当时当地的经济有所推动的目的。人口的有限性决定着住房的有限性，如果过于放大对高额利润的追求，必将背离“房子是用来住”的初心。

“让城市融入大自然，让居民望得见山、看得见水、记得住乡愁”。对没有居住在大城市、尤其没有居住在北方大城市的人来说，初次听到这样的话也会感到莫名其妙：有山有水才可能有家园是我国城乡建造的传统，历史悠久，难道现在不是这样了吗？然而，看看现在大城市里的实际景象，我们才会明白这句话的深刻所指。为了提高容积率，城市里的主要景观已经不是树木山水和人文历史，而见缝插针式的规划理念，使不少城市已经成了水泥森林的世界；道路犹如停车场几乎是每个大城市的常态，拥堵带来的不仅仅是"行路难"，还极大地加重了城市管理和居住成本，降低了城市生活的安全系数；建筑的千篇一律导致了城市的千篇一律，没有东西南北的地域特色，也没有鲜明的民族风情，更找不到当年的家乡味道。很显然，"记住乡愁"的忠告意在提醒城镇建设过程中要留住绿色，留住乡情，进而保住城市"家"的本色。

"不要搞奇奇怪怪的建筑"。对非建筑专业的人来说，要准确理解这句话的内涵确实要费些心思：需要查阅一下字典，搞清楚什么是"奇怪"；也要对近些年中国建筑界出现的一些怪现象有所了解。《新华字典》中将那些让人"出乎意料，难以理解"的事物解释为"奇怪"。具体到建筑界，跨世纪前后，中国的大城市确实出现了一批造价上"出人意料"、造型上让人"难以理解"的建筑。老百姓给这些外表奇形怪状的建筑起了并不好听、却能够画龙点睛的名字；专家指责这些建筑是"低俗的数字化变异体，肆意践踏民众的生活空间"；民间组织更是发起了"中国最丑建筑评选"的活动……然而，前些年，这些建筑并没有因为声名狼藉而减少，反而从大城市走向中小城市，大有向全国蔓延的态势。"奇怪建筑"所以大行其道的一个重要理由是"引进西方先进的设计理念"，可谓冠冕堂皇。稍有历史知识的人都知道，历史早已赋予了中西方建筑各自的外观形态和内在气质，形成了不同的美学风范，各有各的存在空间，各有各的理论体系，各有各的文化坚守。视西方为先进，视传统为落后，造成如此妄自菲薄的根本原因在于传统修养不足带来的文化不自信！其实，在"奇怪建筑"中，我们既看不见西方文化的影子，也找不到东方文化的基因。也可能正是因为远离了传统，这些不伦不类的建筑才让中国的老百姓感到别扭和奇怪。叫停这种建筑，既是对中国城市文化环境的净化，也是对本土建筑文化的一种呼唤。

凡此种种，不能不说与急于求成有直接的关系——急于城市的快速扩张。我们确实有过一段“跑马圈地式”的建造经历，甚至不顾“居住”这一房子的基本属性，在商业、医疗、教育等基本服务设施都没有的情况下，便将建成区推向了市场，自然也就成为了无人居住的“鬼城”；由于不顾“家园”这一城市的基本属性，为了修路而砍树、为了造房而毁田的事情已经屡见不鲜，使得不少城市成了水泥森林，出现了“雾霾压顶”的环境危机；由于不顾“传统”这一营造的文化根本，拜西方为榜样，以怪异为时尚，将五千年文明束之高阁，让不少标志性建设项目“成为了国外设计师施展怪念头的试验场”（吴良镛语）……这样看来，近年出现在建筑界的各种反常行为，说到底是背离了营造的“初心”。

作为学者，之所以如此关注这些来自高层、有关全局性的政策性观点，当然与所从事的职业有关，试图透过城乡空间上的变化，发现这些变化让城乡所付出的代价；也与近年来一次次参与国家对传统村落（古村落）的保护与发展工作有关，在实地勘察大江南北的村落过程中，亲身感受到了这些地方所蕴藏的生存智慧，也真正发现了一些可持续发展的奥妙；更与现代人急于求成及祖先从容不迫生存观念的鲜明反差中，对当今城乡建设是否可以持续这一核心问题的忧思有关。

新世纪的第二个十年，中国建筑界既经历了大发展的亢奋，也尝到了顾此失彼的苦头——失去市场控制的高房价，超量建设造成的环境污染，人口密集带来的能源危机等问题，不仅降低着城市住民的幸福指数，也严重影响着城市的可持续发展，更让居住在这里的人们为自身的健康而担忧。与此同时，我有幸参加了由国家多部门主导的传统村落（古村落）保护发展工作，参与了从评审到督查的全过程，接触到了全国各地申报的几千份村落材料，实地勘察了大江南北八百多个村落。这样的经历，给我的研究工作带来了重要影响，有更多的机会将现代化的城市与尚未现代化的古村进行对比，并由表及里地发现了这些村落之所以千百年不衰的个中真谛——

首先，适度发展。大江南北的传统村落，建筑有差异，环境各不同，但是都遵循着“山林虽近，草木虽美，宫室必有度”这一古训。这里所说的

“度”，是指村落营造与环境承受之间保持在一定的程度上，不能以任何理由任其发展，以保持村落与环境承载之间的“度”。

其次，生命相通。“绿树村边合，青山郭外斜”是古人对村落环境的经典描述，也揭示出人居与植物水乳交融的关系，是“天人合一”思想的具象化。于是，传统村落在选址的时候，“法天地，象四时”，寻找人与环境共生共荣的风水宝地；在选材用料上，因地制宜，就地取材，使材料的自然属性更好地为人服务；在造型上，注重房屋方位的向阳避风，以获取更多的自然庇护，设计出与大自然相亲和的家园。凡此种种，道出了人居环境营造与自然环境休戚与共的基本宗旨。

再次，自然循环。顺天地自然而动是传统村落营造的又一原则。这里包括两层意思：一是指建造活动与季节相顺应，二是指建筑材料的循环使用。前者表现为选择适宜的季节从事建造活动，以保障建筑的最佳质量；后者表现为所有建筑材料重复使用并最终被降解。这样的营造，从选材到布局，从维修到重建，每一个环节都依自然而动，既不会给自然造成危害，也不会给后人留下麻烦，达到与天地共存，与四季轮回的大境界。

这些智慧，来于实践，用于营造，是传统村落的人们安居乐业、生生不息的重要保障。如果能站在这样的立场上，再借助现代科技来从事当下的城乡建设，我们的城乡建设可能会多一些稳健，少一些浮躁；多一些文化气，少一些商业气；多一些温馨，少一些喧嚣，而这些恰恰是中华祖先营造家园的“初心”。

城市化过程中的问题揭示，传统营造中的智慧总结，使现代城乡建设与传统营造智慧之间形成继承关系，是我这几年建筑文化研究的三个焦点，也构成了本书内容的三个板块。

收集到这里的是本人和研究生们上述思想活动的结晶。有的文章发表于《瞭望》《光明日报》等具有导向性的报纸杂志上，有的文章发表在《城市问题》《华中建筑》《中国名城》那样在行业内具有影响力的学术刊物上，还有一些刊载于国际和国内学术会议的论文集中。从 2012 年至今，年均发文在 10 篇左右。

“不忘初心，方得始终”是佛教的主张，告诫人们，“初心”尽管朴素，却是人们有所作为的基本点，关乎事物的本质。忘记了“初心”，等于失去了目标，事物不仅面临被“异化”的可能，误入歧途恐怕也在所难免。

祁嘉华

二〇一七年十一月二十日

目　录

上篇　营造“初心”中的智慧构成

中篇　城市的本质是家园

下篇　传统村落——中华优秀文化的大成之地

上篇　营造“初心”中的智慧构成

任何智慧都是经验的总结，并且要经过一定的时间检验。就营造而言，祖先的各种经验都在传统村落中有所体现，并在漫长的历史长河中经历过各种考验。所以，探索中华民族营造的初心，无论如何也离不开传统村落。因为，这里集中着中华民族最为朴素的哲学、伦理、社会、生活、美学等观念，并以巧妙的手法给予了空间表现，当然是最能体现中华民族营造本质的地方。

01 房子的“初心”

“不忘初心，方得始终”是佛教的名句，意思是只有坚守最初的信念，才能功德圆满。现实生活中确实有一些背离本意的事情，令人备感初心的重要。比如，房子本来就是用来居住的，居住自然就是人们建造房子的“初心”，然而，在房子成为驱动经济工具的社会背景下，房子成为了可以炒作的商品，居住功能反倒退而求其次。

近些年，房地产一直是中国经济发展的重要推手。据国家统计局的数字，2016 年房地产自身的增加值占到 GDP 的 6.5%；国际货币基金组织在加上了与地产相关的产业后推算，房地产至少要占到中国经济的 23.73%。由此不难看出房地产对 GDP 的贡献。但与此同时还有另一组数字，据中国社会科学院财经战略研究所的专家统计，2015 年全国商品住房过剩约 21 亿平方米，其中现房过剩约 1 亿平方米，期房过剩约 19.9 亿平方米，加之上年的过剩额，全国总库存约 39.96 亿平方米。

超过了居住需求是造成房子过剩的根本原因，出现了大量不是用于“住”而是用于“炒”的房子。这种情况改变了房子的性质，使原本用于居住的房子变成了一种金融产品或投机的商品。

“居者有其屋”是中国的建筑传统，也是深入人心的公理。不管是出于采光、保温需要演化出的风水意识，还是以辈分、职业和性别差异为标志的伦理色彩，都贯穿着为人们安居乐业提供保障、为社会和谐发展提供基础的良苦用心。不管是以宫殿为代表的官邸，还是以合院为代表的民居；不管是以山水为代表的园林，还是以殿堂为代表的寺院，都以凸显使用功能，满足使用需要作为基本宗旨。不少建筑不仅成为了一个时代的经典，还成为了世界

图 1-1　鄂尔多斯新城闲置的大量住房

文化遗产，也给我们留下了不少可以借鉴的经验——

首先，这些房子都具有鲜明的自然属性。传统建筑理念认为，大自然是一切生命现象的母体，顺之者昌，逆之者亡。基于这种认识，传统建造活动在取材、造型、朝向等方面处处要顺应自然，讲究与自然的和谐统一。这样建造出来的房子本身就是大自然的一部分，保持着原生态的物理属性，同时，也从大自然中获得了长久的生命力。这是中国传统建筑所以在民间深入人心的根本。

其次，这些房子的人文属性也很明显。建筑是给人住的，不同的人会有不同的诉求，这就使得古人在建造人居环境过程中除了要因自然而异，也要做到因人而异。于是，同是城市，不同地区的城市要有不同的面貌；同是院落，也要根据居住者的不同身份和家境情况，形成不同的规格，分出不同区域；同是房子，也要根据功能的不同而不同，出现了官邸的庄重、园林的优美、民居的亲和、寺院的超然等风格。

再次，这些房子还具有一定的保健作用。人生中的大多数时间要在房子里度过，房子肯定会对居住者的健康产生重要影响。成书于战国时期的《吕氏春秋》中就有“多阴则蹶，多阳则痿”的总结，指出了房子的高低宽窄对身体和情绪的影响。纵观前人留下的那些老房子，所以能在高低错落中体现出或阴柔或阳刚的美学效果和代代相承的历史感，少不了精益求精的选材和工艺，更少不了对阴阳平衡理念的贯彻与遵循。

比较起来，效益至上的建造则不太考虑自然环境的承受能力，而是在尽量扩大容积率上下工夫，以追求利益的最大化。这样的建筑，外观可能是漂亮的，成本可能是低廉的，效益可能是可观的，但是，居住者的生活方便和安全水平往往也是打折的。效益至上的建造大多走的是商品化、工业化的路子，也不太考虑地域差异，于是不可避免地走向了雷同化，不仅出现了千楼一面，也使得城市面貌大同小异。效益至上的建造更不太考虑对健康的影响，而是努力地将住房往高处发展，面积也要努力地往大处扩张。殊不知，整日处在这种充满阳刚之气的环境中，不仅会使人在视觉上感到疲劳，精神上也会产生压抑——“累”成为当下城里人的口头禅，应该与此有一定关系。

回归房子的居住本源，就是要回归房子的自然、人文和健康属性，使房子更好地为人服务。在经济至上的社会环境下，地产界确实有过“萝卜快了不洗泥”的情况，设计上的“复制抄袭”，容积率上的“接近饱和”，选材用料上的投机取巧……使不少房子在内在质量和美学水平上都在缩水。随着居住知识的丰富和眼界的开阔，人们对这些“缩水”的房子会越来越不能容忍。这可能也是造成目前房产库存积压的一种原因吧。

新世纪前后的城市化催生了海量的房子，但是，既没有出现经典之作，也没有出现引起世界建筑界关注的影响。反之，过量建设导致的城市拥堵和环境污染，不仅降低了住民的居住水平，也在很大程度上影响着城市的总体形象。2016 年 12 月中央经济工作会议上提出“房子是用来住的，不是用来炒的”，体现了国家让地产回归居住本源的决心。对于矫正房地产市场的投机心理，提升中国民居建设的总体水平和社会声誉，无疑具有拨乱反正的意义。

02 让更多人懂得中华营造智慧

“中华建筑的文化解码”以国家大学资源共享课的形式在“爱课程网”上面世了（图2-1）。谈建筑，自然属于工科，解文化，又属于文科，于是决定了这门课程因为跨学科而具有难度。作为主讲人，我并没太在意这些，而更加看重这门课对当下建筑乃至城市的中国化可能产生的影响。

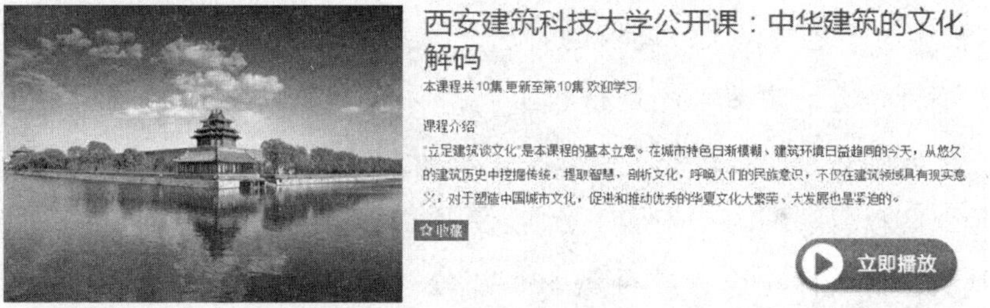

图2-1　视频公开课

建筑在各种人造产品中尺度最大，视觉冲击力最强。于是，在人造空间中，建筑的雅与俗，美与丑，具有一锤定乾坤的作用。中国的城市化建设速度有目共睹，也争议不断，其中最令人担忧的问题是，雷同的高层密集排列，使我们的城市越来越千篇一律，很像各种建筑产品的堆积场。在文化的语境中，那些带有历史气息的空间才可能使人感到亲切，产生“家园感”。于是，挖掘整理中华建筑中蕴含的丰富智慧，用以指导今天的建筑设计与规划，增加城市的本土色彩，无疑具有非常重要的现实意义（图2-2）。

中华营造智慧以文字的形式记录成典籍资料，也以空间的形式隐藏于古建遗址，浩如烟海，分布极广，整理起来并不是件容易的事。好在平日里有所积累，还比较出了一些规律性的东西：

图 2-2 授课现场

首先，古人关心建筑的意义，今人看重建筑的价值。《宅经》是最能反映古人建筑思想的著作，其中的“阴阳之枢纽，人伦之轨模”，道出了古人将“宅”视为天地之所，人性之家的看法。既然建筑是天伦与人伦的集合之地，那么，不管是选址建造，还是材料工艺，每一个环节都需要一丝不苟，精益求精。今人则更看重建筑的当下效果，从所谓的政绩工程，到城市规划设计，尤其是那些救急解困的“安居工程”，无不以刀下见菜，立竿见影为旨归。

其次，古人将建筑看成自然的一部分，今人将建筑视为财富的一部分。在古人眼中，“吉宅”的标准是，“以形势为身体，”人、房子、自然交相融合、浑然一体，成为承载生命的场所。在今人眼中，房子的商品属性显然是排在第一位的。不要说当年靠“炒房”富了一批人，土地出卖和地产税至今仍是不少地区的经济支柱。据统计，2012 年全国土地出让金额是 2. 69 万亿元，占到地方财政的 31%。除此之外，房地产中的“5 税”在地方财政中的比例也很高，2012 年就达到了 16. 6%。

再次，古人搞建筑讲究的是量力而为，今人搞建筑讲究的是人定胜天。《周易》中“先天而天佛为，后天而奉天时”，道出了古人对自然的敬畏；“近取诸身，远取诸物”，是古人从事建筑营造的基本依据，演化成古人以自然为尊的建筑态度，也实际地指导着古人的建设思路与方法，为传统建筑划定了一个“度”。19 世纪末出现的现代高层建筑，不仅打破了历史上高层构筑物不住人的纪录，而且还在高度上一再刷新纪录。我国 2005 年将 10 层以上的建筑视为高层，现如今，30 多层的住宅和几百米的超高建筑已十分普遍。“只有想不到的，没有做不到的”是当今建筑界的经典总结。

凡此种种，使我们的城市确实洋气了，改变着中华建筑的走向。不过，在满足了求新尝鲜心理之后，人们又有了以下发现：

失去了意义的建筑给人的印象仅仅是个躯壳。跨世纪前后，一些城市建造了不少高造价、大体量、全功能的建筑，被业内称为“高大全”。但是，时至今日，市民们对这些建筑仍然以“大裤衩”“铜钱楼”“顶个球”等戏言称呼之。与此形成反差的是，20 世纪 50 年代，北京也出现过建设高潮，标志性的“十大建筑”尽管也出现过这样那样的问题，但是，浓郁的民族色彩使这些建筑给当时的人以亲切，让今天的人依然起敬。建筑需要花钱，更需要内涵，缺乏内涵的建造，成本再高也难免浅薄，换不来尊重。

占有商品是资本积累时期的通行做法。当建筑成为商品的时候，千方百计地占有便成为难以避免的社会现象。从一般市民通过住房面积大小显示经济实力，到商人囤积房产倒买倒卖，再到利用权力侵占，都是建筑性质质变的结果。当占有房子和占有金条相提并论的时候，无疑会极大地刺激人们的贪欲。当前大中城市普遍存在的“房子比人多，人却买不起房子”的怪现象，就是房产性质畸变之后，导致整个产业泡沫化的结果。

生态学认为，事物健康发展的一个重要条件是“适度”，超过极限就会走向灭亡。癌细胞本身并不可怕，可怕的是无限膨胀而超过了肌体的承受。不管是当年“人有多大胆，地有多大产”的做法，还是今天不顾城市“极限”的建设思路，走的就是癌细胞的路子。前者成为了历史性的荒唐，后者导致了交通拥堵、环境恶化和能源紧张，实际地降低了城市的整体品质。

指望一门课来解决这些问题显然是不可能的，但是，“中华建筑的文化解码”却告诉我们，要想解决当前中国城市化过程中出现的问题，避开传统营造智慧是万万不能的。理由很简单，传统营造是建立在对自然尊重基础上的，所以在中国延续了几千年；现代营造中的不少做法是建立在蔑视自然基础上的，所以使当下城市的生态环境危机四伏。拿出普及科学的精神来普及中华营造智慧，实在是建筑界实现中国梦过程中迫在眉睫的事情。

但愿“中华建筑的文化解码”是一个开启。

03 文化视野下的传统建筑智慧解析

在文化的视野中，建筑不只是物质空间，还是精神的载体，这一点在传统建筑上表现得尤其明显。以阴阳五行为内核的哲学观，注重生理感受的美学观，无处不在的伦理观，赋予了传统建筑超强的生命力，折射出中华民族所以生生不息的心路历程。

传统建筑是传统文化的重要载体，记录着中华民族认识自然、营造家园的历史。透过各种传统建筑的外在形式，分析祖先之所以如此营造的哲学依据、美学追求、伦理精神等方面的内容，是传统建筑文化研究的升级版，也是从根本上领会传统建筑文化博大精深的关键性一步。经过这样的研究，传统建筑的精神内涵才能够得到挖掘，才可能在形式与内容的统一中升华出精神魅力，成为承载民族智慧的符号。

1）传统建筑的哲学意蕴

中国历史上没有“哲学”一词，但对宇宙万物运行规律的探索与思考却由来已久。古老的《周易·系辞上》中关于“形而上者谓之道，形而下者谓之器”的总结，明确了中华祖先很早便有了关于“道”与“器”的不同认定，形成了认识事物的基本立场和方法，其中的阴阳理论是对事物本质的揭示，五行分类则是对事物的形态认识。阴阳五行是中华民族最早的世界观和方法论，渗透于日常生活的方方面面。

这种情况当然也会在传统建筑中有所体现，为官方与民间营造活动提供精神依据。时至今日，我们仍然可以从古建遗址的选址布局和建筑本体上，发现中华哲学的某些基因。

选址是营造活动的开始。在过去，大到城池和村镇，小到一家一户，依山傍水几乎是传统建造活动都要遵守的基本原则。像华北那样的平原地区，为了拥有依山傍水的大格局，明成祖朱棣在建造紫禁城时，还是花了大量人力物力挖土成山，引水入城，形成“景山”在后为靠，“金水河”在前环绕的布局（图 3-1）。如此坚定的遵循，说明依山傍水不是可有可无，而是一种共识，统领着中华民族的营造活动，而形成这种共识的思想基础，恰恰是中国哲学中的阴阳思想。在古代，山属于“阳”，能够藏风纳气；水属于“阴”，能够滋养万物。在山环水抱中获得依靠和滋养，自然是休养生息的好地方。也就是说，正是古老的阴阳哲学，为中华祖先的基址选择提供着依据。

图 3-1 紫禁城中的阴阳思想

搭建是营造建筑主体的关键。古老的《周礼·考工记》中关于“方九里，旁三门”的记载，提出了四面合围的建造规范。从那时起，作为国家象征的城池，居家生活的合院，再到方正规整的房屋造型，四面围合成为了中原地区最为古老、最有代表性的建筑形式。如此高度统一的造型选择固然有材料和技术方面原因，但是，如果没有一种坚定不移的信念支撑，恐怕很难受到官方和民间的一致认同。我们认为，要想找到深层原因还得回到古老的中华哲学。因为，在中华哲学中，世间万物都由金木水火土五种物质组成，称为

“五行”。在五行文化中，西方为“金”，东方为“木”，南方为“火”，北方为“水”，四面合围之处为“土”。这样看来，土是居中之地，四周有金木水火的护卫，能满足人们获取温饱、追求安全、共荣共生等生理和心理需要。可见，将四面合围作为营造建筑空间的基本形式，绝不是巧合，而与五行学说有着精神方面的渊源关系。

封顶是建筑主体的成型。对建造者来说，封顶意味着工程的结束；对居住者来说，封顶意味着有了可以居住的家园——成书于汉代的《说文解字》就将“家”字解释为“居也。从宀，豭（jia）省声”，这里的“宀”（miǘn），就是指房顶。值得注意的是，在传统建筑的大家族中，屋顶的造型可谓五花八门，如西南地区的土掌房、夯土碉楼，西北地区的庄廓、碉房多用平顶（图3-2）；东北、华北地区的井干式和马架子式民居、江浙一带的抬梁式或穿斗式砖瓦房的屋顶则多为三角造型（图3-3）。比较之下，中原地区的民居屋顶则比较喜欢用“人字顶”造型。所谓“人字顶”，是指房顶的前后屋面相交之后有所凸起，形成屋脊，并在屋脊的两端处安装脊兽。从正面看，屋脊两头的脊兽上翘，具有很强的装饰作用；从侧面看，由于脊兽上翘，山墙上面的前后屋面衔接处被明显凸出，与左右的屋面共同构成了“人”字造型（图3-4）。古老的中华哲学认为，人只有受到天地的庇护，实现天道、地道与人道的汇通，才可能有所建树，有所发展。在一定程度上说，中原地区传统建筑普遍采用的“人字顶”，上指晴天，下俯大地，将天人相通的古老哲学做了形象的定格，仿佛是以空间的形式告诫居住者，要时刻牢记“大人者，与天地合其德”的古训。

图3-2　西北的平顶土碉房

图 3-3　东北三角造型的马架子民居

图 3-4　中原地区形似“人”字的硬山顶

这样看来，从选址开始，到主体搭建，再到屋顶造型，传统建筑营造的每一个阶段都遵循着某种近乎永恒的定律。而让这种定律深入人心的，恰恰是千年不变的哲学思想。

2）传统建筑中的美学追求

与欧洲比较，中华民族的爱美之心明显带有务实、自然和追求艺术的特点，并在传统建筑上留下了深刻的烙印——

务实性主要表现在审美过程中对生理感受的注重。严格地说，审美确实是一种精神愉悦的活动，开始于“悦目”，终结到“赏心”。然而，中华祖先则将生理的感受情况作为了能否获得美感的前提。例如汉字“美”就是由“羊”和“大”两部分构成的。文字学家许慎就有这样的解释：“美，甘也，从羊从大，羊在六畜给主膳也”，意思是大羊之肉才称得上肥美。

这种将生理感受视为审美前提的情况也在传统建筑中很常见。我们往往将黄土高原上的窑洞，云贵地区少数民族的吊脚楼、蘑菇房（图3-5），大小兴安岭地区的木刻楞、马架子等古老的建筑形态视为“就地取材”的产物。这种解释，确实说出了这些建筑在工程建造上的优势，却没有从根本上道出这些建筑之所以在当地深受欢迎、历久不衰的心理原因。只有身临其境于这些建筑之中，感受到冬暖夏凉的舒适，历久不衰的坚固，我们才可能体会到这些建筑在保温和防潮方面的优势，体会到当地人如此长久地沿用这种建筑的根本原因。可以肯定地说，正是因为有了这些美好的生理体验，才让居住其中的人们对这些建筑从生理认同升华到了文化认同，使那些貌不惊人的建筑深受欢迎。

图3-5　云南哈尼族的蘑菇房

自然性主要表现在人与自然的和谐相处。形成于地中海沿岸的古希腊罗马文明带有更多的浪漫色彩，认为审美活动只有“灵魂处在迷狂状态中”才能产生，带有很强的超离现实的取向，为宗教建筑在西方的发达提供了思想基础。形成于黄河长江流域的中华文明则带有更多的现实色彩，认为大自然才是“天下母”，不仅可以孕育万物，本身也是一个硕大无比的美的世界，所谓“天地有大美而不言”。

不同的审美心理，决定了东西方不同的营造取向，形成了中国独有的营造传统：最能代表中国传统的建筑不是教堂，而是规整的殿堂屋宇；不是冷硬的石材，而是具有生命属性的土木；不是建在突兀高耸的山坡上，而是建在绿树掩映之中；不但要有殿堂屋宇那样规整的地方，还营造出了“虽由人作，宛自天开”的各式园林，给那些被生活所累的人们营造出一个“复得返自然”的空间……在天地之间创造出一种“与天地合其德，与日月合其明，与四时和其序，与鬼神合其吉凶”的大境界。

艺术是人们生产和生活成熟到一定程度时的产物，集中反映着一个民族或地区的审美追求。大约在三千年前，东西方共同进入了“轴心文明”时期，也形成了各自的美学好尚：柏拉图提出，最好的美来自于“神灵的凭附”，而老子则提出，“人法地，地法天，天法道，道法自然”的大思路。截然不同的美学认定导致了截然不同的美学实践：同是诗歌创作，《荷马史诗》主要描写神灵的故事，《诗经》中歌颂则主要是人间的喜怒哀乐；同是塑造空间，古希腊时期的帕特农神庙是供奉神灵雅典娜的圣地，而出土于陕西岐山和扶风的西周合院式遗址，则是地地道道供人居住的地方；同是对建筑进行美化，出现在欧洲古建筑立柱或穹顶上的多是神像和天堂故事，而出现在中国古建筑木砖石雕上的则多是自然美景和民间故事……

通过以上分析不难看出，中华民族朴素务实、崇尚自然和追求艺术的传统，都在建筑上体现出来，成为传统建筑选材用料、外观结构、装饰美化的基本原则，也最终成就了中华传统建筑的基本美学素质。

3）传统建筑中的伦理精神

伦理重在调节人与人之间的关系，形成一定的规范。在中国文化的语境中，伦理主要针对人的两种属性：一是人所拥有的性别、年龄、好恶等个性特征，二是指人所拥有的家庭、阶层、宗族等社会特征。前者为“伦”，是人之天性，也是和谐生活的基础，要求人们在各种私人活动中要守住自己的本分，如男女之别、辈分之等、好恶之差；后者为“理”，要求人们在各种社会活动中不能随性胡为，而要考虑到家庭成员、阶层利益、宗族责任等因素，遵守基本的公理。

与西方通过神的感召来唤起人们的理性自觉不同，中国传统营造活动则主要围绕着人而展开，具有更加明确的行为规范性，不管是《周礼·考工记》中提出的“匠人营国”方面的规矩，还是《皇帝宅经》中将房子视为“人伦之轨模”的定位，都将规范人们的行为视为营造活动的根本。所不同的是，前者的立足点是城市布局，带有更多“理”的色彩，后者的立足点在家园建设，带有更多“伦”的成分。

“匠人营国，方九里，旁三门，国中九经九纬。左祖右社，面朝后市，市朝一夫”。这是中国历史上最早的城市规划思想——城市整体呈正方形，每一边的墙体长度为九里；每一边的城墙上开三座门，主次分明；每一个城门内都有街道贯通，形成三横三纵的经纬布局；祖庙在城市中轴线的左边，社稷坛在城市中轴线的右边。“面朝后市”是指官府办公的场所在前，以保障与祖庙和社稷坛在一个区域；百姓活动的场所在后，可以得到更大的活动空间，也不至于给办公的场所带来搅扰。这段文字尽管谈不上专业，却在充分考虑城市功能的基础上，将城市的规模、道路的分布、官民活动的区域、祖宗社稷的位置都做了明确安排，使得整座城市井然有序，让生活其中的人们在有所遵守中生活得方便，居住得得体。

如果说城池的营造主要体现的是国家之大礼，那么，家院的营造则注重的是对个体的规范。四合院是传统伦理思想的典型代表，由四面围合的房屋构成，但是不能随便摆放，而是有许多的规矩要遵守。四合院不论大小，都是由一座座房屋四面围合的庭院组成（图3-6）。简单的四合院只有一个院子，比较复杂的有两、三个院子环环相套，形成“庭院深深”的效果。北方地区的四合院一般由南向北一字排开，正房高而居中，厢房相对而立，轴线明显，左右对称。这样的安排当然有采光、避风方面的考虑，但是，如果结合居住实际，其中的伦理属性便一目了然——不管是几进院，院落中居中的上房肯定是长辈的居所，晚辈只能住在上房两侧的厢房里；男性住房的门面一般都面对着院子，女性住房、尤其是那些尚未出嫁的女子闺房，一般都比较隐秘；主人的居所一般都在院落的向阳之处，佣人或客人的住所则安排在院落进门处的“倒座房”里。这样看来，四合院不只是一种建筑现象，更是一种带有别辈分之长幼、性别之差异、主客之等级的伦理现象。

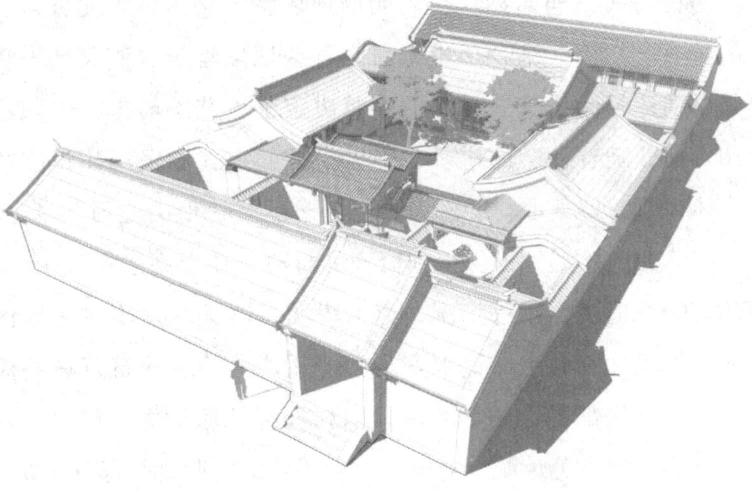

图 3-6　四合院布局中的伦理精神

深谙中华文化精神的王国维先生就曾有过这样的总结：“血缘家族伦理”是中国传统建筑的基本精神，认为“名堂、辟雍、宗庙、大小寝之制，皆不外由此而扩大之”，一语中的地道出了传统建筑所以中规中矩的根本原因。这样的营造讲究，与中国历史上漫长的宗法社会一脉相承，也是礼仪之邦文化精神在建筑上的形象体现。

这种指向精神的研究，才有可能让我们对传统建筑的认识由表及里，透过外在形态触及到更加深层的领域，甚至对一些在工程技术视野中早已习以为常的观点，形成新的思路和观点。

比如说，建筑界曾将土木材料的使用视为传统建筑难以长久保存的原因，截至目前，我们也确实没有在中华文明的核心区发现类似帕特农神庙那样年代久远的建筑形态。然而，面对周秦汉唐遗留下来的典籍资料和部分建筑遗迹，面对传统建筑在外在形态和周边环境方面一些千年不变的“潜规则”，我们又不得不为传统建筑中拥有的某些超稳定性而叹为观止。一方面是因为材料的原因使建筑主体缺乏耐久性，一方面是建筑形态和周边环境营造讲究的千年不变。只有从古老的中华哲学层面，我们才可能对这种矛盾做出比较合理的解释：时间确实可以摧毁材料，却无法摧毁人们头脑中的信念。正是古老的中华哲学，为传统建筑千年不变提供着精神支持。

比如说，建筑界曾将就地取材视为传统营造的基本原则，各地的传统建筑也确实因为材料的不同而显现出鲜明的地域特征，出现了北方多土木，南方多石木的特点。然而，结合历史来研究各些地域建筑我们又会发现：就地取材不过是早期建筑的做法，材料的简单决定了工艺的简单，也限定了这种建筑的使用寿命。随着社会的进步，绝大多数的官式和民用建筑往往是多种材料的混合体，既有就地取材的一面，更不乏运用“他山之石”“他山之木”的情况，以保障建筑关键性部位得到恰当的材料，在提高建筑安全性的同时，也增强着建筑的舒适度。这种情况，恰恰说明了就地取材不过是人们从事建造活动过程中阶段性的做法，追求安全和舒适才是传统建筑营造终极性的目的，不管在哪个时代都是人们摆脱就地取材局限的原动力。可以肯定，中华民族看重生理感受的审美传统，对不同时期建筑的优胜劣汰起到了重要作用。

比如说，人们曾对传统建筑的种种规制颇有微词，认为在一定程度上限制了人们自由发展的空间。然而，真正置身到那些古建筑、尤其是那些规整严谨的四合院中，透过房间的布局、面积、朝向、装饰，我们可以大体不错地判断出当年居住者的家中地位、年龄、性别和好尚，在感叹古人重视秩序的同时，也会感觉到只有在秩序中才可能拥有的一种安详。中华祖先恰恰是从居住的规范入手，来满足人们生理和安全方面的需要，为人们下来可能产生的更高生活需求奠定了基础——很难想象，那些连基本的生理和安全需求都保障不了的住所，能给居住者带来真正的幸福。这样的传统，既符合人们基本的需求规律，也反映出传统建筑营造对育人问题的重视。

有学者将中国传统建筑比喻为一部展开于东方大地上的“鸿篇巨制”。的确，在各种人工制作中，建筑确实在体量的巨大和工艺的复杂上具有无与伦比的优势，足以将一个民族的富裕与贫穷、信仰与追求、气量与胸怀以空间的形式展示出来。于是，通过建筑，尤其是历史遗留下来的那些传统建筑，我们完全可以看到建造者所处的生活状况，解读出当时人们曾经有过的精神追求。通过以上分析我们就不难看出，中华民族在天地之间总结出的哲学思想，与西方圣贤靠“神灵凭附”获得的启发一样，同样拥有强大的感召力，成为传统建筑营造千年不变的基本遵循；中华祖先从大自然中总结出的美学思想，与西方圣贤依靠“心灵在迷狂状态”中获得灵感一样，不仅创造出了不少令人羡慕的家居空间，还创造出了不少美不胜收的园林景观；中华祖先从血缘宗亲中总结出的伦理规范，与西方依靠法律条文对人们进行管控一样，同样在家园营造中突出了以人为本的生活秩序。

04 让中华建筑文化走向世界

——从入选国家精品视频公开课说起

新世纪伊始，美国麻省理工、哈佛和耶鲁等知名院校形成联盟，准备用10年的时间通过网络开放全部课程，实现优质教学资源的全球共享。作为教育大国，积极向同行学习的同时也展示自己的力量，是我国面对这种情况做出的反映。国家首先从部分985和211院校选择了一批重点专业和有实力的教师进行课程制作，并以“中国大学视频公开课”形式在“爱课程”网上公布。这是中国高校向社会和世界展示办学实力的重要窗口，入选院校都拿出了最佳的师资阵容。以今年第一批入选的课程为例，主讲人中就有院士15名，国家教学名师57名。在今年第二批建设的148个选题中，国家增加了非985和211院校。经过严格筛选，我省只有《中华建筑的文化解码》以鲜明的专业特色和时代感入选（图4-1）。

作为本课程的主讲人，我一开始并不清楚这些背景情况，而是出于两个原因挺身而出的：一是凭着建筑文化研究方面的多年积累，二是对缺失民族文化的城乡建设的极大忧虑。

古人有“十年磨一剑”的经验，说的是只要用心专一，定能有所成就。其实，在信息高度发达的今天，借助现代科技，劳动效率会极大提高，出成果的时间如果再像古人那样长就不正常了。从我的经验看，只要有科学态度，不管搞什么研究，三年出成果，五年大变样是完全可能的。从在建筑文化领域里选题并获得国家级科研项目，到在建筑领域的最高级别出版社出版专著，再到在国内外学术会议上做重点发言并被“光明日报”“文汇报”和中央电视台报道，我也就用了三、五年的时间。在开放的社会条件下，条条大路通

图 4-1　《中华建筑的文化解码》入选国家精品视频公开课建设计划

罗马，只要精诚所至。

中国的城市化建设是世界平均速度的两倍。当越变越高的城市被雾霾天气笼罩、被交通拥堵阻塞、被水电危机搅扰的时候，人们还发现身边的建筑样式也变得越来越趋同，在千篇一律中失去了民族味道。于是，我们的城市越来越像建筑工厂，而与温馨的家园渐去渐远。

造成这种局面的原因有决策上的，有技术上的，但在我看来更重要的是文化上的缺失。现代意义的城市完全是人造的产物，设计规划者的文化养成情况可以直接反映在每一栋建筑、每一个街区甚至是每一次决策上，使建造出来的空间既具有一定的功能，也成为不同的文化载体。也就是说，现代意义的建造，根本上说已经不是纯粹的技术行为，而是一种文化活动，在反映建造者技术水平的同时更反映着建造者的文化修养情况。但是，到目前为止，我们的建筑专业所开设的课程中，很少有“文化原理”性的课程，也没有文化史论方面的课程，基本上就是一个技术性的专业。这样培养出来的人才可以将甲方的意图转化成设计方案，却很难拥有按照信仰或民族传统进行创造的勇气，更不太可能是那种“深熟历史、哲学、音乐、医学、法学”，因为有所信仰而“气宇宏阔”的建筑师（维特鲁威语）。于是，由这样的设计规划者营造出来的空间很难摆脱急功近利而带来的种种狭隘——只知道建房子，却不知道需要建造的还有房子的周边环境；只知道古人的房子有大屋顶和斗拱，却不知道古人在选址和方位上还有更多的讲究；只知道高楼大厦可以给城市增加现代感，却不知道过多的高楼大厦会形成热岛效应，破坏城市的自然和人文环境，降低城市的宜居程度和美学效果……面对这种情况，有识之士们已经发出了忧虑：很多城市不是在延续历史文脉，而是走着时尚的路子，陷入了形式主义、没有特色的怪圈——这是建筑文化学者的发现。中国的历史城市从来没有像现在这样受到“前所未有的重视”，也从来没有像现在这样受到“前所未有的冲击”——这是文物官员的洞察。中国历史文化名城保护，已经到了“最危急的时刻”——这是文化学者的惊呼。

值得注意的是，发出这些声音的角度都不是纯技术性的，而是人文性的。也就是说，高速发展的中国城乡，文化方面的问题比技术方面的更突出。更为严重的是，在建筑领域，文化定位方面的意识并没有形成，规范制度也远没有技术方面的完善，甚至带有明显的技术迷信和摸着石头过河的不确定性，以至于出了问题也不知依据什么来解决。面对我国的城市化建设越来越没有民族特色，甚至在重蹈着西方城市化早期先污染后治理的老路，从华夏文化中汲取营造智慧，已经显得十分必要而且紧迫。

这么说绝不是空穴来风，而是出于多年来对华夏建筑文化研究的结果。从2006年主持陕西省社科基金项目“从陕西古建筑，看中华审美心理的历史演变，”到2009年主持国家社科基金项目“古村落和新农村建设研究”，读书几百卷，行程数万里，著作有五部，文章几十篇。对传统建筑的认识也从外在的形式，到结构组合；从单体的空间，到建筑群体；从设计施工的巧妙，到选址布局的讲究，由表及里，由技到道。我逐渐地明白了，为什么历史上的古建筑尽管在技术和材料方面远不如今天，却可以达到远比现代建筑长远的使用寿命；为什么历史上的古城池在没有勘探和降解技术的情况下，却可以不受资源枯竭和垃圾围城的困扰，千年不衰。这就是传统营造智慧的力量。如果掌握了现代技术的人们也能够了解一些并加以运用，我们的建筑和城市不仅会拥有更多的民族品位，也可能会避免遭受热岛效应、垃圾围城和能源危机的困扰。

传统营造智慧记录在浩如烟海的古代典籍中，也形象地表现在古迹遗址上，更散布在广大的古村落里，绝不是靠书斋里翻古纸堆就能够掌握的。在这方面，当年的梁思成先生做过表率，当代的吴良镛、罗哲文等前辈也树立了榜样。所不同的是，他们或者注重于田野考察，或者着手于实际设计，或者长于资料收集，还没有将营造智慧与民族文化融合后进行理论的提升和总结。在我看来，祖先的营造智慧是长期经验的总结，绝不是匠人式的技法纪录。只有将这些营造智慧与我们民族独特的地理环境和历史脉络相结合，与民族独特的生活方式和审美习惯相结合，才可能深刻地理解其中的奥妙。于是，在设计《中华建筑的文化解码》课程时，我不是就建筑谈建筑，而是从民族文化的大背景上，系统地梳理和总结祖先在建造活动中体现出来的美学观、哲学观、伦理观、生活观和生命观，将散布在典籍资料和古建遗址上的点滴发现进行融会贯通，发现规律，升华理论，并试图有针对性地指导当下的城市化与新农村建设实际。

如果说当初申报的时候有点“无知者无畏”，那么，在获准课程建设并准备展开工作时，我想到更多的是如何珍惜这次难得的机会，出色地完成任务。势必，网络是无国界的，中华建筑文化能否通过这门课程展现在世界面前，获得世人的认可，既是神圣的使命，也是我辈的责任！

05 在营造文化研究中心授牌仪式上的讲话

尊敬的罗杨书记、林岚岚处长、央视的聂老师，各位嘉宾，感谢大家来参加今天的仪式：

以这样的口吻开场是出于礼仪上的需要，而实际上在座的每一位来宾都是我多年的朋友（图5-1）。此时此刻，与你们共事的一个个记忆都浮现在我的眼前：

图5-1　营造文化研究中心授牌仪式

记得一次考察福建的古镇，为了让我们了解地方上的民间艺术，镇子里当晚组织了一个地方戏演出。由于下雨，我们到场有些晚，前排的座位也被当地老乡们坐满了。当陪同人员正要上前让老乡让出座位时，罗杨书记竟然给制止了。演出持续了一个来小时，罗书记一直站着，我们也没有一个人敢坐。

在2015年12月一次住房和城乡建设部（以下简称住建部）传统村落评审会上，张学勤司长在做总结发言时是这样开场的：感谢来自全国的专家学者几天来为传统村落评选付出的辛勤劳动。我是第一次和大家见面，先谈谈我脑海中的“司长”。“司长”的“司”与“司机”和“司仪”的“司”是一个字。也就是说，“司长”其实就是“司机”和“司仪”，是为大家开车的人，组织的人。总之，是一个服务者。这是我听到的最接地气，最有亲切感的一种“官方语言”。

给我留下深刻印象的还有冯骥才先生。2006年，是他一手策划了“西塘宣言”，奠定了中国传统村落保护的里程碑，是他以国务院参事的身份将传统村落的保护工作报告给了总理，是他要给全国评选出来的传统村落建立档案，结束中国自古村落无档案的历史……就是这样一位在祖国传统文化保护方面功勋卓著的人物，至今仍然出现在大江南北的传统村落里，让人很难将他与古稀老人联系在一起。

在今年的政府工作报告中，李克强总理提出要培育“精益求精的工匠精神”。在“重道轻器”的年代里，“工匠”的社会地位不高却十分受社会的敬重，其中一个重要的原因就在于，这些人不为功名利禄，却掌握着包括衣食住行在内的全部技术。他们所创造的大量物质财富，既可以保障人们的日用温饱，也可以巧夺天工，给人们提供精神享受。同时，他们身上埋头苦干、精益求精的工作态度，同样也是一种非常珍贵的精神财富。在讲求质量、凸显文化为特征的社会背景下，这种精神不仅需要培育，而且需要发扬光大。

今年3月，中国民间文艺家协会正式批准成立“营造文化研究中心”。从专业角度看，这件事情立足建筑文化，贯通古今之学，针对当下需要，其意义非同小可。

近三十年是中国建筑发展最快、也是问题最多的一段时间。伴随着奥运建筑而来的是各种形态怪异的建筑，引发了社会各界的广泛关注，吴良镛先生在批评这种情况时说“中国建筑市场变成了外国设计师施展各种怪念头的试验场”。2013年的雾霾，覆盖了东北、华北、西北的大中城市，美国《纽约时报》将北京形容为“机场里的吸烟区”，德国《明镜》周刊更直指“北京是世界上最脏的城市之一”。在以建筑作为地方经济抓手的那段时间里，各地都催生了海量的建筑，日本设计师隈研吾称这些建筑，“不过是模仿了美国20世纪80年代二流设计师的作品”，不难看出，我们的城市在高速发展的过程中，不仅付出了巨大的环境代价，也付出了声誉上代价。

在这样的背景上重温“让城市融入大自然，让居民望得见山、看得见水、记得住乡愁”“不要再搞奇奇怪怪的建筑”“要牢牢把握地域、民族和时代三个核心要素……留住城市的人文特色和历史记忆”，保留“中国城市特色”等来自高层的忠告，既让我们感到惊醒，也让我们感到紧迫。

从国家的层面如此密集地关注城市和建筑问题，不仅在中国城市建设过程中空前，在世界城市建设过程中也绝无仅有。值得注意的是，这些关注主要集中在了城市建设的文化定位上。建筑是形，文化是魂。一个城市的风貌如何，关键取决于规划者的文化素养和对建筑的理解。近些年我们确实过于看重城市的经济属性，不少地方将房地产作为了经济发展的重要抓手。现在看来，不管是蓝天碧水的消失，还是乡愁的淡漠，都与背离了传统的建筑文化有直接关系。要知道，中外历史上不少城市所以能够持续千百年，不只是有高水平的技术，更关键的是建设者对传统营造智慧的尊重与传承。可能正是悟到了这一点，当年梁思成先生才将“文化的记录者，历史之反照镜”作为了建筑师的基本职业定位。

“贯通古今”历来是教育的至高境界，不管是西方教育由宗教衍生出来对真理的执著追求，还是中国传统教育由礼法衍生出来的修身治国，都不约而同地将一种至高无上的东西作为了培养人才的目标。于是便出现了哈佛大学“与柏拉图为友，与亚里士多德为友，更要与真理为友”的著名校训，还出现了“先天下之忧而忧，后天下之乐而乐”的人文精神。在与国际接轨的大背景下，建筑类的不少专业都存在着从理论到案例的全盘西化。我曾经带学生到过山西朔州的应县木塔，面对近千年的古塔，学生反应强烈，产生了“对不起”祖先的自谴。可以说，不管是各种古建遗址，还是那些遍布大江南北的传统村落，绝不是一些简单的建筑物，更是一本本凝聚着祖先生存智慧的教科书。1926年，美国《蒙大拿报》就曾以“中国女孩致力拯救祖国艺术”为题，大段地介绍林徽因回国复兴祖国艺术的志向。像梁思成、林徽因这样对中国建筑教育起过奠基作用的先贤们，都曾将振兴祖国的建筑事业作为核心目标（图 5-2）。

图 5-2　梁思成与林徽因

针对当下需要将传统古为今用，是传承优秀文明的共同做法。欧洲城市所以古色古香，令人充满敬意，与一代又一代建筑师对古希腊罗马建筑传统的遵循有直接关系；当年围绕北京城市建设提出的“梁陈方案”，所以至今仍让世人充满向往，在建筑界传为佳话，也与其中对传统的尊重有直接关系。

20 世纪 30 年代，营造学社创立者之一的朱启钤先生就指出：“研究营造学，非通全部文化史不可，而欲通文化史，非研求营造不可”，将营造与中国文化紧密地联系到一起。可以说，当年的营造学社所以能在建筑研究上做得那样扎实，避免了理论与实践脱节的问题，与他们紧紧抓住“营造”的文化本质展开工作有直接关系。

在今年的政府工作报告中，李克强总理提出要培育“精益求精的工匠精神”。当年的营造学社就是以这种精神奠基立业，并以丰硕的成果载入了史册。在今后的日子里，中国营造文化研究中心将以“继绝学、融古今、创新业”为基本，继承先辈的学风，从营造的文化意义入手，将典籍资料的阅读与古建遗址的考察相结合，梳理前人的营造智慧，发现营造的古今关系，确立营造文化的现实意义，为建设具有中国气派的新城镇提供理论依据。

06 承载时代风貌的物理空间
——奥运场馆建设的文化思考

奥运场馆建设是奥运会的重要组成部分，承办国会在人力和物力上做出最大努力，政治经济状况和社会精神风貌也会由此得到展现，综合地反映出承办国的文化实力。因此，在场馆建设的论证阶段，从文化角度的研究往往比技术角度的研究更重要。2022 年将在河北张家口市举办的冬奥会，是中国再次面向世界的一次机会，同样要再次面对奥运场馆建设的问题。分析当今的世界形势，总结过往奥运场馆建设的得失，为将要展开的场馆建设提供理论支持，奠定设计思路，无疑具有非常重要的现实意义。

2022 年冬季奥运会将在河北张家口市举行。对于曾经成功举办过 2008 年夏季奥运会的中国来说，无疑又是一个向世界展示自己的机会。

作为一种大型的国际赛事，所有承办国都会高度重视这项活动。为了与国际水平保持一致，各国都会不竭余力地在人力和物力方面给予最大保障，包括调动最好的场馆设计力量。于是，承办一次奥运会，既是对举办国硬实力的展现，也是对举办国软实力的展现，而这两者的集合，构成的恰恰就是举办国的文化实力。

作为物质和精神财富的总合，文化是从综合水平上来看问题，既看重物质产品构成的硬件情况，也不会忽略以精神为主体的软实力。由于任何物质活动都是在某种精神的指导下完成的，最终反应的仍然是活动者的精神世界所达到的水平，因此，从文化的角度来思考问题，可能比单纯地从技术的角度思考问题来得更加全面也更加深刻。我们就是从这样的视角来认定奥运场馆建设的。

1）世界奥运场馆建设巡礼

对奥运举办国来说，场馆建设肯定是一项重量级的建设项目，会招揽各方有实力的建筑设计师，使设计出的场馆既能够看齐世界水平，又能够展示国家形象，成为举办国建筑设计和奥林匹克运动史上的标志。于是，透过奥运场馆建设，最能体现的不仅仅是举办国的经济实力，还能反映所在国当时社会的基本诉求。这一点可以反映在场馆建设的各个环节上。

2012 年在英国举办了第 30 届奥运会，其主场馆下小上大的造型，犹如一只大碗，并获得了“伦敦碗”的绰号（图 6-1）。与 2008 年的北京奥运场馆一样，“伦敦碗”也使用了钢架结构，但是并没有像“鸟巢”那样周身上下都钢筋铁骨。正如主创建筑师飞利浦 · 詹森所说：“我很喜欢北京的奥运场馆，但没想继续像北京那么做”。

图 6-1　2012 年伦敦奥运会主场馆

透过“伦敦碗”的外在造型，仔细分析设计师的设计思路，我们还真能发现不少新意：首先，与“鸟巢”固定座位为主的设计思路相反，“伦敦碗”的临时看台数量远远大于固定看台，其中的 8 万个座位，只有 25000 个是固定的，上部的 55000 个座位都可以拆卸，是一个地地道道的可伸缩场馆。奥运会结束之后，这里便瘦身为一座中型社区体育场，承办各种中小型的群众活动，避免了过大场地的高昂养护费用和难以出租的尴尬，为场馆的可持续发展打下了基础。同时，“伦敦碗”也是节能型建筑的典范，在降低碳排放呼声日高的形势下，该场馆十分注重对于资源的高效利用，比其他体育场少用了75%的钢材。另外，“伦敦碗”的另一大特色是废物利用，所使用的低碳混凝土，其材料来源于某种工业废料，较一般水泥降低了40%的耗碳量，体育场的顶环更是由剩余的煤气管构筑而成。总之，“伦敦碗”以看得见的方式实践着2012伦敦奥运会“减量，再用，循环”的思想，也因此获得了可持续发展的可能。

20世纪中后期，日本和韩国也有过奥运场馆建设的经历：1964年，第18届奥运会在日本的东京举行；1988年，第24届奥运会在韩国的汉城举行。当时，这两个国家不仅在经济的快速发展上一致，是亚洲最富足的国家，在奥运场馆设计上也表现出惊人的相似：首先，同是将凸显本民族的建筑特色作为设计宗旨。汉城的场馆在选址上明显采纳了“阴阳相生”的传统理念，以南汉山城为背景，使场馆与城区成为有机的整体。在外观形态上，场馆的造型如同历史上的“白磁缸”，形状曲线和巨大的楼阁式造型都充满了韩国传统建筑的意味（图6-2）。为了凸显民族特色，设计师宁可将部分竞技场馆转入地下，硬是在中心广场的南部开辟出一个直径为300米的民俗表演广场。日本奥林匹克体育场位于东京新宿区霞丘町，是东京都最主要的运动场地，日本国家足球队的主场地，亦是1964年东京奥运会的主要举办场地。美国建筑评论家马里奥．萨瓦多理是这样描述这一建筑的：“建筑采用了令人惊叹的帐篷式屋顶，其中的一座屋顶的缆索一端支撑在雕塑一样的高塔上，另一端固定在体育馆的墙上。”（图6-3）采取这样的外观设计确实有后现代建筑的特征，但是又不是西方建筑的移植，而是充分考虑到日本当地的自然和人文条件。比如屋顶造型显然考虑到当地多风雨和地震的因素；富裕动感的外观造型，与大和民族海洋性的性格特点相吻合。在体育场的正门处还留出了铭记英雄姓名的地方，正面刻着1964年东京奥运会的标志，两边分别刻着在本次运动会上夺取金牌运动员的名字、国籍和项目，显示出日本民族崇敬英雄的传统。当然，只有对民族传统十分熟悉并存有深深敬意的人，才可能在设计时将这些因素放到如此重要的位置。为了达到这种目的，日本和韩国政府都不约而同地选用了本国的建筑设计师。

图6-2　1988 年韩国汉城奥运会主场馆

图6-3　1964 年日本东京奥运会主场馆

2）北京奥运场馆的得与失

“鸟巢”于2003 年 12 月开工建设，2008 年 3 月完工。这个建筑面积达 25. 8 万平方米的巨大空间全部采用钢材搭建而成，从外面就可以看到结构，立面与支撑是统一的。各个结构元素之间相互咬合，汇聚成网格状，就像一个巨大的编织物，将建筑物的立面、楼梯、碗状看台和屋顶融合为一个整体（图6-4）。造型、材料和施工难度方面的不同凡响，使“鸟巢”的总造价达34亿元人民币。巨大的投入，让“鸟巢”的外观造型确实新颖奇特，使用寿命也可以超过100年，并于2014年入围“中国十大当代建筑”。然而，随着奥运圣火的熄灭，沉浸在热情中的人们开始以理性的眼光来审视“鸟巢”。在更广泛的知识背景下展开分析的时候，人们才逐渐看到隐藏在这座庞然大物背后的一些情况。

图6-4　2008北京奥运主场馆

首先，海量的钢材带给环境的影响。“鸟巢”的外部造型全部采用钢材完成，用量为4.2万吨，如果加上混凝土中的钢构件、螺纹钢等，整个工程总用钢量至少在11万吨。钢结构在现当代建制史上确实有过重大贡献，比如法国巴黎的埃菲尔铁塔（图6-5），美国纽约的布鲁克林大桥（图6-6），都是世界上首次由钢材建造的大型工程，被誉为工业革命时代的建筑奇迹。在各种材料中，钢材的可塑性和耐久性都有着巨大的优势，常常被用来建造一些在造型和功能上有难度的建筑。但是，钢材对能源的耗费量、对环境破坏的贡献率远远超过任何传统的建筑材料。尤其是2009年哥本哈根会议之后，降低碳排放、保护地球环境已经成为世界共识。在这样的背景上反观“鸟巢”设计，面对远远超过埃菲尔铁塔和布鲁克林大桥的耗钢量，我们仿佛在这座21世纪的建筑中，看到了工业革命时期的影子。这样的联系并不过分，因为，我们的不少同胞、甚至是主流媒体，津津乐道的只是“鸟巢”造型的奇特和巨大的形式，并不知道达到这种效果要付出多大的环境代价，这种建筑与当今世界的绿色潮流之间存在着多大的距离。

图6-5　法国埃菲尔铁塔

图6-6　美国布鲁克林大桥

其次，怪异的造型对传统文化的影响。北京是一座历史悠久的城市，“鸟巢”的设计好像也考虑到了这一因素，将建设地点选在了古城南北中轴线的北段，就是一种文脉继承上的考虑。然而，“鸟巢”以及周边的建筑明显属于后现代风格，没有任何要素可以与中轴线上永定门、正阳门、天安门、故宫、钟鼓楼等古建筑相呼应，实际上成为了一个孤立的存在，与这座城市的文脉没有任何关系。也就是说，作为一个单体建筑，“鸟巢”的设计确实有出色之处；但是，放在北京这座历史性城市的大空间里，尤其是在历史文化高度集中的城市中轴线上，“鸟巢”的出现又确实显得突兀。从地理环境上看，北京属于北温带季风气候，北面有蒙古荒漠，冬冷、春旱、多风沙是这座城市主要的气候特点。“鸟巢”的设计者显然没有考虑这个因素，更没有考虑这样的气候条件将会给这座建筑的后期养护带来怎样的麻烦。于是，建成后的“鸟巢”明显“水土不服”——尽管每年都会付出高昂的清洗费用，“鸟巢”还是会因为复杂的覆膜钢结构外表落满了灰尘，而经常处于“风尘仆仆”的状态。

再次，学术地位悬殊产生的影响。“鸟巢”设计方案是在国际竞争背景下选定的。看一看“鸟巢”方案由设计到评审的全过程，中外力量悬殊的倾向十分明显。在最后选出的13个设计方案中，瑞士赫尔佐格和德梅隆韦斯特设计公司与中国建筑设计研究院联合设计的“鸟巢”方案脱颖而出，之所以是瑞士公司牵头，是因为这两位掌门人在2001年获得过普利兹克建筑大奖。在最后的评审环节，13名专业人士组成的评审委员中，尽管有中国工程院院士关肇邺，但是，其中的荷兰建筑师库哈斯也在2000年获得过普利兹克奖。普利兹克奖被视为建筑界的诺贝尔奖，与这样的设计师搭班，对于还没有多少国际设计经历，更谈不上获得国际大奖的中方设计人员来说，在方案设计和评选的关键时刻，恐怕很难起到主导性的作用。在这样悬殊的实力对比中，强者的意志显然是主导性的。为了保障强势一方制订方案的顺利实施，运用高耗能的材料而牺牲环境，以标新立异的造型而无视当地的文化传统，不顾当地气候条件而造成高昂的后期维护费用等问题，既是无法避免的，其影响也是长期的——随着设计费用的结算完毕，“鸟巢”与设计者再无任何关系，不过，“鸟巢”身上留下的所有后遗症，却要由所在国默默地去承担！

“鸟巢”绝不是孤立的，而是有着特殊的社会背景。世纪之初，加入“世贸组织”的喜悦之情很快扩散到了各行业，并迅速转化成了具有行业特点的行动。以建筑业为例，从设计理念到施工技术，从设计单位到大专院校，全盘西化成为了潮流，个别缺乏文化素养的院校甚至喊出了“全盘西化才能拯救中国建筑”的口号。在这样的环境里，与“鸟巢”前后出笼的还有以国家大剧院、央视大楼等一大批标新立异的建筑，并很快向二三线城市蔓延，呈抢滩夺地之势。奇怪的造型，庞大的体积，高昂的造价，既冲击着老百姓的接受能力，也挑战着中国的传统文化。那些拥有民族情感的建筑师很快便从中发现了这样危机：“中国的建筑市场，正在沦为西方建筑师施展怪念头的试验场”。

3）冬奥会场馆设计展望

2022 年冬奥会场馆的建设显然不能再走这样的路子。中国政府已经注意到，建筑不仅是一种经济行为，也是一种文化行为，对城市，尤其是对国家的文化形象有着重要的影响。于是，近年来召开了一系列重要会议，形成了各种针对城市建设和建筑设计的方针政策：2013 年 12 月召开的中央城镇化工作会议，明确提出要“让城市融入大自然，让居民望得见山、看得见水、记得住乡愁”；2014 年 10 月，在中央文艺座谈会上，习近平明确提出“不要再搞奇奇怪怪的建筑”；2014 年 12 月，国务院副总理张高丽在全国城市规划建设工作会上强调“要牢牢把握地域、民族和时代三个核心要素……留住城市的人文特色和历史记忆”；2015 年 12 月召开的中央城市工作会议，更将保留“中国城市特色”提到了议程。从国家的层面如此密集地关注城市问题，在世界城市史上都绝无仅有，既反映了中华民族文化意识的觉醒，也反映了文化缺失给中国建筑界造成后果的严重。

在这样的背景上考虑 2022 年冬奥会场馆的设计，以下几个方面显然是要备加关注的——

首先，关注自然环境。保护自然，就是保护人类的未来。这是哥本哈根会议的根本宗旨，也是 21 世纪衡量一个国家文明水平的重要标志。作为《联合国气候变化框架公约》的缔约国，我们有责任将保护自然环境作为各项社会活动的最高准则，以跟上世界文明的大潮流，切实地树立可持续发展的大国形象。2012 年的英国伦敦奥运场馆建设在这方面做出了不少贡献，2016 年的巴西里约奥运会更是将全球气候变暖、海平面上升可能给纽约、上海、香港、威尼斯、冰岛等沿海城市造成的灭顶之灾，以高科技手段制作成节目，在举世瞩目的开幕式上展现给全世界。可以肯定，低碳减排、保护环境、珍惜自然将是全世界的共同关注的主题。

其次，关注本土文化。在全球化已成大势的今天，本土文化受到了空前的挑战。根据优胜劣汰的规律，能够留存下来的多是优秀文化，反之则会被淘汰。这是人类发展的基本法则。为了证明一个地区、一个民族文化的优越性，有实力的国家往往会采取各种措施，增强人民对民族文化的认同，继而增强国家的凝聚力，在提高文化自觉中提高国家的软实力。20 世纪中后期，日本和韩国在奥运场馆建设上之所以那么强烈地突出本土特色，说明，两国政府都将举办奥运会看成了弘扬本土文化的千载良机，而不是狭隘地去炫耀拥有了多少财富。近年来，我国政府也在将“地域性、民族性和时代性”作为城市建设的核心要素，禁止再建那些“奇奇怪怪的建筑”，既是给缺乏文化主心骨的建筑界以当头棒喝，也是在呼唤国民的文化自觉，努力塑造有中国文化内涵的建筑形象。

关注中国设计。大型标志性建筑是否启用本国的设计师，既可以反映一个国家建筑界的成熟程度，也可以反应决策者对本国文化的态度。因为，只有本国的设计师，才有可能将本国的自然和人文情况烂熟于心，懂得如何尊重本国的传统和习惯，知道如何在自己的设计中“洋为中用、古为今用”。在国际活动中，各国都会十分注重自己的身份和形象，同时也会在这种“身份和形象”中反映出一个国家所处的社会文明水平。奥运场馆设计无疑也是关乎一个国家国际形象的大工程。在一定时期内，我们确实需要学习甚至是模仿西方的一些经验，但是，绝不能将过程当成目的，故步自封甚至数典忘祖，以模仿西方为满足而忘了自己的责任和担当。更何况，盲目西化造成的城市人文环境的异化和自然环境的恶化，已经使国家形象和百姓健康付出了沉重代价。应该看到，这种情况已经引起了国家高层的高度重视，出台了改变这种情况的方针政策；同时，近年来也涌现出了一批有技术更有文化情怀的本土设计师。

回顾世界奥运场馆建设，是为了开阔视野；分析本国奥运场馆建设的得失，是为了更上一层楼；在此基础上审视当今世界发展的大趋势，是为了在接下来的工作中跟上时代的步伐。如果 2022 年的冬奥会的场馆建设能够在这样的大格局中孕育萌生，那将是中华民族建筑与奥林匹克历史中的又一座丰碑！

07 从伦敦奥运开幕式所看到的

作为世界性的盛会，举办国肯定会不惜工本，拿出最好的人力和物力，追求最好的效果。开幕式又是世界看奥运的第一眼，更是人们关注的焦点所在。举办国对开幕式的重视更是不言而喻。

2012 年伦敦奥运会的开幕式自然也会引起人们的关注。因为开幕的时间是后半夜，同时观看几乎不可能，只能通过重播来欣赏了。又因为四年前北京奥运的开幕式余音在耳，自然也会不自觉地将两者联系起来，在比较中有所鉴别，试图一分高下。

平心而论，将两场开幕式分出高下并不是件容易的事。作为世界性的活动，不少环节是给定的，像升五环旗、宣布开幕、运动员进场、点火炬等。要说有所差异，只能是体现在如何来做这些事情。同样的事情，不同国家会有不同的做法，产生不同的效果。这里涉及国情，也会涉及民族心理。在我看来，开幕式搞得如何，说到底还是组织者对本民族文化的理解程度，更是一个国家文化状况的集中体现。

那么，伦敦奥运开幕式上有哪些场面可以集中反映这个民族的文化状况呢?

工业革命的场面在开幕式上可谓是波澜壮阔，时间最长，阵势最大，动用的人员也最多。从 1709 年第一座以煤炭为燃料的烟囱拔地而起，到圈地运动大量农民工涌入城市，再到蒸汽船、隧道和干线铁路的发明人出场，工业革命给人类带来的历史性变化被生动地展现了出来。无数发明创造不仅改变了英国人的生活，也改变了欧洲，影响了整个人类社会的进程，波澜壮阔、意义深远，理应成为英国人的骄傲。

女王的出场可谓别开生面，现场没有卫队护驾，没有鼓乐齐鸣，甚至连出场的形式都出人意料（图7-1）。出租车驶进白金汉宫的大院，一群孩子凭窗而望，两只小狗在地上打滚嬉戏，出演007的著名演员丹尼尔·克雷格受女王之邀径直走进女王的官邸，向正在案前写字的女王说明来意，再一起走出官邸，踏上直升飞机。看不到前呼后拥，只有那两只小狗在红地毯上开道，最后蹲在门阶上目送女王坐上飞机远去。由于身份特殊，这一切表现出的政治意义远远大于表演：显示了工业革命以后，君主不再是英国的绝对统治者，而是成为了民主政治的化身，在低调中亲和百姓，在亲和中与时俱进。

图7-1　女王出场

点燃火炬历来都是开幕式的高潮，最受期待，最难出新，也是最能显示设计团队创新水平的关键所在（图7-2）。为了渲染，惯用的做法是请出体育界的明星大腕，而这一次竟是由七位不见经传的体育新人来担纲，最大的19岁，最小的16岁——不是显示过去的辉煌，而是看重未来和希望，从年龄上就表现出这样的主题。主火炬的设计也很出新。为了醒目，主火炬一般都屹立在会场的最高端，而这次火炬设计得很神秘，不要说观众们一直在寻找，运动员进场的时候也没有发现，直到七位火炬手进场，绕场一周最后进入会场中心的时候，人们才发现地上摆放成圆圈状的铜碗。当204个铜碗一起喷出火焰，机械传动将它们徐徐抬起，汇聚当中，围拢成柱，奥运火炬的形象才豁然而出，大白于天下！204个铜碗不是随意而为，而是代表着204个国家为了一个共同的目标汇聚一堂，体现了奥林匹克精神对人类社会的深远影响！

图 7-2　点燃火炬

图 7-3　敲钟

开幕式的开场和尾声处理的也很耐人寻味。这次奥运会开幕式是由敲钟开始的（图 7-3）。在万人瞩目中，在环法自行车大赛中获得冠军的第一位英国运动员弗兰德里·维金斯走进广场。他一边向欢腾的人群招手致意，一边来到一口 27 吨重的铜钟面前，用力拉动了钟绳，以宗教的形式发出了本届奥运会开幕的信号。开幕式上最后一个项目是由在英国人气很高的歌手桑蒂主唱“与主同行”，透过歌词的大意可以听出生与死的主题。也就是说，不管是回顾历史，还是展示现实，设计者并没有忘记对宗教精神的敬重与表现。作为一座有着世界声誉的历史性城市，不仅仅要有古色古香的空间格局，还要有与此相匹配的城市精神——势必，“主，引领我们”的座右铭已经成为伦敦这座千年古城的精神支柱。

奥运会是国际性的盛事，借此机会展示本国文化已经成为世界的共识。在一定程度上说，举办国对本民族的文化理解到什么水平，民族文化的实际处境如何，都可以得到鲜明展现。伦敦奥运会开幕式不是星星点点地找些历史现象进行渲染，而是将历史做了系统的提炼，通过工业革命来展示一个创新的民族对人类的贡献——有以蒸汽轮机为代表的技术，有以君主立宪为代表的政治改革，有以立足未来的世界精神，也有不可须臾忘记的精神信仰。为了让这一主题更能够体现历史的真实，开幕式上也穿插了像环境污染、皇权旁落、嬉皮士等情节，不仅使所表现的历史更加饱满，也从另一个方面反映了英伦文化从传统走向现代的曲折过程，揭示出这个民族幽默与包容的性格。

“读一本好书，就像和一个高尚的人谈话。”这是法国著名哲人笛卡尔的名言，我曾在温克尔曼、歌德和高尔基等人的著作中多次看到过，并对其中的意蕴不断有所理解。看完伦敦奥运会开幕式我又想起来了这句话……

08 废墟遐想

辞海上将“废墟”解释为：“受到破坏之后变成荒芜的地方”。也就是说，被称为废墟的地方起码应当具备两个条件：首先在历史上曾经对当地的文明做出过贡献，记录过人类社会的某段历史或者是经历；其次，这种曾经有过的文明或因天灾，或因人祸遭到了毁坏。文明已去，永不复返，但是承载过这种文明的遗迹还在，哪怕已经破败不堪。

依照这样的解释，有着五千年文明的中国无疑是一个应当拥有众多废墟的国家。从三皇五帝，到周秦汉唐，从宋明的典雅，到康乾的盛世，每一个阶段都留下了众多的历史痕迹。

因为工作原因，我也去过诸如半坡村、古栈道、马王堆汉墓等可以视为废墟的地方。也去过像曲江、大明宫、兴庆宫那样曾经是废墟，后来被恢复了的古遗址。不过，第一种类型的废墟已经建成了博物馆，在现代建筑的护卫和灯光的照射下已经很难再现当年的情景；第二种类型的废墟已被出自现代人之手的钢筋水泥、塑料门窗所取代，成了截然不同的另一番景象。前者是为了保护，据说后者也是为了保护，但是从实际效果说，经过这样的保护，废墟中丰富的历史信息遭受到折损或曲解却是不争的事实——钢构件铆焊起来的棚顶与大面积透光材料所形成的建筑空间，远远构不成兵马俑所需要的氛围；坐在电瓶车上游览乔山，让孩子们产生当年黄帝就曾经享受过如此的方便也在所难免。当然，最糟糕的还是将废墟当成任人打扮的“小女孩”，按照现代人的理解或建房、或引水、或修楼堂馆所，在一片做出来的欣欣向荣中将历史的信息彻底销毁。

经过这样的“保护”，我们身边“受到破坏之后变成荒芜的地方”越来越少，而受到破坏之后变成荒芜，又按照后人的理解“保护”过的地方则越来越多。乍看起来，这样做好像没有什么不好。但是，如果我们来一个横向比较，在“国际视野”中来考察这个问题，则会发现，在不少文明古国，标志性的文化符号不是后人再造出来的东西，而是那些历史上留下来的真迹，其中不少就是废墟。

作为欧洲文明发源地的希腊，代表性的就是一座建造于公元前5世纪的城池，不管是那个时代产生的美丽神话还是深刻哲思，都与这座城市有着直接关系。时至今日，智慧之神雅典娜的名字与苏格拉底的思想已经和雅典卫城一起名扬四海，哪怕那里已经是一片废墟。

建造于底格里斯与幼发拉底两河交汇之处的巴比伦古城，至今也有四千年的历史，这里曾经有过汉谟拉比时期的盛世，有过建于公元前6世纪，由尼布甲尼撒国王为心爱的公主塞米拉米斯修建的“空中花园”。如今，岁月与战火早已将这些化作了历史的尘埃，变成了废墟，但是，丝毫也没有影响人们对巴比伦古城的敬仰，甚至还将那座早已废弃的“空中花园”列为世界七大奇迹之一。

坐落在埃及吉萨高原上由金字塔、狮身人面像和神殿组成的古建筑群也是一片废墟景象（图8-1）。有人说大金字塔形成于埃及第四王朝时期，至今已经有五千年的历史，有人说整个吉萨高原的古建筑群的整体设计，很可能

图8-1　狮身人面像

在史前期就已经形成了……时至今日，人们甚至连这座废墟形成的时间和用途都无法搞清楚。但是，当身临其境时，有谁能不被这片废墟深沉的文化内涵所震撼呢？看见了金字塔就好像看见了古埃及，想起了古埃及就想起了金字塔，在世人心里，两者之间仿佛已经形成了割不断的血脉关系。

其实，圆明园也和上述古迹一样，具有同样的功能（图 8-2）。从 18 世纪初具规模（康熙四十六年即 1707 年），到 19 世纪被英法联军焚毁（咸丰十年，即 1860 年），这处废墟记录了清王朝由中兴到衰亡的历史，在残垣断壁中蕴藏着中华民族的多种信息。

图 8-2　圆明园

极高的艺术水平。从康熙时代开始，历代的皇帝都要对这片园子兴些土木，最为典型的是乾隆，在位 60 年，对圆明园几乎是岁岁营建，日日修葺，斥资不计其数。圆明园也从最初的一座普通园林，成为集南北园林之大成，融东西文化于一体的人间仙境，在当时就有“万园之园”的美誉。现如今，那些已经破损的残垣断壁上，仍然能够体现出匠人们的良苦用心和精湛工艺。其中最能体现匠心的要算“大水法”了，石料全部选用青石或汉白玉，造型为石龛式，成门洞状。后人将损毁的石头构件按照当年的样子组合摆放，巧妙的造型，精湛的雕工，华美的布局依然历历在目。下边的水池破损很厉害，据说当年池中有一大型喷水石狮，吐出的水随石级而下，形成水帘。前下方还有椭圆菊花式喷水池，池中心有一只铜梅花鹿，从鹿角喷水八道；两侧有十只铜狗，从口中喷出水柱，直射鹿身，溅起层层浪花，俗称“猎狗逐鹿”，极具艺术效果。

极高的营造技术。在“大水法”的边上，有一座形似斗状的土台，当年“大水法”喷出的水就是先送到这里，然后再利用落差所产生的压力形成的。土台外立面上还依稀可见砖头垒砌的痕迹。园子被毁后，砖头也被后人撬掉盖房子去了，露出了里面的夯土。百余年的时间过去了，大大小小的人为破坏，无数次的风雨冲刷，土台依然形体完整地屹立着，让人难以理解，到底是什么工艺使土台变得如此坚固！其实，面对那些散布于四周的众多石材，随便哪一块都是精雕细刻的产物，尽管已经残破不堪，但是，透过上面的痕迹，当年工匠们或雕，或凿，或刮，或磨，每一道工序都做得很细腻，体现出营造过程中的一丝不苟。最妙的是那些或方或圆的石柱，凡是衔接的部位全部掏出了卯榫的造型，使石材之间相互咬合，更加牢固。据测算，圆明园共占地五千二百余亩，有各种景观一百五十余处，其中使用的石材不计其数，尽管我们已经无法领略当年的营造技术情况，但是，从这些残存材料透露出来的技艺上，还是能想象到整个园子当时的营造水平。

深厚的文化内涵。文化可以是有形的，也可以是无形的。有形的部分以一定物质的形式来表现，给人以感官的触动；无形的部分几乎无处不在，隐含在生活的方方面面，需要用心灵去搜索，去体验。对废墟而言，有形的部分残破了，与当年有过的辉煌形成了巨大反差，于是，也就越发地能够引发人们的好奇心和想象力。人们透过废墟上的蛛丝马迹，追寻信息，遐想当年，在思接千古中品味其中的意蕴。于是，反差也是一种张力，会产生放大效应。可以说，残破不是缺陷，恰恰正是废墟的魅力所在。雅典卫城是残破的，与古希腊用神话和史诗构建的辉煌之间形成了反差，促使人们在对比中浮想联翩；巴比伦古城的“空中花园”是荒凉的，与王室的豪华生活与优美的爱情故事之间形成了反差，更容易使人们在遥想当年中受到感染；埃及吉萨高原上以金字塔为标志的建筑群是古老的，与史书上记载的尼罗河流域的繁荣景象形成巨大反差，恰恰更可以引发人们对历史沉浮的思索……同是废墟的圆明园也拥有这种张力，所不同的是，这种张力形成于文明与野蛮之间的巨大反差，因而，比较其他的古遗址也更容易引发心灵的震撼，更容易使人们在古今对比中思绪万千。

可以说，废墟的价值在于原汁原味，犹如古玩中的正品，字画中的真迹，任何形式的再造与涂抹都是对其中魅力的一种破坏。对待古玩字画，这种认识好像是常识，再拙劣的收藏者都不会允许别人把真品拿出来让人加工涂抹。但是，现实生活中，对待废墟则是另一回事了，人们会编造各式各样的理由，通过各式各样的手段，想方设法地对其进行涂抹和改造，使其变得漂亮，变得时尚，使其不再是一个“荒芜的地方”，远离了历史，也远离了真实。用收藏界的行话来说，这样做的结果就是将真品变成赝品。用理论一点的话说，这样做的结果是用形式取代内容。用苛刻一点的话说，这样做的结果是既亵渎了祖先，也对不起子孙。

写到这儿，不由想起来19世纪的法国作家狄更斯对大角斗场发出的一段感慨：“这是人们可以想象的最具震撼力、最庄严、最恢宏、最崇高的形象，又是最令人悲痛的形象。在血腥的年代，大角斗场巨大的、充满强劲生命力的形象没有感动过任何人，现在成了废墟，却能感动每一个看到它的人。感谢上帝，它成了废墟。”看来，西方人之所以没有把雅典卫城修建一新，将巴比伦遗址进行开发，让金字塔古建筑群成为熙熙攘攘的市场，不是因为技术或者是资金问题，而是对这些废墟有着更深的理解，更高的定位。

09　石峁遗址的启示

石峁遗址位于陕西省榆林市的神木县，因出土于石峁村而得名，是新石器晚期至夏代早期的遗存，距今已有四千年（图 9-1）。2012 年，石峁遗址被列为"世界十大田野考古发现"以及"21 世纪世界重大考古发现"，被学界称为"中国文明的前夜"。

图 9-1　石峁遗址

身临遗址的第一感觉是壮观。这里是一处高高的石质台塬，站在上面举目四眺，丘陵起伏，高天厚土，一派"天苍苍，野茫茫"的宏大景象。南面不远处是秃尾河，波光粼粼，为所有栖息在这里的生命提供着滋养。显然，不管是洪荒远古的当年，还是现代文明的今天，这里都是一处适宜居住的地方。

已发掘的遗址面积约425万平方米。有垒砌成一米多高的墙体，随地势逶迤，犹如起防护作用的城墙；有内包黄土的石头堆积层，好像是某种建筑的基础；有半裸于黄土的石板，效果很像现在的石材铺装地面……根据石材堆积出来的形态与布局，考古人员最终将这里判定为城池，一处集防御和生活于一体的硕大空间。

城池属于建筑，当然会隐含着不少与建筑有关的信息，体现出史前人们对营造的理解和所达到的水平。然而，石峁遗址建筑既不属于《周易·系辞》中所说的"穴居"，也不属于《庄子·盗跖》中所说的"巢居"，而是全部由石材建造出来的！也就是说，远古先民在营造居所的时候除了利用"土"和"木"，还存在着第三种选择："石"。相对于土木建筑，石材建筑在加工工艺和垒砌过程中要求的技术含量更高，主体的耐久性更长，使用效果也会更好，意味着此时建筑发展到了一个崭新的阶段，急需这方面的专家学者展开研究。

这座遗址的文化价值是难以估量的，仅从残存空间透露出来的一些信息，在建筑界就具有填补空白的意义——

首先，垒砌技术的出现。"穴居"靠掏挖而成，"巢居"靠搭建而起，其技术都明显带有模仿动物的成分，是建造的原始状态。而石材垒砌则带有更多人为加工的成分，从开采到运输，从成型到叠压，每一个环节都需要工具的帮助，考验着人们的智慧。特别是墙体的成型，不仅需要夯实基础，还要考虑石与石之间的缝隙处理（图9-2）。在没有强力粘结剂的情况下，每一片石材的着力点，不仅会影响墙体可能达到的高度，也决定着墙体的牢固程度。石峁遗址的墙体已经站立了四千年，经受过无数的天灾人祸，所达到的垒砌水平不能不令今人敬佩。

其次，夯土技术的成熟。严格说来，掏挖与搭建起来的建筑是充分利用地面的结果，对地基的要求并不高。而以石材为主的建造则是一个从无到有的过程，需要稳固的地基来承载。特别是那些高大型建筑，不仅需要坚实的基础，填充其中的土层也需要夯实处理，以保障石材围合空间的坚固。石峁遗址上有大量裸露的夯土，有的是墙体，有的是地基，有的是土台，因为具有很好的坚硬度，才与垒砌的石材形成了紧密的配合。

再次，精神因素的显露。石峁遗址在20世纪初就引起过一些人的关注。

图 9-2　石块垒砌

不过，不是考古学家，而是一些想在这里寻宝发财的文物贩子。当地人在遗址区域内时不时地会捡到一些加工精美的玉器，材质主要是墨玉和玉髓，造型有刀、镰、斧、钺、铲、璜、牙璋、人面等。令人费解的是，这些玉器不是深埋在地下，而是多藏在石墙或倒塌的石材堆积里面。也就是说，这些贵重的东西很有可能就是建筑主体的一部分，在垒砌墙体的时候就被安置在里面了。在技术水平极低的历史阶段，玉石加工无疑是一件难度极高的事情，价值也非同小可。将这么贵重的东西藏在墙体里，与其说是为了给墙体加固，不如说是寄托某种美好的理念，犹如后人从事建造的时候要在家居空间里摆放某种“镇宅之物”一样，精神意义要远远大于实用意义。

经专家考证，石峁古城大致存在了 300 到 500 年的时间。在历史的长河中，这样的时间段并不算长，但是，从遗址上高低错落的石材堆积物来看，各种造型的建筑物曾经长久地屹立在这里，经历了更加漫长的时光，证明着这些构筑物的质量不仅在当时还是在当下，都达到了极高的水平。

建筑界普遍将“穴居”和“巢居”作为远古建筑的开端，后来才出现了砖瓦建筑。石峁遗址告诉我们，从“穴居”“巢居”到砖瓦建筑的出现，还有一个重要的阶段：石质建筑。正是在这个阶段，人们才完成了从加工土木这样的软质材料，向加工砖石这样的硬质材料的过渡。可以肯定地说，砖瓦的烧制和垒砌，正是在石质建筑的基础上发展起来的。

可是，在今天各种版本的建筑学著作中，还看不到涉及石峁古城的内容。于是，我们普遍承认夯土是中国传统建筑的重要材料，却说不清这种技术的产生时间；我们断定烧制砖瓦出现于先秦，却不知道砖瓦垒砌与石材之间有着怎样的关系；我们能够历数各个朝代建筑的风格特色，却无法证明这些明显带有精神倾向的做法产生于何时何地。

石峁古城中埋藏着这些问题的全部答案，也因此有资格成为史前建筑的一座丰碑！

10 质疑“全球最高木制楼”

最近，一座全木制作的学生公寓在西方一所大学落成。尽管这所大学并没设立建筑专业，仍然引起了国内的关注，并以“全球最高”“超环保”为标题进行了报道。

看过报道，在我这引起的不是认同，而是质疑——

首先，“全球最高”显然与事实相悖。中国有着悠久的土木建筑历史，尤其擅长木建筑的营造，在九百多年前就出现了《营造法式》那样的大部头总结，还留下了大量木建筑实例。时至今日，山西朔州的应县还保存着一座近千年的木塔（图 10-1）。塔高 67. 3 米，除了基座用砖石，其余全部用红松木，通过卯榫咬合搭建而成，是地地道道的全木制作。而那座新建的木制大楼的高度只有 53 米，很难承担“全球最高”的美誉。

其次，“超环保”显然经不起推敲。这座大楼共有 16 层，与时下的钢筋水泥建筑不同，大楼的外墙使用的是“预制木质墙板”。为了隔声保温尤其是增加强度，墙板内只含有 70% 的木质纤维，其余为包括粘结剂在内的各种化学合成材料，表面还覆有“高压熔覆层”，以提升大楼的保温和美观度。再有，楼面是重要的承重部位，纯粹的木材很难达到要求。为了提高承重和抗冲击性，大楼的楼面板材也是特制的，采用十字叠压工艺，用五层木材压制成型，当然也少不了使用化学粘结剂。众所周知，使用粘结剂压制板材，是目前建材市场上通行的做法，也是板材中混入各种有害物质的源头，不太可能产生“超环保”的效果。

再次，大楼“优越的抗震性能”也值得怀疑。报道称：“木建筑的重量远低于混凝土建筑，这将更有利于能量的耗散，体现出优越的抗震性能。”木结

图 10-1　应县木塔

构建筑确实具有很好的抗震性，包括应县木塔在内的中国木结构建筑所以具有极好的抗震性，主要是因为在建筑的木构中采用了卯榫工艺，使整座房屋成了浑然一体的组合，从而提高了房屋的抗破坏能力，与房屋的轻重并没有必然关系。而这座大楼恰恰没有采用卯榫工艺，而是“楼顶采用钢架结构，地基和楼梯部分采用的是混凝土框架结构”，依然延续着钢筋混凝土建筑的惯常做法，而与传统的卯榫结构没有任何关系。

报道并没有客观地反映这座新大楼的实际情况，而是妄加了一些“莫须有”的东西，夸大了这座大楼的意义与价值。出现这种情况当然与专业上的隔膜有关系，但是，如果结合中国建筑界一段时间出现的唯西方马首是瞻的情况，我们又不难从这则报道中看到某种发人深省的东西。

说中国建筑界“唯西方马首是瞻”并不是夸大其词，而有着俯拾皆是的事实根据——

近几年出现在一些大中城市的标志性建筑，几乎全是西方后现代设计思路的产物，不仅造价高得惊人，外观也竭尽奇形怪状之能事，根本不考虑所在城市的文化背景和市民的审美习惯。

我们经常可以听到“田园都市”“海绵城市”“森林城市”等概念，如果想作进一步的探究，去翻翻资料或问问专业人士，大多会得到这样的解释：

“田园都市”，是19世纪末英国社会活动家霍华德提出的关于城市规划理念，强调城乡和谐发展的重要；“海绵城市”最早是澳大利亚人口研究学者Budge应用海绵来比喻城市对人口的吸纳作用，近年来，针对城市雨涝问题，借助海绵来比喻土地，告诉人们，不要忽视硬覆盖对雨水自然下渗的阻碍作用；“森林城市”的提法最早源于20世纪的美国和加拿大，美国政府在户外娱乐资源调查中，首先使用“森林城市”一词，促进城市森林建设蓬勃发展，极大提高了城市的生态水平。

这些现象都佐证着一个结论：现代西方的建筑设计和城市规划都远比我们要先进，足以为当下中国建设提供依据！

应该承认西方城市建设方面的先进性，但也不能不顾历史而妄自菲薄。我们在很多时候会以五千年文明为傲，但是，在具体问题面前，我们往往数典忘祖，不是从祖先的经验中去寻找启发，而是更喜欢照搬西方的做法。这样做可能立马解决了眼前的问题，却因无暇考虑本土情况而留下后患。试想，当西方后现代建筑成为了我们的城市标志，我们的城市建设都要从西方寻找理论依据的时候，我们的五千年文明岂不成了摆设，还有什么实质性的意义呢？

在很大程度上说，五千年文明就是一部与自然和谐相处的历史。中华民族不仅形成了“天人合一”的古老哲学，还形成了顺应四时气候，利用地形水文等自然现象而动的营造传统，留下了像乌镇、同里、周庄那样亦城亦乡的“田园都市”，留下了像赣州、平遥、丽江等小雨如烟、大雨不涝的“海绵城市”，留下了像苏州、扬州、承德等风景如画的“森林城市”。

西方对人居环境的重视主要出现在工业革命以后，而中华民族在这方面的实践不仅丰富，而且久远。了解了这些，我们才可能对本民族的建筑文化形成自信，才不会产生“唯西方马首是瞻”的现代迷信，才有可能营造出具有中国特色的人居空间。

11 天际线是高水平城市规划的重要标志

天际线是近年来出现在西方城市规划中的一个新词，专指由建筑构成的城市上空的轮廓线（图 11-1）。严格地说，从有城市的那一天起就有天际线，因为，大大小小的建筑都有体量，会在城市上空构成高低错落的基本线条，既是城市基本形象，也反映着城市的脉象。

图 11-1　平遥古城的天际线

“脉象”是中医术语，指通过把脉来检测脏腑的运行情况，进而推断身体的健康与否。在中医看来，脉象与五脏六腑相表里，五脏六腑的基本状况都可以通过脉象反映出来：“正常的脉象，不浮不沉，不大不小，节律均匀，从容和缓，流利有力；不正常的脉象如波涛汹涌，大起大落，气盛血涌。于是，热盛则邪灼，病也就在其中了”。

目前，许多城市的天际线，用“节律均匀，从容和缓”来形容显然不合适。过度建设，使城市盖楼运动旷日持久，无序而混乱，不少城市的天际线如犬牙交错，呈“波涛汹涌，大起大落”之势。

不少人把这种情况等同于现代化、国际化，认为是中国城市化高水平发展的重要标志。但是，很快人们又发现，高层建筑越多的城市或地区，交通、秩序和自然环境条件就越差，直接影响着生活的质量。这种感受尽管表面，却揭示出了过多高层建筑对城市环境，对百姓生活的负面作用。但是，由于专业限制，老百姓往往把这些感受以发牢骚的方式一说了之，很少能在联想中去发现高层建筑群对整个城市所产生的深层影响——

首先，对城市原有自然和人文景观的消解。中国是个历史悠久的国度，自然和人文遗存十分丰富。随着高层建筑的肆意泛滥，城市原有的肌理或被遮挡，或被切割，身处城市的任何一个角度，看到的是钢筋水泥，而不是城市的原有面貌。在春城昆明，拔地而起的高楼已经把四周山色，一湖净水遮挡成了碎块，只有站在市区的制高点上，才能看到被称为睡美人的西山景色。西安是唯一完整保存有古城墙的省会城市，现如今，城墙内外的高层建筑鳞次栉比，如森林一般昂首挺立，如果不是近距离观望，不要说城墙，连处在中心位置上的钟楼、鼓楼都已经退出了城市的天际线；城外的大小雁塔曾经是当地的高大型建筑，显示着信仰的地位。现如今，与周边比比皆是的高层建筑比较，这些古建早已相形见绌，成为陪衬。

表面上看，这是城市外观的改变。其实，量的积累必然会导致质的变化，当高层建筑成为城市天际线主宰，城市中的山水或古迹被高层建筑围堵得七零八落的时候，城市的性质也会随之发生改变，从山水或历史城市蜕变为普通城市。也就是说，过多的高层建筑不仅可以改变城市表面，也可以改变城市的历史和自然属性。

其次，对城市整体环境的影响。“象天法地”历来是中华祖先进行各种营造活动的座右铭，时至今日，我们仍然可以从那些保存较好的历史性城市，看到当年“因天材，就地利”的建设思想。随着高层建筑的肆意泛滥，许多城市已经不是天材地利的结合体，而是用钢筋水泥浇筑出来的“孤岛”。在这里，一年四季的昼夜温度都要比郊区高，学界将这种情况称之为“城市热岛效应”；在这里，一年四季的风速都要比郊区低，学界将这种情况称之为“城市静风地带”。实验证明，钢筋水泥为主的硬质材料，其储热性能远不及泥土，加之高层建筑上的家家户户都要烧火做饭，大面积的高层建筑足以从根本上改变城市的储热性，形成城市热岛；林立的高层建筑对外来风形成阻挡，降低风速的同时也降低了城市的排污能力。

也就是说，密集的高层建筑为城市增加污染源的同时，也破坏着城市自身的排污能力，旷日持久的城市雾霾天气，很有可能正是在这样的环境中孕育出来的。

看来，“热盛则邪灼”的中医理论并没有过时，同样适用于今天的城市建设。曾几何时，我们的城市建设确实达到了“狂热”的程度：热衷于速度而忽略了质量，出现了“楼歪歪”“楼倒到”的悲剧；热衷于建设而忽略了规划，出现了“楼建到哪里就规划到哪里”的混乱；热衷于形象而忽略了本质，用工业化的手段、商业化的模式运营城市，使城市原有的自然和人文本色被逐步蚕食……

国际上确实有过类似情况。最为典型的是20世纪在英国南部朴次茅斯建造的三角中心。高层住宅与周边的商店、酒吧、公园形成层叠式建筑群，先锋派的建筑师在设计中刻意追求怪异的“品位”。百姓们并不买账，将其评为“最差建筑”，皇家建筑师学院院长弗格森更是一针见血地指出：这处建筑污染了人们的视线，令人感到压抑，破坏了环境！为了顺应民意，政府终于在2004年决定拆除。当地民众欢欣鼓舞，第一个开着破墙机到现场的人竟然受到了英雄般的待遇，还有人播放柴可夫斯基的进行曲来为拆除行动喝彩。

总之，天际线不仅关系着城市的外观，也关系到城市的性质和市民的生活。构建“节律均匀，从容和缓”的城市天际线，是高水平城市规划的一个重要标志！

12 低碳时代美学的责任与任务
——以人居环境为例

低碳时代的到来翻开了人类文明的新篇章，也势必会带来审美精神的蝉变，形成美学研究新的责任和任务。研究新形势对社会审美心理的影响，建构适应新形势的美学理论，是时代赋予美学研究工作者的责任。生产和生活方式的改变，说到底是人与自然关系的改变，构建与自然相和谐的审美意识，引导低碳时代美学精神的形成与发展，是美学首先应当承担任务；构建全球视野的美学研究视域，研究与旧有生存方式相匹配的美学传统如何应对新形势的问题，进而为建构具有人类学意义的美学体系做出自己的贡献；将思想研究与现实问题相结合，以审美为切入点，在关注生产和生活方式的变化中构建低碳文化氛围，自然也应当成为美学的现实任务。

理论界将低碳经济归结为以低能耗、低污染、低排放为基础的经济模式，是人类继工业革命、信息革命之后的又一次社会变革。如果说哥本哈根会议本着这种理念揭开了低碳时代的序幕，那么，上海的世界博览会大量以低碳理念设计出来的日常用品，则是从衣食住行的方面，以制成品的方式向人们展示了低碳生活的内容和形式，勾勒出低碳时代的基本样态。从理论总结到付诸实践，人类在低碳问题上的反应速度远远超出了预期。

这一方面反映出环境问题的严峻，另一方面也反映出人类对解决这一问题的急切。因为，人类的行为导致的“环境变化有可能导致地球上大多数物种的灭绝和文明的结束”已经成为当今世界的基本共识。为社会提供具体产品的自然学科显然走到了前面，社会学科的研究成果也以政策法规的形式相继出台。新产品带动新生活，新政策将以新的标准规范人们意志与行动，从不同角度改变人们生活方式的同时，也衍生出与此相适应的审美活动和观念，也为美学研究提出了新的责任与任务。

1）低碳时代的美学责任

我们必须正视这样一种现实：我国目前仍然占据主流地位的美学思想带有明显的工业革命早期的烙印。在那个时代，人类在百多年中创造的财富比历史上几千年创造的总和还要多的现实，证实了主观意志的强悍与有效，人们也开始以从来没有过的自信来解释身边发生的一切，当然也包括将美解释为：按照人的意志改造客观世界，使人的聪明才智通过劳动实践得以形象体现的结果。依照这样的逻辑，事物的美与不美，美到什么程度，完全在于人，是人的本质力量表现程度的结果。这种将成就感等于美感的观点，与人的生存状态相结合，极大地激发了人们的创造欲望，也迎合了当时以积累财富为特征的时代需求。但是，这种观点却很少考虑环境，考虑人的活动可能使环境付出的代价。

低碳经济是后工业时代的产物。经过掠夺式的开采与无节制的发展，人类在获得财富和方便的同时，也受到了大自然的惩罚，体会到了资源枯竭与环境恶化 的双重危机。以城市空间为例，这里的人居环境几乎集中了人类的所有智慧，属于征服自然的典型场所。据统计，全世界每年75%的能源被城市消耗掉，每个月都会有某种技术在这里得到更新换代，每周都会有新的产品在这里得到使用……可以说，人的聪明才智在城市得到了充分的释放。按照传统的美学标准，充分体现创造能力，飞速变化着的城市无疑具有美的属性。但是，按照碳排放量来看问题，城市恰恰是高排放、高污染的场所，据不完全统计，地球上每年大约有80%的温室气体是由城市排放的，造成这种状况的主要原因恰恰与人类不计后果的各种生产活动有直接关系。

我们无意否定人类的创造属性，正是这样的属性才使人类社会获得了长足的发展，而是要否定那种只顾眼前利益，不顾及后果的急功近利行为。站在这样的立场上看问题，对美的性质认定应该有更高的标准——不仅要看对象化的程度，还要看这种对象化给环境带来了怎样的影响。依照这样的观点来衡量城市的发展，迅速增长的高层建筑，越拓越宽的城市道路，以硬覆盖为主体的城市广场等原本显示繁荣的建设项目，不但不应当成为时尚，获得赞美，反而应对由此产生的环境后果引起质疑才对。事实证明，以钢筋水泥为材料的高层建筑是导致城市热岛效应，形成城市阴霾的主要原因；过于密集的车辆带来的不只是交通阻塞，还有轮胎与地面摩擦产生的黑炭与尾气相混合所带来的路面污染；大面积的广场硬覆盖与其他建筑项目形成的人为屏障，阻断了雨水下渗，使地下水难以得到均衡补充，恰恰是导致我国目前城市普遍存在的地面下沉或开裂的主要原因。

这样看来，与低碳经济时代相适应，人的活动价值不应该仅仅取决于眼前的获利情况以及得到自由的程度，还应当考虑到这种利益可能产生的影响，是否可能对社会的可持续发展构成威胁；人们所从事的审美活动也不应该是强调纯粹的自由而导致的个性释放，还应当考虑到可能给环境带来的后果。也就是说，美不能只是本质力量在某些地方得到形象体现，获得功利后的喜悦，还应当是在维护人与自然和谐关系上的一种担当，付出责任后的一种宽慰。

于是，建立在这样基础上的美学，不是以人的绝对自由为标尺，强调人对客观环境的改造与索取，而是以人对自然的归属与依赖为主旨，强调人与自然的平等关系；这样的美学将要有新的内涵与外延，不仅要对审美主体与客体关系进行新的认定，对什么是美的问题也应给以新的阐释，甚至对传统的以社会美为先导的类别系统进行新的排列组合；这样的美学将更加重视自然环境与生活质量之间的关系，将人的审美经验放到自然环境良好的大背景上去考察，进而对审美心理结构和功能做出合理的分析。总之，这样的美学，才可能对低碳时代产生的各种审美现象有所作为，担当起时代赋予的历史责任。

2）低碳时代的美学任务

近三十年是我国美学研究最为活跃，变革最为深刻的时期。这一点不仅表现在大量翻译西方学界的研究成果上，也反映在摆脱唯物与唯心的束缚而产生的思想解放上，更反映在大量涌现出来具有很强针对性的实用美学门类上。可以说，美学在很大程度上已经成为国人提升自身素质、反思生活质量、理解生存境况、构想美好未来的思想宝库。适应低碳时代而来的生产和生活方式，必然会给人们包括审美标准在内的思想观念带来巨大的影响，需要美学承担新的任务。

首先，构建与自然道德义务相适应的审美标准。上个世纪末美国科罗拉多大学的环境哲学家霍尔姆斯·罗尔斯顿教授，针对日益恶化的生存环境就提出了人对自然应该担负“道德义务”的思想。在他看来，不仅人与人之间需要道德约束才会使社会走向秩序，人与自然之间同样需要一定的秩序，建立这种秩序的有效途径就是改变人对自然的态度，将自然界的各种生命现象都看成人类的伙伴，同样具有生存的权利。只有自然界的其他生命现象健全了，处于生物链最高端的人类才可能拥有良好的生存环境，才可能获得健全的生活。应该说，这种观念是与低碳时代正相吻合的，不仅会影响到人们对自然美的看法，也会直接影响到人们对生产和生活行为的判断，从人与自然的关系上去思考美的意义和形式。因此，美学要适应时代的发展，从以人为中心转变为以环境为中心，以对环境负责的态度反思美的性质与存在，将人类的各种审美活动与环境的美好化相结合，引导低碳时代美学精神的形成与发展，推进美学学科的质量飞跃。

其次，构建全球视域的美学研究立意。与传统的经济活动不同，低碳经济是人类应对生态环境恶化所采取的共同行动，传统的以企业为基本单元，地区性的生产方式构成的国家经济利益体，将在碳排放问题上构成新的利益平衡点，结成具有全球色彩的利益同盟。在这个同盟中，人们遵守的规则，使用的技术以及衡量这些规则和技术成果的评价体系必须高度一致，这样才能够营造出足以改变人类生存的新的生态空间。面对这样的形势，美学既要研究与旧有生存方式相匹配的美学传统如何应对新形势的问题，更要具有面向世界的眼光，研究传统美学中那些具有世界意义的思想观点，进而为建构具有人类学意义的美学理论做出自己的贡献。因而，以海纳百川的心胸将中西方美学相交融，结合低碳生活的全球性特点，改变以往那种或限于学派、或限于的意识形态、或限于民族的狭隘而僵化的研究范式，营造美学研究的世界视野。

再次，在思想研究与现实研究中构建通道。总体上说，传统美学是在人类社会摆脱贫困，走向富裕的历史过程中建构起来的，从最初功利为先的美善同源，到审美趣味的无利害，再到有意味的形式，对美的解释逐渐地从物质走向精神，追求形而上的研究路径是十分明显的。这样的研究使美学形成了自己的逻辑体系和价值取向，也形成了与此相配合的超然境界。低碳经济是人类解决了温饱，进入富裕阶段以后，寻求可持续发展的产物，给人们的生产与生活都会带来多方面的挑战。以人居环境为例，以往的建筑更加注重功能性，从设计到选材，从施工到验收，是很少考虑环境因素的，甚至把功能也作为了审美评价的依据。于是，为了功能而牺牲环境，导致了城市二氧化碳排放总量中有39%是由建筑排放的，超过了交通工具和工业生产。绿色建筑的实施是改变这种状况的唯一途径。这里需要技术的介入，政策法规的约束，建筑产业结构的调整，同时，也更需要低碳生活观念的养成。只有技术、法规、产业与观念的相互配合融通，才可能在全社会营造出低碳文化，达到城市可持续发展的根本目的。以人皆有之的爱美之心为研究对象的美学，在培育低碳文化方面比较其他学科，在方式方法、实施步骤、内容构成等方面无疑具有更贴近人心的优势，理应担当起低碳文化营造的任务。

这三方面的工作相互渗透，互为因果，关乎着美学的根本，影响着美学的走向，具有革命性的意义。当然，从理论到实践，从憧憬到落实，其中还有许多的具体工作内容和环节，需要提出问题的胆识，更需要解决问题的智慧和汗水，需要付出的努力是多方面的。

3）低碳时代的人居环境

人居环境是指由人建造的环境的总合，大到一个城市，一个村庄，小到一家一户，总体上构成了人们生存的第二空间。从人类早期选择住址时注重依山傍水，到农业时代人们在庭院之中培育花草树木（图12-1），再到工业时代人们对家居装饰的讲究，千百年来，尽管存在着文明程度上的差距，但人类始终对营造良好的人居环境抱着极大热情，倾注了大量心血。与低碳时代的美学精神相匹配，人类对居住环境的认知与需求也势必会发生新变化。

图 12-1　留园

上海世博会大量出现的低碳产品，向我们昭示了脱离了化石产品之后的人居环境不是走向了落后，而是在科技手段的帮助下使我们的生活在回归自然中变得更有效率，更加洁净，因而也更加健康——用绿色植物装饰的建筑外立面，在改变城市的水泥森林形象的同时，也会有效地吸附建筑物本身排放的污染物；导致热岛效应的高层建筑将不再是人居空间的主角，利用土壤热惰性带来的低耗能、零排放、高舒适的地下建筑将成为有条件地区的人居新宠；随着“自然全美”思想的深入人心，设计师们将会更加青睐为人们营造具有心灵归属感的“乡土景观”，获得让身心都得到放松的环境与氛围，替代那些因为远离自然而没有亲和力的应时应景之作……总之，这样的人居环境不再是显示财富的物件，而是人生品位的一种升华；不再是某些工业产品的合成物，而是人向自然回归的一个节点；不再是人改造自然之后的本质力量的证明，而是人与自然和谐相处的家园。

“诗意地栖居在大地上”是人类营造理想家园的终极目标。如果说，工业时代的人们是以主观意志，不惜破坏自然来建造自己的家园，以舍我其谁的霸道构建了不可持续的人居环境，其中的“诗意”带有明显的人化成分，那么在低碳时代，人类将扮演新的角色，尊重自然本身的生命价值，构建人与自然的和谐关系，并将在这种关系中所产生的审美感受作为最大的“诗意”

来对待。

我们正处在一个历史转换的关键时刻，比较自然和其他社会科学，美学与人们的生活之间有着更加微妙的亲和关系，也注定了每一个追求美，研究美，创造美的人不会置身其外，而是会以新的立场和方式，自觉地承担起时代赋予的责任与任务。只有这样，处于社会大转型的中国美学才可能跟上时代的步伐，同五千年文明一起，为已经来临的低碳时代做出自己贡献。

13 跳出经济看房价

近些年，中国的房产业一直与经济紧密联系。不少地区从“土地财政”和“地产经济”尝到了甜头，推动了地方经济的大发展；不少百姓从“住房贷款”和“经济适用房”得到了实惠，解决了住房问题；“限购”政策的出台与解体，更从一个层面反映出房产的兴衰对国民经济影响之巨大。作为百姓，对房产的敏感度主要集中在价格方面，还发现了城市越大，房价越高的规律，尤其是面对“北上广”几万元一平方的房价，人们在咋舌的同时，也发出“真值这么多钱吗”的质疑。

价格取决于价值，这是经济学的基本原理。而价值又会受多种因素影响。同样一种商品，在不同人群、不同地区甚至不同时代会形成不同的价值，定出不同的价格。这种情况在房产上表现得最为典型。在计划经济时期，住房是一种公共资源，由国家所有，以福利的形式分配给职工使用，不允许买卖，因而也就不存在价格问题。20 世纪 80 年代开始的经济改革，住房成了商品，但是价格主要依照建筑的成本而定，同等规格的建筑，大小城市之间的价格并没有太大的差异。跨世纪前后，地产成了地方政府拉动经济的重要手段，影响房价的因素越来越多，房价也越来越高。面对居高不下的房价，人们在抱怨的同时也学会了分析，并得出了“地价、材料、工费的上涨，房价必然上涨”的结论。

这种结论未必准确，但给我们了一个启示——跳出经济看房价，可能会发现高房价背后一些更深层的东西。北京是全国高房价的城市之一，也是目前少数没有解除“限购”的城市。以北京为例，分析造成高房价的原因，无疑具有一定的代表性。

据《中国建设报》消息，全国的211工程大学，北京占了24所；国内前100强的中学，北京占了35所，剩下的分布在其他省份，有些省份可能只有1所；卫生部公布的顶级医疗机构，北京占了227个；两院院士北京占了49.5%；所有门户网站基本都设在北京；全国最好的导演、编剧以及演职人员都会来北京寻求发展。这些数字说明：北京集中了全国最优质的科技、教育、医疗和文艺资源，也意味着，凡是想在科技、教育、医疗、文艺方面得到最好资源的人，也必然地会向北京集中。

恰恰是这些隐形的资源，构成了巨大的向心力，吸引着人们的向往和追求，带动着北京的人口从2001年的1100多万，激增到2013年的2000多万（图13-1）。其实，这种情况绝不是北京仅有，而是全国各地都存在。省会城市集中了所在省的最优资源，地级城市集中了所在地的最优资源，同样也带动了这些城市人口的增长。人多了不仅要带动房产，也带动着城市的快速扩张，增加着城市的建设成本，导致了城市的高房价。

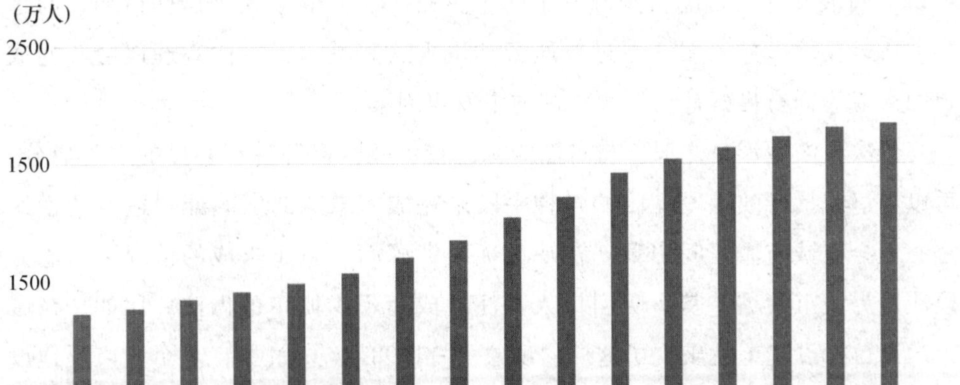

图13-1　北京人口

这样看来，房价的高低不只取决于建筑本身，也与建筑所处的地区，所在城市占有的社会资源有关。从经济的角度看，这种情况完全符合价值决定价格的规律。但是，如果从社会公平的角度来分析，我们又会看到高房价催生了另一些问题——

首先，拉大了城乡差距。以社会资源占有情况来建设城市，是中外城市建设过程中都走过的路，中国历史上君臣等级的建设思路，依据的是权位高低来决定城市的大小；西方工业文明以后的城市兴衰，主要依据的是经济实力。前者随着封建制度的瓦解而瓦解，后者最终也被合理化的经济布局所取代。可以说，建立在两极分化基础上的城市建设是不可持续的，均衡化发展，才是城市建设所追求的最高境界。

其次，危险的攀比心理。科技、教育、医疗是现代社会的公有资源，像空气和阳光一样，每个人都有权享用。在信息高度发达的今天，人们可以轻而易举地比较出自己在科技、教育、医疗等方面拥有的资源情况，辨别高低，区分优劣，形成攀比。这种情况可以激发人们斗志，去实现理想的生活状态。但是，如果只有成为优质资源城市的一员后，才可能享受到这些待遇，而过高的房价又使多数人无法通过普通劳动进入这些城市，攀比心理也会转变成负面，成为拥有良好社会资源城市的不安定因素。

再次，滋生浮夸之风。与自然资源比较，社会资源带有明显的人为成分，可以通过包括行政手段在内的各种手段来完成。悬殊的资源配置造成的攀比之心也会在城与城之间出现。在缺乏优质资源而又急于求成的情况下，想方设法地为城市发展造势，吸引世人关注便成为不少城市的做法。比如，在城市建设目标设定上就出现了这样的现象——1998 年，我国有 78 个城市要建设国际化大都市。2003 年，这个数字达到了 182 个。截至目前，以国际化大都市为建设目标的城市已经超过 200 个。这种明显带有“大跃进”味道的建设热情，既与常识相悖，也不符合国情。

可见，房价的高低绝不只是经济领域的事，而是一个关系到社会资源如何分配，社会公平如何建立的大问题，折射出社会文明所达到的水平。

14　我眼中的建筑评论

在我看来，建筑评论不仅是一个理论问题，更是一个现实问题。

专业院校喜欢用建筑这个词语，民间更喜欢用房子来表述。建筑和房子肯定是两个概念，但是要说清楚两者的区别却并不容易。建筑属于一门学问，涉及材料、结构和环境问题；房子属于一种制成品，涉及买卖、居住和生活使用。于是，专业人士更习惯从空间上把玩建筑，从设计到施工，想方设法地将各种材料组合成一定的空间形式；非专业人士更注意从使用上看房子，从购买到装修，几乎将全部的精力都用在了如何居住上。于是，专业于建筑的人士关心于“造”，非专业人士关心于“用”。

这样看来，对建筑的“评论”既不属于建造，也不属于使用，好像有点上不着天，下不着地。久而久之，人们也并没有感到这种情况有什么不好，更不想有所改变。直到跨世纪前后，随着大量外形怪异的建筑出现在中心城市，悬殊的房价越来越让大众莫名其妙的时候，人们才开始有所质疑，有所言说。

比如，作为一个历史悠久的文明古国，为什么中心城市的地标几乎都是外国人主持设计的奇怪建筑？对古建遗址进行公园化改造，周边却被高楼围得水泄不通！如此做法，是对古迹的保护还是变相出卖？老百姓倾其所有购买的房子，入住之后才发现内在质量和空间环境上问题百出……总之，有房子的和没有房子的人都对房子有所不满。凡此种种，有对传统文化的忧虑，有对商业虚伪的揭露，有对社会不公的愤懑……角度有不同，语言有雅俗，实质上都是在对自己身边各种建筑现象给予的"评论"。

由此可见，营造和使用还处于对建筑认识的"物质"阶段。对各种建筑现象的感悟和评说，是人们关注到建筑精神属性的结果。从关注物质到关注精神，从单纯的建造和使用，到意义的分析论证，是对建筑价值认定上的深入，显然是一个更高的境界。也就是说，对于从事建筑设计施工的人士，要想超越按照甲方脸色进行设计的匠人水平；对于房屋消费者，要想摆脱跟风攀比的盲目消费状态，对身边的各种建筑现象有所思考，有所评判，无疑是一种高境界。

于是，能否"评论"，会不会"评论"，便成了衡量建筑界成熟与否的试金石。

2015 年上半年我校在建筑学研究生中开设了"建筑评论"，授课的四位老师从各自的专业角度谈设计，论风貌，评高低，大到对不同城市文化品位的宏观比较，小到对一种建筑现象的价值分析；远到对古建遗址的历史性追溯，近到身边一房一景的评价。纵横上下，由小及大，为学生认识建筑开阔了视野。这样广泛的涉猎是想证明一点：但凡由人建造出来的空间，不管大小远近，状况如何，都可以成为"评论"的对象，古今中外，概莫能外。

于是又出现了一个如何"评论"的问题。与人们面对"楼歪歪""楼倒倒"时的义愤填膺，向亲朋好友介绍购房经验、装修心得、布置感受时的不厌其详，对一座城市的印象、一个景点的褒贬、一次居住环境感受的随意不同，课堂上的内容会更系统，更准确，因此也更有学理性。

那么，我们做了哪些方面的努力来体现该课程的学理性呢？

首先，需要调动多种知识。日常生活中谈论建筑，多是通过描述性的语言，夹杂更多的是主观感受，结论往往并不肯定。课堂上评论建筑则不能这样。为了给学生一个比较肯定的观点，教师需要有理有据，引经据典，旁征博引，尽可能做到在多学科交叉中以理服人。这些还是形式上的。由于是给学生讲，从哪个角度切入，怎样将感受性的东西升华到理性，进而在平易的语言中表达出深意，需要找到最佳的角度。比如说，评论城市建筑多是从环境科学的角度切入，因为城市化面临的最大问题就是环境问题——不管是自然环境还是人文环境；评论历史性建筑多是从史学和文化学角度切入的，因为只有在这样的背景上才可能从那些老房子上发掘出内涵和价值；评论乡村建筑多是从民俗学入手，因为这里才是养育华夏文化的根脉所在……当然，对建筑进行评论，必须以建筑学方面的知识为基础，同时具有其他学科方面的修养，这样才可能透过各种建筑现象有所分析，有所发现。

其次，需要有一定的人文情怀。有人将人文等同于文学，觉得只要能舞文弄墨的人都会有人文情怀。这种解释既是曲解也是浅薄，是对人文学科的极大误读。在我看来，人文学科以研究人的根本价值为旨归，近乎于古人所说的“究天人之际，通古今之变”，立意在人类，追究在终极。所谓以人文情怀评论建筑，就是站在一种大境界上来面对建筑，着眼点就不会仅仅局限在建筑本身，而是其中的人文意义。以这样的境界审视建筑，才不会只满足于高楼林立的表面热闹，还会看到高楼大厦在人与大自然之间造成的隔膜，以及在远离自然后可能给人的健康带来的危机；才会透过古村落破旧的外观，发现旧而不衰，破而不废的奥妙，发现祖先当年的营造智慧；才会在各种所谓仿古工程中，看穿那些以保护之名行赚钱之实的虚伪嘴脸，警觉到文物从无价到有价的实质性蜕变；才会透过虚高的房价，看到官商在利益同盟中各自担当的角色，以及消费者的可怜处境……比较建筑设计者的就事论事，房屋消费者的实用为主，这样的立意显然已经进入到了形而上层面，触碰到了隐藏在建筑背后的更深层次，与追求刀下见菜的实用主义建筑观有着天壤之别。可以肯定地说，如果我们的规划者能以这样的境界开展工作，我们的城市面貌可能不会像今天这样千篇一律；如果我们的设计者能够以这样的立意展开思路，我们的建筑可能不会一味地去模仿西方；如果我们的消费者能以这样的眼光进行消费，各种或明或暗的“豆腐渣”工程可能也就没有了市场。

再次，需要拥有艺术气质。当下的建筑市场中，设计、消费、艺术三者之间各自为政，遵守着不同的规则，并没有直接的关联，人们仿佛也没有意识到这三者之间可能存在着怎样的关系。直到在解决了温饱问题，尤其是在走出国门之后，面对发达国家的城市规划和居住环境，人们才在懵懂中发现：有品位的城市都蕴含着明显的艺术气息。于是有人急于求成，通过建造各种广场，雕塑一些造像，种草养花来增加所在城市的品位。结果是，经过这些应时应景的“打造”，城市确实变得花哨了，但不是大家闺秀式的，而是乡野村姑式的。原来。城市艺术气质的养成不是靠景观的堆砌，而是文化积淀；需要经济实力，更需要用心和时间。那些被世界公认的著名城市，每一个都是所在地区历史和智慧的巧妙结合体。建筑评论就是要告诉学生——技能属于手艺，可以照猫画虎，做出一些工程；文化属于本源，可以高屋建瓴，指导实践。以这样的立意面对建筑，才不会被表面的华丽所蒙蔽，也不会轻易地从花钱多少上论英雄，更不会靠个人崇拜或迷信去盲目逢迎。

这样看来，建筑评论既涉及理论又涉及实践，是一门地地道道的交叉型课程。比较日常生活中人们对各种建筑现象的评判，建筑评论课程则需要厚实的知识结构作为的基础，人文情怀作为背景，艺术气质作为保障。需要教师站在史学、美学、伦理学、环境学的角度展开思路，对于打破建筑本位的狭隘思想、培养复合型设计人才，无疑具有重大意义！

我们希望这门课程能产生这样的效果：对学生来说，再完成各种设计规划项目时，所提供的方案不是急功近利，应时应景，而是承担起更多的社会责任，使方案能够经受得起历史的考验；对消费者来说，再去面对各种建筑消费，所做出的决定不会仅从建筑本体入手，同时还会考虑建筑与自己性格、身份，尤其是对自己及其家人健康的关系。也就是说，具备一些建筑评论能力，对专业人士具有提升综合素质的意义，对消费者具有提高居住档次的意义。就犹如买了西装还要懂得西装的穿法，有了汽车还要知道开汽车的规矩，有了家庭还要具备操持生活的能力一样，随着整个社会对建筑认识水平的提升，是否具备对建筑的评论能力，将成为时代对建筑设计人员和居家过日子人士提出的新要求。

遗憾的是，就目前的情况看，能够意识到建筑评论重要性的人士并不多，看甲方的脸色设计，跟着感觉走消费，仍然是建筑设计领域和绝大多数购房者的基本状态。于是，我们的城市整体建设得还很粗糙，我们的家居环境整体上还欠档次。但愿我们开设的建筑评论课能够为改变这种状况做出些贡献，为同行院校提供一个参照，为人们提高对建筑的认定水平提供方向。

15 中国建筑怎么了

提出“中国建筑怎么了”的问题，不是无病呻吟，而是针对下列一些怪象——

一是短命。2007 年，具有国际标准、四季常绿的沈阳五里河体育馆被拆除，前后才使用了 18 年；2013 年，曾经被称为“天下第一景观”的秦阿房宫遗址公园被拆除，也只存在了 13 年；2010 年，为纪念新世纪到来而建成的海南“千年塔”被拆除，寿命仅有 9 年，成为典型的短命塔（图 15-1）。这些都曾经是名噪一时的重点工程，至于那些没有什么影响力的短命建筑，在日常生活中更是屡见不鲜。

图 15-1　海南千年塔

二是山寨。广东惠州 2011 年动工建造的哈施塔特小镇，几乎是奥地利哈施塔特小镇的复制品；2011 年开盘的杭州天都城小区，完全仿照巴黎而建，香榭里大街、埃菲尔铁塔一应俱全（图 15-2）；在湖北的武汉商贸职业学院的校园内，不仅有按金字塔、凯旋门仿造的建筑，校园里的标志建筑竟然是缩小版的“白宫”！这些，不过是近年来建筑界劲吹山寨风的几个缩影。

与其他产品一样，建筑也有使用寿命，我国的建筑规范中对民用和公共建筑的使用寿命都有明确规定。但是，没有达到使用寿命便被拆除，说明这些建筑存在着先天或者后天的不足，只能提前结束，与通常所说的“夭折”并无二致。我们也不反对向西方建筑学习，海纳百川是中华民族的历来气魄，

图 15-2 杭州天都城小区

也是我们达到国际水平的必经之路。但是，照猫画虎，临摹仿照最好限于习作，以此来领悟西方建筑的独到之处与设计之妙，在此基础上设计出拥有自己风格的建筑来才是学习的高境界。

短命建筑除了会造成巨额的浪费，建筑垃圾直接或间接造成的污染更是百年都难以恢复。山寨建筑不仅反映出设计建造和使用单位的幼稚，对所在地区的建筑设计水平也是一种讽刺。前者损失的是经济，后者损失的是尊严，两者都是害大于利的事情。

现在的问题是，制造这些“损失”的当事人难道不懂得这些道理吗？答案显然是肯定的！作为制造者，他们肯定会有另一种看问题角度和立场，也更能引出一些根源性的东西。比如，2011 年 2 月，云南一个名为“中国—东盟河口国际旅游文化景观长廊”的项目落成，一度被称为“边境明珠”，但 3 年之后又开始动工拆除。建设这个项目的投资为 2.7 亿，拆迁的花费竟达 3 亿。所在县给出的理由是，“没有想到，上面（对城市规划）的新要求会如此之快。”其实，当初决定上马这个项目时也“经过政府特批”。这种“成也萧何败也萧何”的事实，道出了一些工程所以“短命”，与领导意图多变之间的关系。武汉商贸职业学院的负责人，在解释校园内诸多“山寨”建筑时给出的理由是“建设国际化大学”。乍听起来也言之凿凿，稍加推敲却有缺乏常识之嫌。要知道，世界上没有一所大学是靠“山寨”被国际认可的；更何况，“山寨”意味抄袭，出现在哪个领域都不光彩，尤其是校园里。

听到这些理由，我们不难看出“短命”和“山寨”建筑存在的某种无奈和必然。当下的建筑界，长官意志确实起着很大作用，建设什么，怎样建设，规划设计者起不了决定作用，有时候明明知道一些“形象工程”的寿命就长不了，一些“样子工程”的意义经不起推敲，仍然还要唯命是从。此谓之无奈。处于高速发展期的中国，建筑界整体上处于浮躁状态，追求利益带来了设计和建设的高速度，难免出现随意抄袭、弄虚作假和粗制滥造。市政建设的“千城一面”，标志建筑奇异古怪，山寨建筑的层出不穷，都是这种“浮躁状态”的形象体现。在没有积攒起足够的文化底蕴和设计实力的阶段，成长中的建筑界难免会经过这样的过程。此谓之必然。

说到这不由得想到了美国。事情发生在 20 世纪 80 年代。经过两年施工的凯悦饭店投入使用。人们被这座建筑的豪华与现代所吸引，以能到这里消费而自豪。但不久这里竟发生了正厅西侧两座通道坍塌的惨剧，造成了 300 多人的伤亡，成为“美国史上最严重的建筑物惨案”。在这件事情中，当地政府只做了一件事情：追查事故原因，吊销了工程师的从业资格。由此我们不难得出这样的比较：首先，政府并不直接参与建筑工程，以保证政府和建筑商之间的监督与被监督关系。其次，建筑的命运掌握在工程师手里，设计施工完全可以按照专业的套路走，一旦出了问题也有明确的责任主体。再次，没有铁饭碗，工程技术人员职业生涯决定于所承担工程的质量情况，这样的机制有助于养成工程技术人员的担当精神。

这样看来，短命和山寨所以在建筑界大行其道，与管理建筑的机制有关，更与建筑界自身素质不高有关。不管是形象工程还是面子工程，都将建筑变成了应时应景的东西，从决策到设计施工都不可能立足高远；不管是媚洋求怪，还是移花接木，都没有把建筑的文化意义当回事。构建对建筑活动的评估机制，由专业人员监督审查建筑活动的各个环节，对于抑制政府干预，促进行业整体素质的提升，改变建筑乱象，应该是一条有效的路径。

16　合院之“和”

“合院”是中国传统建筑大家族中的一种重要形态，从陕西宝鸡岐山县凤雏村出土的西周民居遗址，到现当代社会依然普遍存在的民居院落，可谓源远流长；“和”是中国传统文化中的核心价值观，从道家“天人合一”的哲学观，到儒家“致中和，天地位焉，万物育焉”的中庸思想，再到民间“和为贵”的群体意识，可谓深入人心。在中华文化的大背景上，合院就不仅仅是一种供人居住的空间造型，还是一种民族文化的展示。

合院是由建筑围合而成的院落，大可以是城池，小可以是家院。在民间，合院的布局一般有横向连排式和纵向多进式两种，院与院各有不同，彼此之间又用隔墙、过厅连通，形成隔而不断、彼此相通的格局。

在大大小小的合院中，四合院堪称是典型代表。四合院遵循中轴对称的布局原则，以门房（倒座）、正房、厢房、后罩房形成一个大围合（图16-1）。在这个围合中，正房居中，左右分别是厢房。院落中体量最显赫的也是正房，开间和进深都较大，一般是辈分较高的家长居住地，同时也是待客议事之地。正房两侧是东西厢房，开间和进深都比较小，主要是晚辈居住。门房住的一般不是主人的本家，而是帮工等外姓人。

历史上，合院里居住的往往都是有血缘关系的“家族”成员。为了使家族成员和睦相处，在院落布局上讲究主次秩序，在人际关系上讲究沟通理解，在家族环境上体现人伦教化，便成为合院式建筑的共同追求。因此，传统的合院民居，不仅仅具有居住功能，给人们一个安身立命之所，还具有鲜明的规范和教化功能，给人们以精神上的影响，通过建筑的形态之“合”，隐喻出中华民族的文化之“和”，并以各种形式表现出来。

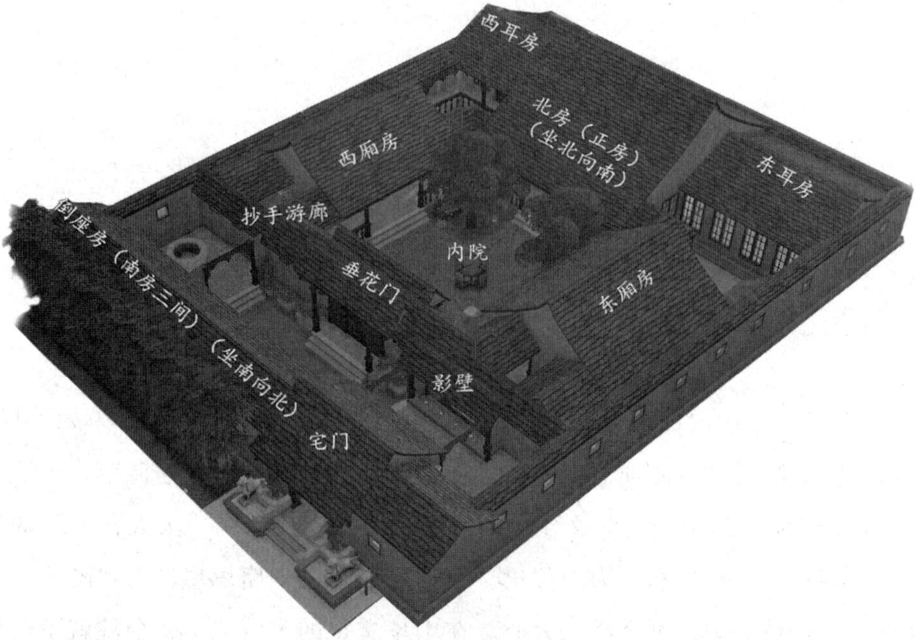

图 16-1　四合院布局

1） 秩序之和

秩序是文明的基础，也是告别野蛮的开始。对中国早期文明产生过重要影响的《礼记·礼运》中，就将“正群臣，笃父子，睦兄弟，齐上下”视为当时“合土”造房的根本依据，将君臣之和、父子之和、兄弟之和、上下之和作为了传统营造的一种标准。在这种思想的影响下，传统民居的形制具有了明确的身份识别性，以建筑形制的空间秩序来约束人与人之间的关系，将礼制思想贯彻到了合院式民居的布局、结构和装饰之中，形成了鲜明的伦理色彩。

伦理包括两层意思：“伦”是指人与生俱来的自然属性，其中包括种族、年龄、性别等，代表着人的生理情况；“理”是社会赋予人的要求和规范，包括党派、宗教和信仰，反映出人的社会情况。“伦理”就是指在处理人与人、人与社会关系时要有一个基本的遵循，从而达到“经国家，定社稷，序人民，利后嗣”（《左传》）的终极目的。

传统的合院建筑，就是在这样一个注重伦理道德的社会背景下诞生并得到普及的。从某种意义上说，“伦理”既是规范，也是方法论，让人们在实际生活中按照既有的秩序办事，从而起到聚合人心、让社会各界和平共处的作用。合院建筑中的“对称布局”，就是这种思想的具体表现。从形式上看，建筑上的“对称”，是依照中轴线两侧平均布局的建造形式。这样的布局确实具有很强的平衡性，使院落空间显得稳重、规整。从实际居住看，这样的布局也有助于居住者根据不同的年龄和性别特点来安排居住，让人们在各得其所中各取所需，将伦理关系以空间的形式固定下来。合院建筑中的“中轴为贵”，也是这种思想的具体表现。秩序的核心是要体现主次。不管是家族中的人口构成，还是社会上的官阶大小，本身也有年龄和性别的不同构成，身份地位的高低等级。于是，合院式建筑一般都有中轴线，而且中轴线上的建筑在面积、体量、功能上都具有明显的优势，成为院落的轴心，为院落中的其他建筑提供“主心骨”。中原地区合院的轴心一般以门房为起点，中院为核心，正房为高点，多由南向北延伸，构成中轴线。而体量较小的厢房、厨房等辅助性用房则居于轴线的两侧。轴线上的房屋分布一般以“前疏后亲”“前低后高”“正高侧低”的原则——前院为关系较疏远的亲戚及家佣的住所，后院为家长及直系亲属的住所；前院必须低于后院，既便于排水，也有进院便有“步步登高”的寓意；正房的檐口必须高于侧房，以突出院落的主题。这种布局，使得合院式建筑具有了上下、主从、长幼层次分明的秩序感。

2）交流之和

尊礼数也应善交际，而且，各种礼仪只有在人与人之间的交往中才有意义，起到融合感情的作用。传统合院一般都是同族同祖而居，人人亲和、家庭和睦是关乎每一个人的头等大事，所谓“天时不如地利，地利不如人和”。而这种思想在合院建设中也得到了充分体现。传统合院的四面以房屋围合，外人是很难看到院落里面的，体现了国人喜欢含而不露的内敛性格。但是，当“一家之人，断非一室所能容时”，主人也会再建院子，而且是院与院之间有门贯通，形成环环相套的格局。不论是纵向多进式合院还是横向连排式合院，各个院落具有一定的封闭性，相对独立；同时，院落之间又有门楼、连廊、甬道、门角等通道，起着贯通院落的作用，构成了宅院的交通空间。这些地方将各个相对独立的院落相连接，为人与人之间的交流创造了条件。

合院中丰富的道路网络，起承转合、停顿流通，使人行进其中也能体会到礼仪制度的妙趣。比如，贯穿院落的中轴线犹如主心骨一般，下起门房，中有庭院，上有正房，既是院落的主要通道，又将住在这里人们的年龄地位、身份差异表现了出来，在主次分明中显示着规矩。庭院四面围合房子的前出檐都较大，形成檐廊；有条件的人家还会在檐下立柱，形成廊道。这样做可以一举两得：一是向外延伸了室内的空间，使居住者获得更多的“庇护感”；二是起到遮阳、避雨的效果，给人们的日常交流提供更多的方便。

这样的合院，既是一个多样的共同体，使每个成员在各得其所中获得属于自己的空间，又是一个彼此相连的有机体，让人与人在环环相通中得到交流，获得认可。民间常用“家和万事兴”作为持家之道。其实，合院民居也以空间的形式将这种精神作了形象的诠释，将人们的相处之道融于生活，将处世哲学与营造智慧水乳交融到一起。

3）教化之和

古人对教育的重视程度超乎今人的想象，除了开设官方和民间的学堂，还十分注重日常生活对人的教化作用。“美教化，移风俗。”就是《诗大序》中的名言，认为诗歌等艺术形式同样具有道德教化的作用，达到“修身、齐家、治国、平天下”的目标。人生的绝大多数时间是在家庭环境中度过的，尤其对处于成长期的孩童来说，家庭环境如何，将直接影响孩子的习惯养成。这种教化可以是经史子集为代表的正规学习，也可以是长辈对晚辈的悉心教导以及生活中的耳濡目染。从实际效果看，这种无形的教化还可以暗藏于周围环境之中。合院空间中大量带有教化意义的装饰纹样，就在表现主人文化品位的同时，也传达出对子孙后代以及家族发展的殷切期盼。

传统合院民居十分重视空间装饰，匾额盈门，墙画立面，加之无处不在的木、砖、石雕，将家族的门第层次、道德修养、思想情感、处世哲学、精神寄托以及对未来的追求都形象地表现出来。这些装饰虽然体量不大，但是包含的文化内涵却很深远，对于营造院落的文化环境，凸显生活品位起着不可估量的作用。如陕西韩城一带的传统合院，大门上方都有醒目的匾牌，如“太史第”“宁静居”和“耕读第”等，或反映家族门第的高低，或点明家庭的审美意趣，或彰显主人的生活立意……未入其门，先知其人。此外，院落中的浮雕壁画和题壁刻字也反映出深刻的寓意，最具有代表性的有“封侯报印”“松鹤呈祥”“延年益寿”“五福临门”“五子登科”……通过不同的动物植物造型，将人们对美好生活的愿望栩栩如生地表现在了家居环境中。“24孝图”“孟母三迁”“程门立雪”等历史故事，也是传统合园中木砖石雕中常用的素材。党家村是这一地区最负盛名的古合院群，有六百多年的历史，除了运用以上手法装饰家园，老宅的主人们还将一些生活哲理以砖雕的形式镶嵌在墙体上，以警示后人，其中一幅“富时不俭贫时悔，平时不学用时悔，醉后失言醒时悔，健不保养病时悔”的家训，既深入浅出、朗朗上口，又寓意深刻、催人遐想。

这些题字图画既是装饰，给院落空间增加艺术点缀，展示出家庭的生活品位，也是渲染，彰显着主人的审美修养与生活追求。于是，透过这些装饰，使人看到的不是浅薄的浮夸，而是深厚的意蕴；不是对物质的贪婪，而是对精神的依归；不是盲目的模仿抄袭，而是有着鲜明的所指；不是不着边际的标语口号，而是活生生的经验之谈。置身在这样的空间里，人们当然可以得到安全和舒适，获得生理上的满足，同时还可以受到精神上的启发，在俯仰之间便能有所欣赏、有所阅读，让灵魂受到触动。

4）结语

合院民居所以成为中华民族主流建筑之一，绝不仅仅是因为数量众多，还在于其中蕴含着深厚的文化内涵，巧妙地将中国传统文化的核心思想演绎为秩序之和、沟通之和、教化之和，并以空间的形式表现出来，实现了空间之“合”与精神之“和”的融会贯通，构建了中国传统建筑以“和”为主体的思想理念。这可能才是合院民居在中华大地上那样深入人心、广为分布并能源远流长地留存至今的根本原因！

作者：李京泽

17 窑洞的“辈分”

在90后这代人的眼里，窑洞是贫穷落后的代名词。首先是窑洞所在的地方不好，多为黄土高原，干旱缺水，作物贫瘠；其次是窑洞本身相貌不好，土坡上掏洞，上下内外全是土；再次是窑洞里的条件不好，用当地老乡的话说：“住着土窑，睡着土炕，烧着土灶，养活着土人”。这样的环境，这样的形象，这样的条件，在21世纪的今天，窑洞，毫无疑问地应该退出历史舞台。

然而，翻看历史我们又获得了窑洞的另外一些信息：首先，窑洞来于原始穴居，遗留着先民“穴居野处”的影子，其历史起码可以追溯到新石器时期，古老的《周易》中就有所记载；其次，窑洞是北方民族最早的居住形式，仰韶文化时期留存下来的姜寨和半坡遗址中都发现了半地穴式建筑——下半部分为坑穴，上半部分为木结构，并被史学家称为“木构框架式建筑的雏形”，也是中国北方最早的土木建筑；再次，窑洞在我国北方尤其在黄土高原地区有着极为广泛的分布，不仅深受平民百姓的欢迎，豪门大户们也都以窑洞作为主要居室，比如，有“民间故宫”之称的山西王家大院、有“中国最大窑洞式庄园”美名的陕西姜氏庄园。凡此种种，足以说明窑洞这种居住形式在中国建筑史上的不凡地位。

对看惯了高楼大厦的城里人来说，窑洞也确实有让人耳目一新之处。它们依山就势，横向成排，纵向相叠，在高天厚土之间同样显出气势，却不像高楼大厦那样突兀张扬（图17-1）；它们依然保持着黄土的本色，下方上圆的造型缓解了棱角的生硬，自然地透着一种亲和；它们没有楼房的棱角分明，也没有平房的四平八稳，“窑”的圆润与“洞”的深邃，使置身其中的人们不仅有一种脚踏实地感觉，心灵上也会感到放松。

图 17-1　陕北窑洞

可以肯定，“住”一直是古今人们共同关心的问题。没有一个比较牢靠的住所，即使食能果腹，衣能遮体，也只能是个无所皈依、到处游走的流浪汉。于是，想方设法找个住的地方，一定在“悠悠万事”中处于“唯此为大”的地位。几千年前的墨老夫子就对前人的居住情况有所猜想，并且断定，中华祖先在很长的时间里是“穴而处”的。这个“穴”就是洞的意思，汉代的大文字学家许慎的解释：“穴，土室也，”也就是我们今天所说的窑洞。这样看来，那些不起眼的“窑洞”，辈分却高得让其他建筑难以企及，犹如华夏建筑家族中的“祖爷爷”。

不要小看这个“祖爷爷”，后世的子孙可能比他更高大，更漂亮，更聪明，但是，不管怎样，血肉中总少不了他老人家的基因。

在我们去陕北实际调研过程中发现，大多数窑洞朝向都是南或东，经过探讨后认为窑洞本身采光具有较大局限性，窑脸是唯一的采光面，面向南方东方是为了窑洞能够获得更多光照的人文智慧之一，以至于一直沿用至今。加上黄土本身具有较好的保温性，所以窑洞可以保证在陕北地区昼夜及四季温差巨大的情况下，其室内温度都可让人感觉适意，虽然现在大多数人都住上了楼房，但采光的重要程度让人们记了下来，时至今日人们择房时都希望买到“冬暖夏凉”的好房子，这都是从窑洞构造中所得出的经验之谈。

再看窑洞所用的材料。黄土是窑洞的基本用材，正脸上的门窗则是用木头制成的。当然，要用双手挖出高 3m、深十余米的大洞，没有脚手架的帮助也是万万不行的。在遥远的过去，挖窑洞的人们也只能是用身边的树木来做脚手架。就这样一个很可能是偶然为之的选择，却无意中包含着某种必然，为后来中华传统建筑在选材用料时的就地取材开了先河，形成了以土木为主的基本结构形式。后来的人们由此受到了启发，运用身边俯拾皆是的“土”和“木”两种材料从事建造活动，并且很好地解决了建筑主体上最为常见的压、弯、剪、拉、扭几种受力问题，在大江南北的广袤土地上，不仅建起了一座座茅堂村舍、四合院落，还建造出了不少宫室大殿、城池壁垒……

还有窑洞的基本造型。窑洞的窑脸上一般来说有三扇窗，窑洞的窗户夏天时用作通风，而冬天因为朝向阳面，窑洞中温度也非常适意。窑洞拱圈的造型也让它更能承受住整个山体的重量，不垮塌（图 17-2）。

图 17-2　窑洞的弧形拱券

当然，安全与舒适也是窑洞的重要功能。在这方面，除了众所周知的冬暖夏凉、进出方便以外，我们以为，窑洞具有的最大魅力，还在于能够满足人性中的归属感。女娲造人的古老传说告诉我们，在中华祖先眼里，人，来于泥土，归于泥土，从“来”到“去”的过程又是在与泥土打交道中获得了衣食与温饱。泥土对于人的意义，犹如鱼和水，关系到生命，影响着兴衰，关系到生活的质量与长短，其意义是怎样强调也不会过分的。置身其中，温润、肥沃，是地地道道易于生长的地方。在进入后工业时代的今天，高楼大厦、电器网络、塑料化工等科技产品，几乎可以满足人们一切合理与不合理的要求。但是，越是沉醉其中，人们身上原生态的诉求就越萎缩，一些与生俱来的功能也达不到健康指标。这种情况有点像住在金丝笼子里的鸟，尽管高贵无比，但是作为飞禽，那种在天空中翱翔才有的幸福感却几乎没有了。

可能正是觉悟到了这些，90后的人们也开始重视窑洞的价值。与大城市里的建筑比起来，窑洞是古老的，但是，其中的文化基础却十分深厚，为后来传统建筑在选址、用材和结构方面提供着经验，也成为我们领会中国传统建筑文化和技术属性提供了一种活态的资源；同时，窑洞又是人性化的，除了具有居住功能，还保持着人与大地之间那种无比亲近的关系，使人居住其中便可以体会到安全、温润和静谧，充满了舒适。

随着经济的发展，黄土高原的许多地方开始修建楼房，建造四合院。但是，人们依然要给窑洞保留一席之地，在一年之中最热和最冷的时候到里面去住住，去体验一下只有在大地的怀抱中才有的惬意。

作者：祁俊程

18 渭北窄四合院的营造讲究

渭北是陕西省渭河以北地区的简称，包括关中以北、陕北以南的广大地区，有宝鸡、咸阳、渭南三市的北部，铜川大部以及延安以南地区。这一区域为丘陵沟壑地貌，海拔 600～1300 米，气候干旱多风。本文所谈主要指渭南以北地区。

一方水土养一方人，也养一方建筑。同样属于陕西关中平原，渭河以北的民居建筑虽说也是四合院的形制，但细致观察下来，却自有其特点。

渭北地区干旱少雨，夏季炎热，为减少日晒，院落两侧的厦房距离较近，中间的庭院狭窄，因而称为“窄四合院”（图 18-1）。形制完整的四合院，一般包括宅门、倒座房、垂花门、厢房、正房、后罩房，甚至还有多进院和跨院等。渭北民居宅院则较为简单，通常是比较规整的扁“回”字形一进院，由临街的门房（倒座房）、两侧的厦房（厢房）和正房构成，院落为矩形，长宽比多为 1∶3，面积一般不超过 0.5 亩，在这样狭长的基址上进行营造，从自然环境、院落布局、生产生活、祖宗供奉、建筑高度、邻里关系等都有着一番讲究。

渭北地区年降水量在 500 毫米左右。生活在这里的人们几乎家家户户都设有水窖，用来贮存雨水，是以往当地村民生活用水的主要来源。干旱对当地院落的建设也有影响。院落内四面建房，呈长方形合围，暗含“四平八稳”“四水归堂”之意，将水与财相提并论；院内的地势多是西北高、东南低，大门开在东南，一来便于排水，二来亦有步步登高之意；当地人论房子不讲双坡顶和单坡顶，而是称之为“一坡水”和“两坡水”：前者指“半边盖”的厢房，后者指的是“人字顶”的门房和正房，既显示了水的珍贵，也暗含着

图 18-1　渭北窄四合院

当地人对水的渴望；夏季暴晒、冬季寒冷的气候也对渭北合院也有所影响，人们将两侧厦房相近而建，并设有檐廊，（当地人称为“歇阳”）在减少夏季的暴晒同时，也对冬季的西北风形成了遮挡。

在解决了蓄水和光照的基础上，人们开始对院落空间进一步划分，有前院和后院之别，前院最大限度地围合出了院落空间，四方规整，青砖墁地、布置花草，用作活动场地、摆宴席等；后院则是菜园、家禽、茅房等的场所，铺装上通常只铺出狭窄的路面。

与河北等地的四合院布局比较，渭北的民居宅院确实简单了不少，通常是由门房、厦房、正房围合而成。整个院落中，正房最高、东厦房次之，西厦房略低于东厦，体现了上下有分、长幼有序、内外有别。当地有“东 3、8，西 4、9，南 2、7，北 1、6，无 5、10 且檩条上的卯眼不朝东和南方等的规矩”。这些都是木结构房屋起架高度的末位数。房屋结构多为抬梁式，大梁与柱子均为较粗的松木，柱子上放梁，梁上放短柱，短柱上再放梁，层层相叠，直到屋脊。讲究的短柱（瓜柱）雕刻精美，当地人称为“花墩子”（图 18-2）。正房、门房多为双坡顶，厦房为单坡屋顶，其抬梁式结构也只有双坡屋顶的一半。关于正房梁架结构的建造由于多为三开间，当地有一个顺口溜“一担三墩，九套梁筋，四柱落角”。

图 18-2　房屋结构

“未见门来先见房”，是走进渭北合院的又一感觉（图 18-3）。这里所说的“房”就是门房，多为下人居住和仓储空间。门房一般为双坡顶，面阔三间，沿街立面比较简单，一般不开窗或在高处开一个极小的窗口，给人以坚固、厚重、安全的感觉。院落的东南角是门楼，占据一个开间。五行八卦中将东南称为“巽”，是来风的地方，可以通天地之气。将大门开在这里，显然是在对应风水上的这一讲究。从气候来看，渭北地处大陆性季风气候，夏热冬冷。夏季的东南风穿堂而过，给院落带来凉爽；冬季的西北风则被高高的后院墙和正房阻挡，不至于太冷。于是，院落中形成了一个自成体系的小气候。同时，文化上的讲就也很明显，大门是院落的脸面，是走进院落的第一眼，也是最能体现主人本质的地方，所以备受建造者的重视。渭北合院的入门处迎面是东侧厦房的山墙，上有砖雕装饰的影壁墙和土地龛（图 18-4）。也有的读书人将土地龛设置在入门处的侧墙上，讲就秀才不敬土地。再往里，东、西两侧厦房相对而立，沿院落中轴线两侧与门房、正房垂直分布，一般都为三开间，室内进深较小，多为三米左右，相当于北京四合院中的厢房，所不同的是屋顶形式为单坡顶，当地人称为“厦子”或者“半边房”，一般供晚辈居住，或作厨房和储藏间。陕西有八大怪，其中一项就是“房子半边盖”，指的就是厦房的单坡顶，木结构也只有正房的一半。

图 18-3　未见门来先建房

图 18-4　影壁墙

房子半边盖的原因很多，主要有这样几个方面：首先，保障了院落的长方形分布，厦房的近身只有人字顶房屋近身的一半，有效地缩小了院子的宽度，保障了窄院子的格局。再者，背墙直接代替了院墙，实现了院落的围合，省工省料。另外，在嗜水如命的环境里，因水而起矛盾的事情并不少见。在院子建造过程中通过半边盖实现雨水各自归堂，入各家的地窖储藏，也避免了因水而起的纠纷。从建筑等级上讲，东厦高于西厦，当地人叫“青龙压白虎”，但实际中，东厦房夏季西晒，冬季西北寒风凛冽，当地老百姓也有“有钱不住东厦房，冬不暖来夏不凉”的说法，指的就是东厦房在舒适性上的不足。于是，也有人家将东厦房用作仓储空间。过了厦房就是正房了，正房是院落的最后一座建筑，也是整个院子最重要的建筑，体量最大、台基和檐口最高，且为双坡顶，多为三开间，采用一明两暗的布局，当中一间一般用作厅房且供奉有祖宗的牌位，两侧暗房才是主人及长辈的卧室。

房子半边盖确实省下了不少费用，但是，这样的合院在质量上却并不含糊。历史上的天灾人祸，尤其是一次次地震，考验着房屋质量，也让当地人得出了“墙倒屋不塌”的结论。渭北合院民居以木构件为骨架，组成围合的“框架结构”，而且由卯榫相互咬合成一体，然后才以夯土、砖石垒筑墙体。这样一来，墙体只起到了围合作用，并不承重，自然是墙倒屋不塌。

渭北地区的墙体也很有特点。这里是黄土高原的过渡地带，黄土层的厚度可达百米以上。年深日久的堆积是这里的土质黏性大、可塑性强。所以，以土作为建筑材料十分普遍。墙体按照建筑材料的特点，可以分为夯土墙（用夯杵将拌好的生土在木椽捆扎的模具内夯实即可）和土坯墙（当地称为“胡基墙”，用夯杵将拌好的生土在长方形模具内夯实成砖型，阴干后进行垒砌）。经过长期实践，当地也有人将夯土与胡基结合在一起的做法，即下部墙体做夯土，上部用胡基。为了不受雨水侵蚀，用胡基垒砌的部分每一层都要用小青瓦做出檐，分出层次。然后，再在土坯外涂抹上碎麦秸秆和成的泥巴，以增加墙体的美观度（图 18-5）。

图 18-5　胡基墙体

在实用的同时，渭北窄四合院民居也没有忘记自身的装饰，并集木雕、砖雕、石雕于一体。从大门口开始，上马石、拴马桩、踏跺、柱础、抱鼓石等主要以石雕工艺表现。门楼墀头、照壁等是重点装饰部分，往往采用砖雕。屋顶部分的脊饰、脊兽、瓦饰则主要以砖雕工艺表现，而脊兽、瓦饰作为一种细泥陶饰，与砖瓦同料烧制而成，具有美化屋脊的作用。门窗、挂落、及檐下斗拱、瓜柱及梁架部分，主要采用木雕工艺表现。这些装饰算不上精美，却是渭北地区窄四合院民居的经典之处，对整座院落都起着画龙点睛的作用。

从建筑文化的角度看，渭北窄四合院民居留下的历史烙印同样值得关注。陕西有着从周到唐的千余年建都史，也留下了西周时期的沣镐二京、西汉时期的长安城、隋朝时的大兴城、扩建后的唐长安城等一系列古建遗址。可以肯定地说，这样的历史经历给这一地区的民居建筑产生了重要影响，对中原地区乃至华夏民族的建筑都起到过奠基的作用。宋以后，随着政治、经济尤其是人口的东移，陕西的实际财力和心力也大不如前，文化影响力也明显下降。我们现在所看到的渭北窄院子民居就是这一时期的产物，打有这一时期的历史烙印。

这样看来，要完整地了解陕西的建筑历史，不能只眼于各个朝代留下的城池遗址，还要重视散布在田野中的广大民居。这样，才可能全面地了解陕西在中国建筑史上的地位，理解这块土地上留存着的各种建筑形态的深层价值。

作者：乔重阳

19 文创产品在传统村落保护与发展中的实践探索
———以陕西为例

1) 传统村落概况

村落是在农耕文化基础上形成和存续下来的聚落空间，最大特点是以土地为本，人们生产生活的每一个步骤都离不开土地的涵养。时至今日，我们依然可以在以阴阳五行为代表的选址理念中，在“以善为美”的审美习惯中，在以花草树木、虫鱼鸟兽等自然万物为对象的环境营造中……看到农耕文化的影子。随着孕育这些文化年代的渐行渐远，传统村落中的各种文化遗存也愈发显得珍贵，并对我们了解民族文化，理解中华民族所以生生不息的内在原因，增强文化自信具有重要的意义。

从国家层面评选传统村落，就是在这样的社会背景下开始的。2012 年，由住建部牵头，文化、国土等四个部委参加的国家级传统村落评审工作拉开了序幕，到 2016 年底，共进行了四次全国性评审，先后有 4153 个村落进入了保护名录，并有相当的村落获得了国家财政的保护资金支持。

传统村落是中国农耕文化留下的最大遗产，是至今仍在使用着的民间文物。与新形成的村落比较，传统村落在建筑形态、村落格局、生产生活方式上都还保留着农耕文化的印记。历史性、民族性和地域性是传统村落的显著特征。

传统村落在地域分布上表现出极大的不平衡性。从目前的情况看，主要集中于中原、东部和西南山地及丘陵地区，而地广人稀的东北和西北地区则数量较少。由于自然地理和历史经历的不同，不同地区的传统村落都打有深深的文化烙印，形成了各自的特点：以秦、豫、冀、晋、鲁为代表的中原地区，是立足于农耕的正统文化区，儒学影响下的伦理秩序、道家主导的返璞归真、佛教倡导的超然物外等信条，均在这一地区占据主导地位；东部的江、浙一带是长江的入海口，气候宜人、交通便利、物产丰富，自古就是农、渔、养、商等各业并存之地，富足的经济不仅养育了众多人口，还培育了礼仪教化的民风，形成了具有水乡特色的文化形态；位于西南的云、贵、川少数民族汇聚地多处在群山环抱之中，尽管交通不便，但是，湿润的气候，丰富的物产，不仅使这里保存了历史上来自中原的礼仪习惯，还形成了具有鲜明地域特色的生产和生活方式，凝聚成众多风格独到的少数民族文化。

截止 2016 年底，陕西入选国家保护名录的传统村落共有 71 个，分布在关中、陕北、陕南的广大区域里。在全国 32 个省、自治区和直辖市（不包括香港和澳门特别行政区）中排名第 18 位，在北方的 14 个省、两个直辖市中排第 7 位。陕西的传统村落确实不以数量赢人，但是，丰富的自然环境，独特的历史经历，使这些村落形成了鲜明的文化特点，不仅在就地取材中形成了以窑洞、四合院、石片房和木板房为代表的建筑形态，还在遵从历史中保持着以腰鼓、民歌、泥塑等地域性十足的民间艺术，形成了具有陕西特色的传统村落文明——

陕北地区的传统村落，主要承载着的是战争文化的历史记忆。据学者考证，这里从商周时期便有少数民族在这里繁衍生息，先后有鬼方、匈奴、白狄、突厥、党项、女真等十几个民族在这里逐水草而居。同时，与山西接壤和关中北大门的地理位置，又使得陕北深受农耕文明的影响。不同的生产方式带来的社会发展的不平衡，使这里自古便是民族矛盾和社会矛盾的交集之地，引发过无数的战争。这一点不仅在榆林和延安两地各县的县志中有所记载，一些传统村落周边的洞寨和城墙遗址更提供了实物证明。

关中地区的传统村落则深受正统文化的影响。关中自古便深受帝王的青睐，由周至唐千余年的建都史，使这里在很长的历史中处在政治、经济和文化中心的地位，儒家修身齐家的入世文化，道家无为而治的超然哲学，佛教四大皆空的净土世界，皆在这里落地生根，深入人心，演化出讲究礼仪秩序的社会规范，安之若泰的生活观念以及注重精神修炼的至高追求。中规中矩的四合院便是在这样的文化氛围中孕育出来的。

陕南是指秦岭以南的广大地区，从东到西依次是商洛市、安康市和汉中市。北有秦岭、南有巴山的地理环境，冬无严寒、夏无酷暑的气候条件，雨量充沛、河流纵横的水力资源，使这里地下和地上物产十分丰富。于是，这里既是南北方人们躲避战乱和自然灾害的移民之地，也是当地人通过水路进行易货贸易的好地方。这里的传统村落或建在河流沿岸，或建在群山环抱之中，就地取材的同时依然保持着移民者家乡故地的营造习惯。于是，陕南传统村落中既有江南水乡的秀美，也有中原文化的影子，成排连片的木板屋是当年商贸活动的遗留，独立建造的夯土木构石片房则是移民们归隐山野的历史见证。

这些，是我们把握陕西传统村落文化特点的依据，也是我们设计各种文创产品的基础。

2）文创产品的内涵与特征

文创产品是文化创意产品的简称，是指那些依靠技术手段，将某种素材进行艺术加工，创造出一定美学价值的过程。影视、音像、工艺品等是文创产品的主要形式，将理念转换成产品，化腐朽为神奇是文创产品的主要特色。在市场层面上，好的文创产品往往具有很高的附加值，是典型的创造性劳动。与一般产品比较，高品质的文创产品起码具有这样几个特点——

首先，具有鲜明的文化属性。文化是个大概念，包括人类创造的一切物质和精神财富，具有一定的普世性。文创产品则是一个小概念，专指那些基于某种文化之上的创造性活动，往往别开生面。比如说长寿文化就是一个大概念，是某个地区人们在与大自然和谐相处中积累起来的健康生活的结果，内容可能涉及衣食住行的方方面面。在此基础上创造出来的长寿文化产品则是具体的，可以与饮食起居有关，也可以是某种礼品（图 19-1），还可以是与此有关的影视节目。总之，文创产品可以将我们身边的某种习以为常的东西转化成产品，既可以在使用中给人们带来某种方便，也可以在观赏中获得精神上的享受，是经过人为加工后生成的一种新价值。

图 19-1　长寿杯

其次，具有极大的创造性。创造是一个从无到有的过程，带有出奇制胜的特点。历史上任何重要的科技活动都具有极大的创造性，从自然科学领域里的牛顿定律，到马克思对社会发展规律的总结，再到艺术领域林林总总的各种作品，每一项都具有承前启后的意义，让人耳目一新。文创产品尽管不如自然和社会科学方面创造活动的意义重大，但是在性质上是一致的，都需要创造者对所加工的对象给予深入研究，在精雕细琢中使其拥有艺术的品质，构成新的价值。在故宫丰富的创意产品中就有不少取材于宫内的实物，比如大门上的门钉，原来不过是个金属构件，对门板起加固的作用，而且只能观看，不能带走。创意者以此为素材，创造出门钉造型的“门钉包”（图 19-2），集实用与纪念于一身，很受市场欢迎。

再次，具有高附加值。哈佛大学出版的《企业管理百科全书》中将附加价值解释为：是企业通过设计和生产过程新增加的价值。也就是说，附加值是人们在原有基础上新创造出来的价值，可以在化腐朽为神奇中让产品身价倍增。文创产品也是这样，一个好的创意可以推陈出新，产生巨大的经济利益。故宫是明清两朝的宫殿，属于世界文化遗产。但是，和与之相当的旅游景点比较，故宫的门票并不高。在依靠门票收入的年代，故宫的经济效益并不好。2013 年以后，故宫开始在文创产品开发上下工夫，先后研发出来的产品超过了 5 千种，销售额也达到了 6 亿元，2014 年突破 9 亿元，2015 竟然达到了 10 亿元。很显然，相对于门票，文创产品极大地增加了故宫的亲民度，

图 19-2　门钉包

使价值连城的故宫文化走进了千家万户。

总之，文创产品凝聚着更多的创新要素，处于产品设计的高端环节，是一种高附加值的劳动过程，其中的科技和艺术含量明显高于各种实用为主的产品。因此，好的文创产品，对于传播中华优秀传统文化，带动地方经济，提升人民群众的文化素质具有重要意义。

3）基于传统村落的文创产品开发思路

（1）陕西文创产品现状及问题分析

陕西是文化大省，地下地上文物十分丰富。截止 2016 年，陕西已有 5 家博物馆被列入全国文创产品开发试点单位，将按照国家文物局的要求开展“符合发展要求、以满足大众文化消费需求”为目的的文创产品开发试点，逐步建立起博物馆文化创意产品开发的良性机制。目前，以博物馆为龙头的文创产品已经形成 60 多个品种（图 19-3），素材涉及周秦汉唐各个朝代，成为陕西旅游文化的重要组成部分，产生了一定的社会影响和经济效益。

相比之下，陕西传统村落的文创产品开发还处于起步阶段。在现有的 71 个传统村落中，能够进入市场的文创产业主要集中在传统小吃和民间工艺品两大类，并且涌现出了像袁家村那样的典型。但是，由于传统小吃和民间工

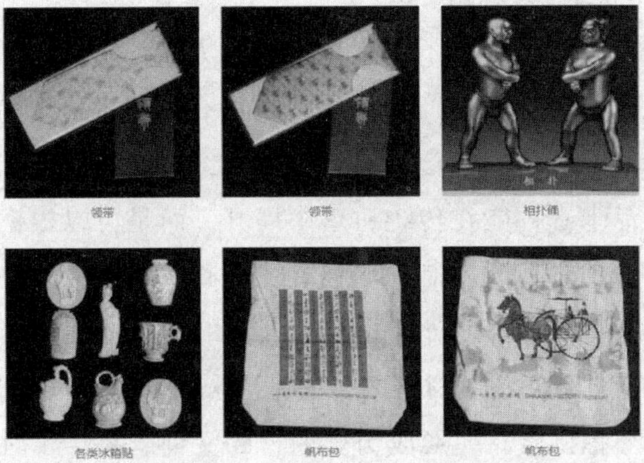

图 19-3　博物馆文创产品

艺品的技术含量低，制作工艺简单，易于抄袭模仿，陕西传统村落中的文创产品趋同现象严重，质量不高，至今也没有形成有竞争力的品牌。

我们不想将造成这种情况的原因归结为传统村落本身，也不想用“起步阶段”来将问题大而化之。因为，传统小吃和民间工艺品形成于历史，成熟于民间，也曾经就是不同地区代表性的物质或非物质方面的文创产品。时至今日，人们还会将“凉皮”与汉中联系在一起，将“安塞腰鼓”视为陕北的专属，将“十面锣鼓”看作关中风情……

在我们看来，造成陕西传统村落文创产品缺乏竞争力的原因固然很多，但是根本原因还在于丰富的文化资源与研发不足之间的矛盾。传统村落中储藏着丰富的物质和非物质文化方面的遗产，是传统文化的基因库。这早已是社会各界的共识。但是，与发达地区比较，陕西至今还将上述认识停留在理论层面，没有一个针对传统村落文创产品研发的激励性政策，更没有相应的资金支持；随着村落旅游的兴起，一些村民开始意识到文创产品研发的重要，但由于文化水平有限，他们很难站在更高的格局上，依据现代社会需求拿出文化意蕴厚重的产品来；高起点研发、精细化加工、专业化销售，是国内外有竞争力文创产品的基本发展路径，而陕西传统村落的文创产品还处于各自为政的状态，极大地制约着陕西文创产品研发、加工和销售水平的提升，更难以形成合力，打造出与丰富多彩村落文化资源相匹配的文创产品来。

（2）文创产品的设计思路

文创产品是工业设计学科下衍生出来的新方向，属于产品设计范畴，在中国内地刚刚兴起。现有文创产品的主要类型有：艺术衍生品、动漫电影衍生品、旅游纪念产品、博物馆产品、特定主题纪念产品、传统符号文化产品六种。这六种产品未必都能在传统村落中展开，而是可以根据村落的自然和人文条件有针对性地进行研发制作。只要找准路子，集中优势力量在某一方面有所突破，同样可以取得消费者的认可，获得社会或经济效益。

那么，我们应该针对传统村落的哪些方面来展开设计思路呢？

首先，向历史挖掘素材，形成历史题材的文创产品。陕西是一个历史十分悠久的地区，既有许多重大事件在这里留下了历史印记，更有浩如烟海的民间故事广为流传。在农耕文明时期，村落是最基本的生产和生活组织，其中所蕴藏着的人生百态、悲欢离合、荣辱兴衰更是跌宕起伏，不计其数。可以这样说，陕西传统村落中的各种故事，每一个都印刻着历史，能够折射出中华民族在不同历史时期的精彩印记。由小说改变的电视连续剧“白鹿原”（图 19-4）“平凡的世界”“一代枭雄”等影视作品都取材于村落，经过影视艺术加工，不仅产生了很好的收视效果，获得了社会和经济效益，也给故事发生地带来了影响，为当地政府和村民发展经济带来了机会。

图 19-4　电视剧《白鹿原》

其次，立足传统建筑，研发具有建筑文化特色的文创产品。建筑是传统村落中体积最大、承载历史信息最为丰富的空间，占有主体地位。以此为素材开发出的文创产品，对弘扬村落建筑的文化魅力，增加游客对村落的审美体验，无疑都具有重要意义。从实际情况看，木、砖、石雕是传统建筑上最为经典的部位，既给建筑增加了美学品位，也有效地显示了居住者的身份、地位和修养，是建筑上最赢人眼目的部位。在很大程度上说，木、砖、石雕是最能彰显地域建筑文化的地方，在传统民居中起着画龙点睛的作用，最容易给人留下深刻印象，当然也最容易加工为文创产品。像陕南地区以自然风光为主题的木雕，关中地区古建筑上的砖雕，陕北窑洞上的石雕，形象生动，手法精致，具有及其鲜明的地域文化特色，带有浓厚的艺术性。如果设计者以这些东西为素材，将工业设计理论与艺术想象相结合，设计出来自建筑又高于建筑的文创产品，所产生的附加值肯定是超乎想象的（图 19-5）。

图 19-5　由木砖、石雕到文创产品

再次，挖掘民间工艺，设计出具有民间传统的文创产品。陕西传统村落中埋藏着大量民间工艺制品，像陕北的腰鼓、剪纸，关中的花馍、民歌，陕南的竹编、花鼓等等。这些，来自于百姓的日常生活，被当地百姓所喜闻乐见，是百姓审美习惯的结晶，历史悠久而深入人心。不过，由于工艺原始，这些产品普遍存在着工艺粗糙、题材陈旧、影响范围不大等不足，与现代工艺品之间存在很大距离，也极大地降低了市场竞争力。如果有专业于文创产品设计的人士进入这个领域，以现代设计理念为引领，借助一定的科技手段，或对这些工艺制品进行精细化加工，或者拓展这些工艺制品的取材范围，或者改变这些工艺制品的包装……赋予这些产品新的附加值，肯定会极大地增加其市场竞争力。

总之，传统村落是中华文化的基因库，内涵十分丰富。基于传统村落开发的文创产品设计绝不只有这些。在现代科技条件下，只有想不到的，没有做不到的。

4）小结

文创产品在传统村落保护和发展过程中具有重要的意义，将村落中的某种文化现象转变为产品，既可以带动当地的产业，又可以保护这里的文化要素，无疑是一举两得的好事情。传统村落的根本价值在文化，这便决定了基于传统村落的文创产品要准确把握村落的文化特色。这样，才可能以独有的魅力引发市场的关注。要做到这一点，需要掌握一定的制作工艺，也需要丰富的想象能力，更要拥有扎实的历史文化积淀。鉴于传统村落文创产品研发人才短缺的现状，当地政府可以与有关的科研院所、企业单位结合，或提出需要开发的具体项目委托研究，或制定相关的激励政策引进智力，或组织村民去学习培训，最终培养出自己的文创产品研发力量。

作者：燕红羽

20　胡杨如是说

我叫胡杨，是干旱地区的一种树。与大江南北乔木类的兄弟姊妹不同，我只能生长在戈壁滩上或大沙漠里（图 20-1）。由于所处环境的严酷，我远没有白杨树那样傲岸挺拔，没有红柳那样艳丽明媚，更没有沙枣树那样婀娜多姿。不夸张地说，在耐旱乔木家族中我属于最不起眼的一类。

图 20-1　胡杨

不过，我并不因此而自轻自贱。每种树有每种树的活法，只要活出特点，有所作为，就一定能活出自己的精彩。就拿我来说吧——

据科学家研究，我的祖籍在地中海沿岸，是新生代最古老的残余树种。也就是说，我的家族距今至少有 6000 多万年的历史了！在新生代最后一个纪，我才慢慢移居到荒漠地带。与其他乔木一样，我也是靠根系来获得滋养。不过我的根系不向四面八方蔓延，而是拼命往下，深深地扎入大地的深层。其他树木的根系顶多有 2～3m 深，我的根系可以深达近乎 10m！

长期的干旱大陆性气候，养成了我喜光，耐旱，不怕高温寒冷的特性。在沙漠和戈壁滩上，夏天，45℃以上的高温是我的家常便饭；冬天，很多时候气温能低到零下 40℃。其他植物恐怕早就扛不住了，而我却可以坦然面对。我的耐盐碱能力也很强，对一般植物而言，土壤含盐量超过 0.6% 时便无法生长，我在土壤总盐量达到 2%～3% 时依然活得很好。关键是我在年深日久中练就了一种本领：当体内盐分过多时，我能够从树干的节疤和裂口处将多余的盐分排泄出去，形成白色或淡黄色的块状结晶，俗称“胡杨碱”。

因为具有这样的本领，新疆、内蒙古、河西走廊等中国西部的沙漠戈壁是我的主要家园。一道道连绵起伏的胡杨林带，对于防风固沙、调节气候，保障农业生产和民众生活发挥了重要作用。我的外貌并不好看，树叶不大，但十分茂密，形成地面覆盖，既能增强土壤的保水性能，又能减缓土壤水分的直接蒸发，有效地抑制了干旱地区土壤的盐碱化，起到了保土养墒的作用，在悄无声息中为人类做着贡献。

于是，我成了人们眼中的“荒漠英雄”，还出现了各种关于我的传说：“活一千年不死，死一千年不倒，倒一千年不朽”就是最有代表性的。我有自知之明，并没有被这些溢美之词冲昏头脑，深知自己与人类之间的天壤之别。不过，天长地久大概是各种事物的共同追求吧。中华祖先不也有不少这方面的总结吗？老子《道德经》中“有物混成，先天地生”的说法，就是对万物相通规律的揭示；“逝者如斯夫，不舍昼夜”的圣人之叹，也指出了万物在时间上的平等关系。因此，我的生存经验，是否也可以对人类有所借鉴或启迪呢？

我确实活得很长久。在沙漠和戈壁滩上，一般的乔木恐怕连一个月都熬不过，我却能够在这里经年历久。其中的原因很多，最为重要是根脉的深沉。这不仅使我可以获得深层地下水的滋养，也让我的根脉生长得更牢固。人类社会也有“根脉”，不过有两点不一样：一是称呼变了，人类的“根脉”以时间的形式存在，被称之为“历史”；二是功能变了，人类从“根脉”上获得的不是水分，而是文化。

我的同伴中也有不少被淘汰掉了，其中一个重要原因是在“根脉”上出了问题：多是因为根脉太浅，或得不到水分的滋养，或被大风连根拔起。人类社会难道不是这样吗？华夏历史延续了五千年，留下了物质或精神方面的各种遗存，至今仍然在一些领域影响着整个民族的物质和精神生活，所以人们常用“生生不息”来形容华夏民族。古巴比伦的历史也很长久，“汉谟拉比法典”“楔形文字”“空中花园”以及《圣经》中的许多故事都与这个国家有关。但是，今天，这些遗存都只是博物馆里的展品了，现实中很难再看到踪影，巴比伦古国早已成为历史。

对植物来说，“根脉”决定的是生命；对人类来说，文化决定的是国家存亡。在现代社会，用武装来占领一个国家会受到全世界的谴责，但是，通过文化渗透来消灭一个国家完全可以在不知不觉中进行。古巴比伦的灭亡确实与战争有关，不过，战争尽管惨烈，但不可能旷日持久，总有结束的时候。而战前整个巴比伦社会的变异，尤其是文化方面的变异却如瘟疫一般无时无刻不在进行，还延续了很长时间。比如，因为好大喜功而带来的城市扩张，导致对土地和木材的需求大增，于是全国都在开荒、毁林、造城！城市的面积确实扩大了，但是没有森林的围护，没有田园包围的城市很难持续发展，城市环境也只能日渐恶劣，在带来粮食不足的同时，也带来了经济动荡和民心混乱，最终动摇了民众的文化自信，成了一团散沙。

于是，千方百计保住自己的文化根脉，成为不少民族的立国之本：罗马人的城市至今仍保存着众多遗址，新建筑也必须保持古色古香，因此罗马被喻为全球最大的“露天历史博物馆”，罗马人骄傲地称它为“永恒之城”；雅典人将帕特农神庙和古代艺术作为城市建设的主要基调，因而得到了“西方文明摇篮”的尊称；开罗是伊斯兰文化和传统建筑保存最好的一个城市，当之无愧地成为伊斯兰世界的政治和文化中心。

由此我们不难得出这样的结论：与植物在根脉中获得生长力量一样，人类也可以在历史中获得生存的经验和教训，既可以避免重蹈历史覆辙的悲剧，也可以站在前人的肩膀上获得世界的尊敬。可能正是出于这样的觉悟，习近平先生在纪念孔子2565周年大会上，发出了“优秀传统文化是一个国家、一个民族传承和发展的根本，如果丢了，就割断了精神命脉”的忠告。

中篇　城市的本质是家园

学术界喜欢从理论层面思考城市的本质，形成了海量的文字和数不清的观点；老百姓则更喜欢从道路是否畅通、物价是否实惠、环境是否有助于健康等亲身感受上谈论城市。前者在旁征博引中追求的是理论高度，难免远离现实；后者则更加在意亲身感受，在意城市给人的生活实际带来了什么。其实，绝大多数人不会按照某种理论来认识城市，而是根据自身的基本生存需要，如空气和水源的洁净程度、道路和交通的畅通与否、生活必需品的价格能不能承受等。百姓的认识可能没什么理论高度，却触及到了城市最为基本的问题，提醒我们：城市的真正本质应该是洁净、有序、规范、可以给人以家园感的地方。

21 中国城市 你慢些走

中国的城市化是以速度见长的，不仅创造了历史之最，还超过了世界平均水平。尤其是新出现的城市群建设，更将城与城的边沿模糊化，形成了更大规模的隐形城市地带。

城市建设直接带动地产以及与之相关的多种产业，对经济的推进是全方位的。在一定程度上说，中国经济的高速增长，与城市的大规模扩张有直接关系。在以 GDP 论英雄的年代，日新月异的城市建设或被解读为“政绩”，或被解读为“繁荣”。但是，当“城市让生活更美好”的理念深入人心之后，人们才开始重新审视身边的城市，发现了这样一些悖论——

房子越来越贵，空置率越来越高。空置率是指某一时期空置房屋面积占当时所建房屋总面积的比率，大体可以反映房屋的利用情况。这里所说的高空置率，一方面来源于国家统计局的年度报告，一方面来源于经典案例。前者提供的数据是：2010 年全国待售商品房为 1. 91 亿平方米；后者是指那些花大价钱打造出来的一座座“新城”，比如河北占地面积达 2. 5 万亩的“京津新城”，如今建成已经三年，入住率却只有 10%。建时轰轰烈烈，入住冷冷清清，多少反映了当今中国城市建设的现状。

道路越修越宽，拥堵越演越烈（图 21-1）。为拓宽道路不惜砍树拆房，早已不是新鲜事，但是行路难仍是当今中国城市的普遍问题。只要是城市，早晚高峰期出现的拥堵已经常态化，节假日车辆使公路变成停车场也不再是什么新鲜事。拥堵还体现在街道两旁，到处停放的车辆不要说“盲道”被挤占，行人也只能在车的间隙中绕来绕去，稍有不慎便可能撞响车上的报警器。业内人士在发明了“交通拥堵指数”这样的专业理论来研究解决办法的同时，也无奈地将这种情况戏称为“城市肠梗阻”。

图 21-1 拥挤的道路交通

绿色越来越少，雾霾越来越多。在经营城市的理念下，城市犹如企业，其主要目的是运营和产出。从早期的工商业，到后来的服务业，给城市注入了大量财富，聚居了旺盛人气。城市成了资本运营的中心，建造和规划都要围绕经济展开，自然环境也越来越被人工场所覆盖。于是，楼群取代了树林，道路硬化了草坪，城市不但很难再依靠自然存在的树木和花草来降噪降尘，置换新鲜空气，密集的建筑和车辆产生的排放还形成了热岛效应，不少城市常年处在阴霾的包裹之中，使空气中的灰尘、硫酸、硝酸、有机碳氢化合物等杂质明显高于农村。

这样的城市表面上日新月异，但是如果连道路畅通和呼吸新鲜空气这样的事情都成了问题，居住者很难对自己的生活产生幸福感。当年西方城市化高速发展时期也遇到过这样的问题，建筑学者将这样的城市称之为“容器”，生态学者将这样的城市称之为人压倒自然后所建造的“帝国”，社会学者将这样的城市称之为“高物质，低层次”……应该说，片面追求高速度，城市只能在粗犷中扩张，带来的美好只能是表面和短暂的。要使我们的城市有质量的提升，科学发展才是根本。

科学发展的城市是渐进的。所谓“渐进”是与冒进相对的概念。冒进行为其最大特点是建设中不按照客观规律办事，而是按照事先设定的意愿办事，“人有多大胆，地有多大产”就是这种发展理念的典型总结。在一定程度上说，目前建筑领域出现的高空置率，也与这种冒进式发展不无关系。渐进式发展是根据当地的实际情况设定发展思路，讲究实事求是。依照这样的思路，城市建设不是为了攀比，而是考虑当地的需要情况，根据当地的自然和历史条件，在充分利用城市资源的基础上有所创新。

科学发展的城市是均衡的。所谓“均衡”是与失衡相对的概念。在城市建设中，任何一种建设的失衡都与短期行为有关，而每一种短期行为，都可能给城市带来灾难性后果。比如，交通拥堵就是车辆增速与道路发展失衡的结果。根本的解决办法是发展公共交通与拓展道路。但是，为了体现发展效果，不少城市只采取了拓展道路的办法，不仅导致了道路越修越宽，拥堵越演越烈的后果，大面积的硬化路面还造成了新的失衡——阻断了雨水下渗的通道，每逢大雨街道便成了河道，形成城市汪洋。

科学发展的城市是绿色的。美学家早就把色彩视为美的第一要素。但是，直到今年才有城市将基本色视为城市建设的要素提出。也就是说，在一味追求速度的建设中，不少城市连色彩可能给城市带来怎样的影响都无暇顾及了。水泥、玻璃和金属的色彩使城市变成了工厂，从根本上降低了城市的自然度。现代科学认为，绿色是生命之色，是体现城市宜居程度的根本性指标。尤其是高大型树木具有很好的杀菌作用，数量的多少会直接影响空气的质量。例如，树木覆盖度为95%，树下草皮覆盖度为85%的林地空气含菌量为903个/立方米，而在树木覆盖率不足5%的闹市区，空气中的含菌量会高达35000个/立方米！

二战结束后，善于思考的民族性格对德国的复建起到了重要作用。海德格尔就将筑、居、思进行了整合，警示世人：急迫的任务不是建造，而是思考建造的意义。事实证明，速度可以解决城市“筑”和“居”的问题，如何使建造的城市不是“容器”，不是“帝国”，摆脱“高物质，低层次”的局限，成为可以诗意栖居的“家园”，必须有“思”的介入。

中国城市，你慢些走。

22　城市应该是这样的

春节那几天的城市给人一种特别的感觉：往日里被密集排列的汽车挤占的街道终于露出了地面，显得那么平坦宽敞；往日里只能在人群中挤来挤去的商场也露出了展柜，靓丽夺目；往日里昼夜不定施工的大小工地终于静了下来，漂浮在上空的尘土也随之缓解……在拥挤和噪声中忙碌了一年的人们这时候才体会到宽敞、安静、清新给生活带来的另一种味道，真正感受到了城市生活的应有品质，不由得会发出“城市应该是这样的”感慨。

是什么原因让这些原本及其普通，而且是最基本的生活条件远离了我们，使城市变成了拥堵、嘈杂、污染的场所？

学者的解释是“城市的无序扩张和管理失范”，百姓的回答是“建得快，拆得猛，没完没了”（图 22-1）。如果从专业的角度来分析，问题会更加触目惊心：建筑和道路是城市中最为重要的基础设施，决定着城市的使用周期。于是，世界各国都在千方百计地强化建筑和道路的整体质量。英国的建筑寿命为 132 年，美国是 74 年，而我国的只有 25～30 年。理论上说，城市道路的使用寿命应该在 12 年以上，而实际上我国的城市道路的平均寿命不足 2 年！加之近些年持续不断的城市扩张，这样的建筑和道路还在大量涌现，使城市每年都有数量众多的建设项目在动工，数量众多的大型车辆为工地提供运输，当然也会有数量众多的工人在从事与建设有关的劳作。

作为市民，绝不会反对城市建设，因为人们确实看到了改天换地般的城市新景象。但是，作为被各种工程长期困扰的市民，面对建设带来的拥堵、噪声和污染，难免会发出这样的疑问：这样无休无止的建设真的是“让城市生活更美好”吗？

图 22-1　城市建设挤占道路

比如说越来越多的楼房，确实让城市高了起来，一座高层建筑上百户的居住量，成倍地扩充了城市的容积率（图 22-2）。但是，真在这样的环境里“居者有其屋”，人们感到的不是踏实，而是担忧——不要说一旦出现火灾或地震等极端事件时，如此高密度的居住人口根本无法从只有 1 米来宽的楼道疏散，即使是平时上下班高峰，要想等到电梯也不是件容易的事；由于楼间距太小，家家户户隔窗相望，使家居环境少不了的私密性根本无法保证；那些住在点式楼里人们的境况更遭，由于布局结构上的先天不足，几乎所有住户都有空气不流通或采光不足的问题，更从根本上降低了居住的环境水平，影响着居住者的健康。

比如说越来越宽的道路，确实让城市开阔了起来，双向八车道或十车道的路面，每分钟足以通过几百辆汽车。但是，真在这样的路边“居者有其屋”，人们感到的不是畅快，而是烦躁——不要说终日里如潮涌般的车辆发出的噪声让人心烦，朝向道路的窗子也成了常年不动的摆设，因为开窗后扑面而来的是噪声和废气，根本无心去观看外面的风景；大城市的车辆早已饱和，对于那些行驶在路上的人们来说同样也不好受，“开车不如骑车，骑车不如走路”是这些年市民对城市交通状况的戏称。然而，走路和骑车固然没有堵车的烦恼，可吸收的废气显然比坐在汽车里要多得多。

图 22-2　高层建筑群

水泥浇筑的建筑和沥青铺设的街道对地面形成的硬覆盖，已经远远大于以植被为主的软覆盖，使城市成了远离自然的“孤岛”。从形式上看，这座“孤岛”冷峻而又高大，给人强烈的视觉冲击。但是，由于土地和植被锐减，城市原有的渗水、降尘、降噪功能被破坏；由于密不透风的楼群阻挡，形成城市静风区，使生产和生活产生的灰尘无法飘散；由于储热性差，硬覆盖已经成为城市热岛效应的主要原因，导致不少城市常年笼罩在灰霾之中，空气质量达到甚至或超过了国际上公认的“危险”等级。

在中国建筑文化中，城市的本质属性是“家”，不管是聚族而居时期的聚落，还是皇权时期的城池，将安居乐业作为百年大计一直是祖先造城的根本。近年来的城市建设显然背离了这一根本。事实证明，把城市建设与追求利益、显示政绩相结合，实际上是给地产商和一些官员提供了获利表功的机会。我们确实说不清这些人获得了多少利益，但是，能把正常的建设变成“无序扩张”，把正常的管理弄得“失范”，以至于让不少城市环境恶化到了“不宜居住”的程度，足以说明获利者的贪婪和无所忌惮！

2014 年 1 月 22 日，全球智库与中国社科院共同在北京发布的《国际人才蓝皮书》指出，过去一年多的时间里，中国城市环境问题已经成为精英和富裕者移民的重要原因，与当年发生在西方一些国家的情况差不多。但是仔细比较起来，两者之间还是有所不同：首先，西方当年的城市主要受害于大工业污染，中国则是因为建设污染，原头有所不同；其次，西方治理城市环境的办法是将大工业迁离城市，而在当下中国，将“建设”迁离城市显然是不可能的；于是，西方人是由城市迁往了农村，中国人则是从本土迁往了国外，成了有去无回的“逃离者”。

看来，当我们的城市不再因追逐GDP而无限扩张，也就不会被无休止的“建设”弄得千疮百孔，环境才可能变得安静和清新，成为百姓休养生息的家园；当我们的城市，不再把形式作为建设目标，也就不会因各种“面子工程”而大拆大建，城市才可能有质量地发展，真正成为高品质生活的场所。

23　城市化不等于西化

中国城市化是在经济全球化背景下起步的，不认真地学习国际先进的技术和理念，就不可能跟上形势的发展，达到国际认可的水平。从实际情况看，经过几年的城市化改造，城市的现代化水平有了极大提升。然而，面对比比皆是的高楼大道，霓虹闪烁，人们难免在恍惚中联想到曼哈顿、巴黎等欧美城市的标志性景观，感觉到身边城市的本土气息越来越淡。在一定程度上说，在现代化大潮中，中国城市正在经历着一场洗礼。

《辞海》中将洗礼一词解释为："基督教的入教仪式"。通过这样一个过程，入教者便可以洗去以前的"原罪"和"本罪"，成为正式成员，完成从"俗人"到"教徒"的过渡。显然，"洗礼"不仅是一种仪式，其文化意义是改换门庭，另起炉灶。用"洗礼"来形容中国城市化的目前状况，虽然有些无奈，却比较符合实际。翻看一下亚洲其他国家的历史，我们还会发现，像日本、新加坡、马来西亚在没有形成自己城市建设定位之前，也曾出现过将"西化"等同于"现代化"的倾向。

在建筑文化的语境中，建筑不是房子，而是承载民族精神的符号。这样看来，西方建筑，承载的是西方人对世界和自己存在意义理解，东方建筑则承载着东方人对自己的存在意义的理解。在这样的层面上来认识建筑，我们不难发现，目前中国城市化建设中出现的"西化"不是现象性的，而是文化上的错位：有着五千年历史，足以成为东方建筑文明重要源头之一的中国，却要在追新求异中另起炉灶，用西方的建设理论和模式来改变自己的城市面貌，用西方人的思路去设计自己的家园。这是一个让人忧虑的文化悖论。

西方的建设理念与模式，有着自身的历史渊源，进入现代社会以来，更是工具理性在城市建设领域的集中体现，其中不乏对现代城市建设规律的总结，值得我们学习和吸取，尤其是专业人士，更应当了解和掌握这些经验，以开阔自己的设计思路。但也决不能就此止步，将西方的规划和设计看成为中国城市现代化的唯一标准。

首先，西方的建设理念与实践，是欧美国家现代化进程中的经验总结，不管如何先进，也只是城市现代化中的一个部分或阶段，并不是人类城市现代化的终极标准，更不可能成为各民族城市现代化的万能良方。中国是一个历史悠久的国家，任何涉及国计民生的问题都必须首先考虑国情因素才可能深入人心，得到实施。在城市化过程中，西方建设理念只有依据中国的历史文明、地域条件，考虑民族传统才可能得到国人的理解和支持。前些年在一些城市不顾当地人口条件出现的“广场热”，不顾居民消费水平出现的“别墅热”，不顾历史文化条件而出现的“高层热”，甚至于还出现了建造埃菲尔铁塔来体现小区西化程度的事情。这些项目在立项时都以增加城市现代化水平为由，但是，因为脱离民族文化背景，反而使城市越来越缺乏特色，在引起中外专业人士的反感的同时，也从反面告诉我们：在城市化的过程中，模仿西方的做法并不高明。

其次，西方的理念和模式是我们城市建设的重要参照，但是也应该保持一个平和的心态和冷静的头脑，避免“真理逾越一步，也可能成为谬误”的错误。我们承认，西方尤其是美国的城市化水平是非常高的，也积累了比较系统和完备的经验，完全可以拿来一用。但是，如果不对这些东西加以中国化，因地制宜，也会出现不伦不类的滑稽效果。天安门广场边上的“国家大剧院”就一个典型的例子（图23-1）。作为建筑产品，我们完全可以原封不动地移植过来，我们却无法将形成这种产品的社会环境也移植过来。由于与中国文化传统之间距离太大，人们产生怪异的感觉也就在所难免了。

再次，对中国这样一个古国来说，城市化绝不是当代社会才遇到的新事物，而是一个老问题，并积累了相关经验。不管是当年秦始皇建造都城过程中体现出来的整体性思路，汉唐都城规划过程中表现出来的恢弘大气与层次感，还是明清王朝留给我们的宫殿遗址，至今仍然可以成为我们设计和规划城市环境时的重要参照。也就是说，像北京、西安这样一些为数不多的历史

图 23-1　国家大剧院

古城，不仅有其深厚的历史文物价值，其中的一些营造智慧，还对我们在规划和设计中保持城市的民族特色，具有重要的参考价值，同样需要我们去认真研究。

照猫画虎只是一种学习，是不成熟走向成熟的必然阶段。将城市化简单地等同于西化，是这种不成熟的集中表现。中国城市的现代化需要学习西方的经验，更需要立足本土文化基础上的创造，在洋为中用中塑造出中国气派。要达到这种境界，在城市化过程中，不管是具体项目的设计，还是整体规划的展开，甚至是景观上的搭配，都应该与本土的营造传统相联系，在继承中创新，在创新中发展。

24 让中国城市绿起来

对中国许多大中城市来说，2013 是在灰霾笼罩中开年的，覆盖面积之大、维持时间之长都前所未有。灰霾的主要成分是二氧化硫、氮氧化物和可吸入颗粒物，每一项都直接危害人体健康。尤其是大气中直径小于或等于 2.5 微米的颗粒物，虽然直径小，却含有大量的有毒成分，在大气中停留的时间长、漂浮距离远，可以直接入肺，对大气质量和人体健康有很强的破坏性。

不少城市采取了紧急措施应对，如政府带头减少出行车辆，责令一些扬尘工程停工，安排洒水车一天多次上街洒水，其中最为重大的举措是提高汽柴油标准。凡此种种，意在降低城市排放物，试图在近期或一段时间内对改善城市空气质量起到效果。

那么，到底是什么原因，让中国的城市污染严重到今天的程度，同样陷入了先污染，后治理的“怪圈”。“冰冻三尺非一日之寒”，要想找到根本性的原因，就事论事恐怕是不行的。

60 多年前，为了恢复战争造成的重创，大中城市曾经被定性为“生产中心”，除了大量关乎民生的轻工企业，钢铁、发电、化工等重工业也纷纷集中于城市，呈现出“大跃进”的景象。50 多年前，为了凸显政治属性，城市的阶级化倾向更加明显，重要的政府机构集中在这里，办公大楼不仅是当地的典范工程，外形上也都保持着高度统一。“少花钱、多办事”是那一时期的主导思想，城乡建设中大批“干打垒”式的建筑如雨后春笋。30 多年前，城市成为了淘金者的乐园，资本在运转中增值的规律成为推动城市发展的无形之手，在缔造一个个速度奇迹的同时，中国城市开始日新月异。10 多年前，和国际接轨成为中国城市的追求，几次大型国际活动的筹备不仅在城市中增添了不少形状怪异的建筑，“高层化”也成为城市规划设计时的共同追求（图24-1）。“中国城市成了外国建筑师怪念头的试验场”，就是业内人士对这种情况的经典总结。

图 24-1　大雁塔周边的建设

回顾历史，不难看出中国城市的规划建设有以下几个特点。

首先，带有一定的随意性。如何规划，如何建设，时而受政治的左右，时而受经济的影响，时而被重大事件冲击。中国城市建设的根本性定位到底是什么？照搬西方的建设模式是否适合本国实际？怎样避免城市化的负面影响等问题都没有深入研究，更没有明确的答案。在这样的背景上，城市实际上成了“任人打扮的小女孩”。

其次，城市与自然的距离越来越远。这里所说的远离自然，既包括密集的建设项目对城市花草树木的大面积蚕食，也包括城市扩张对周边农田的大面积侵占，城市在消灭农村的同时也在消灭着绿色。这种以建筑为主体的城市化，能够很快地见出效果，使城市在很短的时间里就褪去了自然的肌理，变成了水泥森林。

其实，最明显的还是对传统建筑文化的背离。城市是人造的“第二自然”，怎样建设完全可以由人说了算。不过，是根据自然条件行事，还是根据主观意愿行事，产生的结果却截然不同。中国的城市化之所以在速度和规模上都超乎寻常，让世界视为奇观，显然与人定胜天的信念有关，“只有想不到的，没有做不到的”，就是这种信念的一种典型表达。在我看来，这种热情有余的表达恰恰是背离传统建筑传统的结果。因为，在中国历史上，“因天材，就地利”历来是城市建设的基本准则，这里有“象天法地”的规划原则，有“因地制宜”的取材途径，有“虽由人作，宛自天开”的效果追求，有“物有天然之趣”的制作工艺等等以自然为本的种种讲究。唐以后，中国的政治中心所以东迁，不能不说与这里千余年建都带来的大兴土木，导致植被破坏、水土流失有一定关系。所以宋人刘过在《龙洲集・襄央歌》中就有“人定兮胜天，半壁久无胡日月”的说法，其中“人定”和“胜天”是并列关系。意思是“人要安守自己的本分，才可能赢得天的庇护”，与中国历史上“天人合一”的文化传统一脉相承。

从国内外的实际情况看，“先污染，后治理”并不具备普遍性——20 世纪 40 年代美国有两座城市发生了有毒烟雾事件，而邻国加拿大却没有类似事情发生；50 年代伦敦也发生过雾霾毒死人的事情，一衣带水的法国并没有重蹈覆辙；今年在北京重度污染的那些日子里，两百公里外的承德依然是碧水蓝天……城市的生态环境如何，决定于城市建设与城市承受能力之间的关系，各种环境灾难都是过量建设以至于超过城市承受能力的必然后果。这一点已经是人们的共识，理应成为城市规划和建设的终极标准。

增加城市的绿色水平是获得良好环境的有效途径。从 20 世纪开始，吸取前人的教训，“绿色”就成为一些国家城市建设的基本准则：50 年代末，由牛津大学担纲的大伦敦城市规划中，就制定了以林带控制城市发展的“绿带”计划；莫斯科在战后建设中也是绿色先行，除了公路两旁，城市边沿更是种植了大片树木，形成森林包围城市的态势；被视为世界第一城的纽约尽管有高楼林立，城市周边的茂密林地也是一道重要的生态屏障；同属于河北的承德所以没有被灰霾包围，也肯定与 55% 的林地覆盖率有重要关系。

总之，中国城市是否能彻底走出灰霾，关键还是要恢复城市的自然属性。这才是城市获得可持续发展的根本保障。

25　勿让城市超载行

从理论上说，“城市超载”是个新概念，了解的人并不多；从现实上看，城市超载是个老问题，困扰着每一个城市人。

车辆超载，是“指交通运输工具的实际装载量超过核定的最大容许限度”。“最大容许限度”，是制造者根据车辆的物理性能测定的；“实际装载量”，是车辆使用者自己干出来的。前者有一定的科学依据，后者属于个人行为；前者以安全作为原则，后者往往以获利为目的。

“城市超载”，是指那些在人口、车辆、建筑等方面超过了城市的最大容许限度，使居住其中的人们，在生活方便程度和安全保障上都受到了威胁——城市里的道路是超载的，如果说每到节假日，各大交通要道成了停车场带有一定的偶然性，那么，每天早晚上下班道路上的拥堵，却是每个上班族都要遇到的事（图25-1）；城市里的建筑是超量的，将高层建筑等同于现代化的浅薄认识，见缝插针式的规划理念，使不少城市出现了水泥森林成群结队、遮天蔽日的景象；城市中还产生了难以估量的垃圾，不但有每天都会产生的生活垃圾，更有大拆大建产生的建筑垃圾，给城市环境造成了巨大压力。

城市与大自然一样，有着厚德载物的一面，也有在生态系统遭到破坏后的报复能力。表面上看，这种思路来自于生态学，其实，这种思路的本源来自于中国传统建筑文化。在中华祖先眼里，城市“虽由人造”，但是要有所遵循，有所敬畏，从而达到“宛自天开”的程度，在顺应自然中才可能生生不息。历史上，中华祖先不但有“人法地、地法天，天法道，道法自然”的哲理性总结，还有“象天法地”的规划设计原则，并在城池选址、规模、功能设计方面严格遵守。像西安、杭州、平遥等古城所以延续千年，既是前人营造智慧

图 25-1　道路拥堵

的结晶，更是前人顺自然而生的鲜活例证，揭示出传统营造的生态学本质。

城市超载主要指的是城市建设时不顾城市环境和资源情况，无限度地去增加城市的容量与功能，以至于破坏了城市原有的生态系统，使城市在超负荷的状态下运转，出现了与车辆超载一样的危害——

雨后到城市去看海，说的是大雨给城市造成的一片汪洋（图 25-2）。大雨必涝，迫使人们去寻找城市排水能力丧失的原因。为了承载超量的汽车，城市的道路越变越宽；为了承载超量的行人，城市的街道和广场越变越多。这种情况与遍地开花的建筑相呼应，使得不少城市已经很少能见到土地。城市地面的普遍硬质化，使雨水自然下渗受阻。一但遇到大雨，有限的管道根本无力排解从四面八方涌来的积水，街道自然成了蓄水池。

冬天到城市去吸霾，说的是北方城市进入采暖季的空气污染情况。的确，近年来雾霾成了一种城市灾难，不仅使城市患呼吸道疾病患者的数量激增，也为几年后的恶性肿瘤埋下了伏笔。当历数燃煤、汽车、烹饪等各种与化石燃料有关的因素，采取各种减排措施而收效甚微后，一些专业人士将眼光转

图 25-2 城市内涝

向了身边那些森林般的高层建筑，将它们造成的“城市静风”“城市热岛”现象，与城市自然排污能力的被破坏结合起来。的确，这些才是近些年出现在城市里的新事物！

渴了到城外去喝水，说的是城市水资源枯竭、只好到很远的地方引水的现状。据有关部门统计，我国约有 2/3 的城市被垃圾包围（图 25-3）。目前，城市垃圾一般采取运到城外填埋和堆积的办法处理。这种垃圾大搬家的办法确实保证了城内的卫生，也给城市埋下了各种隐患。海量的垃圾堆积不仅改变了所在地区土壤的性质，使其无法再生长可食用的作物，更为严重的是，长年堆积所产生的积液下渗，对地下水也造成了巨大威胁，不少城市的地下水已经无法饮用，只能付更大代价，到更远的地方去引水。

图 25-3 垃圾围城

与车辆超载一样，城市超载同样会威胁生命安全。2012 年 7 月 21 日的北京暴雨，至少夺去了 79 人的生命；2014 年 12 月 31 日上海外滩广场人行通道发生踩踏事件，造成 36 人死亡；2015 年 12 月 20 日，深圳光明新区恒泰裕工业园被长期大量堆放建筑垃圾造成的垮塌掩埋，致使 68 人死亡……

城市超载与车辆超载有着同样的理由：提高经济效益。殊不知，这样的理由犹如杀鸡取卵，既违背规律，也难以持续。对车辆而言，超载会使车辆平均使用寿命降低 50% ~70%。对城市而言，当各种建设活动不考虑生态承载能力，一味地去搞人口和面积的扩张，城市中的环境水平和人们的生存质量都会大打折扣——当畅通出行成了可遇而不可求的机会，当蓝天白云成了偶然出现的新奇景象，当空气清新成为生活奢侈品的时候，这种超过城市生态负荷的生活，势必要威胁到人们的健康甚至是生命。

在这种情况下，即使城市空间形态建设的再好，城市对 GDP 的贡献率再高，也很难唤起人们的幸福感，甚至会对“城市让生活更美好”产生怀疑。

26 生态学视域中的城市困境及其克服路径

城市的快速发展对城市环境提出了严峻挑战，如何重建城市环境从来没有像今天这样紧迫。与传统的城市建设理论比较，生态学思想更加看重利用科技手段系统地研究和整体地处理城市问题，保持城市人口和环境的和谐相处。绿色的自然环境和鲜明的人文色彩是城市生态环境的基本构成，也是评价城市生态环境好坏的基本指标。本着这一原则，本文提出了城市资源有限、资源面前人人平等和人体潜能开发的思想，以解决城市化过程中面临的环境困境，走可持续发展之路。

生态学的奠基人E·海克尔曾经将研究人和环境的关系作为生态学的基本性质。由于这个词语中有房子和住所的意思，因而起初也将生态学解释为研究生物住所的学问。这便决定了生态学与我们所居住的城市有着天然的联系。然而，在推动中国城市建设的诸多因素中，政治和经济的因素始终占主导地位。尤其在经济高速发展的今天，我们的城市正在从政治、经济和文化中心，向经济中心转移，城市的容积率和面貌日渐成为展示经济实力，体现经济水平的重要方面。这样的建设思路，不仅使中国城市获得了超过世界平均增长速度两倍的结果，涌现出来的千万人口以上的超大型城市也是世界上最多的。随着生态意识的日渐淡出，城市中人和环境的关系也日益紧张，以至于让人们维持正常生活所付出的代价也越来越高。

2010年世博会不仅是一次建筑博览，“城市让生活更美好”的主题，也提示人们，生活的美好才是评价城市建设水平的根本标准（图26-1）。城市生活中普遍存在的环境污染、能源危机、交通拥堵、高犯罪率等现象更告诉人们，以非正常速度建设出来的城市所能够达到“美好”只能是形式上的，而不是生态学上所追求的人与环境的整体和谐。

EXPO 2010 SHANGHAI CHINA
城市，让生活更美好
Better City, Better Life

图 26-1　上海世博会宣传语

1）城市生态的基本构成

生物学认为，高等生物与客观环境的关系要远比其他生物复杂——不仅要和自然发生关系，形成各式各样的生产和生活方式，还会和不同的社会团体发生关系，形成各式各样的人与人关系。因而，要创造一个能够达到“美好”境界的城市环境，仅仅考虑某些因素是不行的，而是要从全局上着眼，将城市视为一个有机整体来设计。从这样的角度看问题，良好的城市生态起码应该具备两个方面的条件：绿色的自然环境和鲜明的人文色彩。

自然环境是生命能否健康发展的最基本保障，包括有形的因素如蓝天白云、大地丘陵、山水林木、花草虫鱼等，也包括无形的因素如空气质量、温度高低、安静程度等方面。在纯自然的环境中，有形的因素主要作用于人的感官，无形的因素主要作用于人的心理，两者的美好存在并有机统一，才可能构成既悦目赏心，也舒适宜人的生态环境。城市中的自然环境带有更多的人工成分，不仅山水林木、大地丘陵、花草虫鱼可以被人工化处理，蓝天白云的情况如何都要取决于城市排放所导致的能见度情况。于是，城市中的空气质量、温度高低、安静程度等无形的因素在很大程度上也是受人工影响的。与纯自然的开放环境比较，城市中的自然则显得封闭而零散，或集中于公园里，或散布在道路旁，或零星于楼宇之间的空地上，给人们提供的自然感受不管是目之所及，还是心之所感，都远不如纯粹的自然环境来的开阔，来得彻底，来得有效果。因而，城市中的自然充其量只能算是一个个相互独立的景观，不管是数量上还是质量上都与大自然之间有很大差异，是地地道道的“第二自然”。

导致这种情况的原因很多。首先是认识上的阻碍。在传统观念中，人们一直把城市作为一种优越生活的标志，而优越与否主要集中在社会地位、经济所得和文化活动等容易带来实惠的方面。于是，将城市建设成政治、经济和文化中心一直是城市建设的主导思想。其次是利益上的吸引。与政治地位提升可以获得更多的机会、发展经济可以直接获得财富、文化建设容易显示业绩比较，城市中的自然环境如何，确实不会带来立竿见影的效果，也显示不出多少实惠。于是，城市中一旦出现空间，是建市场还是建公园，是盖写字楼还是搞绿化，答案从来都是没有任何悬念的。再次是营建上的高成本。城市中的自然环境建设需要前期的投入，后期的维护费用也非常可观，尤其是在寸土寸金的城市环境中，不能直接形成产值本身就是一笔巨大的成本，直接导致了人们宁可按照传统观念行事，继续按获利大小来决定城市的环境建设。

人文色彩是人们在社会生活中相互之间形成的一种氛围，主要由人与人之间的相互关系来体现，存在于不同民族、阶层和职业之间，也存在于不同团体、单位和家庭之间，主要影响于人们的精神层面。由于人文关系如何可以直接导致社会的安定还是动荡，隔膜还是融洽，可以直接影响社会秩序，因此，在城市生态中占有重要的位置。从古到今，想方设法地营造和谐的人文关系，创造一个能使大多数人满意的制度体系是社会各阶段的共同追求。由于物质分配是否公平是影响人文关系是否和谐的关键性因素，所以在不同的社会阶段，人们会通过不同的方式来调节不同民族、阶层和职业之间，不同团体、单位和家庭之间的利益所得，创造公平的社会环境，保持尽可能和谐的人文关系。由于城市是人口最为集中的地方，人文关系如何，除了反映在日常的社会活动中，也会明显地表现在城市的规划和建设上。

从历史上的情况看，我国的城市建设大体经历过两个阶段：一个是以权力为主导，一个是以经济为主导。前一个阶段与匮乏的自然经济相适合，有限的社会财富只能由少数人享用的现实，不仅导致了森严的等级制度，还形成了按权分配的经济秩序。这种情况反映在城市建设上，就出现了环境资源好坏也按照权力的大小来分配，城市中最好的环境往往是权力最为集中的所在；反之，城市中最不好的环境往往是平民百姓的所在。后一个阶段与活跃的市场经济有关，无形的市场之手不仅改变着人们的生活方式和观念，也挑战着旧有的权力壁垒，势必，权力的有效与否最终少不了要由经济这个环节来体现。这种情况反映到城市建设上，就出现了环境资源好坏按照贫富来分配的现象，城市中好的人居环境往往是需要大价钱的，只有富人消受得起；反之，城市中那些不好的人居环境自然便宜，才是普通百姓的居住地。

在没有生态意识的情况下，城市中的生态状态很难达到平衡。工业文明以来，城市中的自然环境往往要让位于人文环境建设，使城市环境离自然环境越来越远。而在人文环境建设中，权力决定的旧有惯性，效益第一的务实精神，往往又是决定城市走向的关键因素。这样建设起来的城市完全成了一件工业产品，在整齐划一中显示着富足，也显示出日新月异的变化。但是，由于自然资源的紧缺和人文资源的集中，使得可能享有最好生态环境的人总是那些实力派人物。他们既占有着城市中最好的生态资源，又决定着城市的建设走向，在导致社会不公的同时，也必然导致大众对城市建设的普遍冷漠，使城市生态实际上很难走向和谐，造成了城市越大，人们的幸福指数越低的不争事实。

2）中国城市生态的状况

在现代语境中，我们更喜欢从经济的增长速度、对区域经济的贡献率来评价一座城市的现代化程度。这样的评价尽管可以得出令人鼓舞的结论，但是并不能科学地反映城市的实际状况。原因很简单，这样的评价并没有考虑到成本的因素。客观地说，我国的城市化是在为保障经济的高增长服务的，带有明显的利益驱动性。这样的发展在意的是 GDP 和就业率，而不太考虑生态成本。于是，从总体上看，经济越发达的地区，生态形式就越严峻，基本上可以作为中国当下城市生态状况的总结。

从城市的环境承载力看，能够将人为活动所产生废弃物进行消解的自然能力已经十分脆弱。生态学将城市也视为一种生命现象，有一套自成体系的代谢系统和能力，任何超越代谢系统和能力的人为活动都会给城市带来灾难性后果。以最能体现城市自然环境的树木为例。树木具有很好的净化空气、阻挡尘埃、涵养水源的作用，所以一直在城市自然代谢系统中充当着重要角色。20 世纪 60 年代，美国针对城市环境问题日益严峻的现实提出了建设“城市森林”的思想。联合国粮农组织也提出面积超过 0.5 公顷、树高在 5 米以上的栽种规模可以称之为“城市森林”。事实证明，树木具有很好的杀菌作用，数量的多少会直接影响空气的质量。例如，树木覆盖度为 95%，树下草皮覆盖度为 85% 的林地空气含菌量为 903 个/立方米；草坪覆盖率为 100%，但是没有大型树木覆盖的地方，空气中含菌量高达 4000 ~ 6000 个/立方米；而在树木覆盖率不足 5% 的闹市区，空气中的含菌量可高达 35000 个/立方米。另外，树木在各种植物中减尘作用最为明显，不仅树冠上的叶面系统具有吸附尘埃的作用，树冠所形成的地面覆盖同样具有阻滞空气尘埃流动的作用，减尘率可以达到 95%。更为重要的是，树木还具有涵养水源的作用，不仅可以在地面上构成利于草木生长的土壤环境，形成规模的林木还可以调节城市的温度和湿度，有效地缓解城市热岛效应，形成健康的小气候。

但是，随着城市人口的急速扩张，我国城市中的树木不是随之增长，而是被越来越多的高楼，越来越宽的道路挤占。而且，越是市中心的位置，树木就越稀少；越是宽阔的道路，越没有高大型树木；不少城市为了不遮挡广告牌，干脆将路边的高大型树木变成灌木或草坪……凡此种种，确实使城市在住宅面积、交通疏导和营业额方面得到了实惠，却从另一个方面降低了城市的环境水平。以广州为例，20 世纪 50 年代年均雾霾天气仅为 2 天，说明城市排放在大气中的污染物基本上能被植物吸附掉。到了 80 年代，随着城市扩张，广州的年均雾霾天气剧增到 116 天。90 年代虽然降低到 96 天，但是阴霾浓度增大，霾日能见度下降到 7 公里。新世纪以后，广州市区的阴霾天气逐年上升，2007 年已经超过了三分之一。阴霾中的主要成分是直径 2.5 微米的气溶胶粒子、二氧化硫、元素碳和各种有机化合物等有害物质，通过呼吸直接影响人体健康。据统计，目前我国恶性肿瘤发病和死亡率最高的是肺癌，除了不良生活习惯，不能不说与城市中没有成规模的林木，无法有效净化威胁人体健康的“空气杀手”有直接关系（图 26-2）。

从城市的人文色彩看，能够表现地区历史和民族文化的城市特色日益弱化。美国城市理论家路易斯·芒福德曾将城市比喻为人类至今创造的最好的

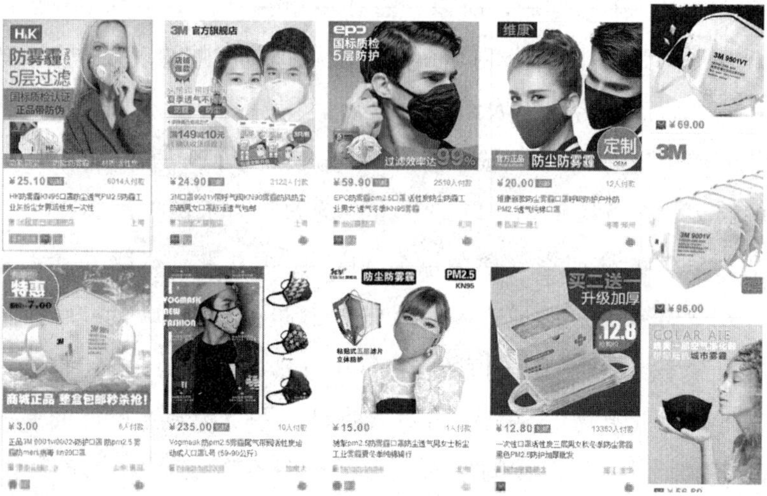

图 26-2　近年来网上热卖的各式口罩

文化记忆器官，主要作用是保存、流传和发展社会历史文化。那么，当下的中国城市又是怎样对待自己的历史，创造出怎样的文化记忆呢？以历史文化名城为例，在外来文化的冲击下，这些城市很多不是在延续历史文脉，而是同样走着时尚的路子，陷入了形式主义、忽视生态、没有特色的怪圈。这是建筑学者的洞察。中国的历史城市从来没有像现在这样受到“前所未有的重视”，也从来没有像现在这样受到“前所未有的冲击”。这是文物官员的总结。中国历史文化名城保护，已经到了“最危急的时刻”。这是民俗学家的惊呼。这些声音绝不是空穴来风，而是有着鲜明的所指。

城市面貌的日益趋同。特点是城市文化魅力的关键。犹如一方水土养一方人，历史性城市也是一方水土养育出来的，有着不同的文化基因和历史烙印。然而，为了追求城市扩张的高速度，在相互模仿和攀比中建起的写字楼、中心广场和购物中心几乎随处可见，尤其是毫无设计含量的大群民居建筑，雷同的外形，相近的色彩，统一的材料，犹如批量加工出来的产品形成大体量的堆积，既与传统的文化色彩无关，也不能体现历史的烙印，使城市成了堆积各种建筑产品的地方。置身于这样的历史文化名城，如果不是置身于古建遗址上，难免会产生“哪里都差不多”的感觉，引出“谁偷走了城市的灵魂”的疑问。

历史遗迹由变形到变质。由于政策法规的滞后，一些历史性城市的古建遗址也沦为了资本，变成了拉动地方经济的工具。以保护古迹的名义征用土地，除了粗制滥造一些仿古建筑进行招商，更多的土地用来搞地产开发。古迹的占地不过几十亩，所征用的土地超过古迹的几十甚至于几百倍，“以古迹换土地”的用心十分明显。其实，大量的资金最终也不是落实到古迹维护上，而是落实到了古迹周边环境的改造和扩建上。结果是，古迹本身“江山依旧”，而周边的环境却“旧貌换新颜”。古迹实际上沦为了招财进宝的招牌。

为了保护历史性城市的文化生态，国家从20世纪80年代初就开展了全国性的“历史文化名城”评选活动，到2011年，入选的城市已达到117座之多，数量喜人。但是，到目前为止，有资格进入“世界遗产名录”的只有远离大城市的丽江和平遥，不足总数的2%。由于年代久远，历史上处于华夏文化中心位置的城市集体空缺尚有情可原，作为农业文明巅峰时期的汉唐都城同样榜上无名，甚至于年代并不算太久远，像北京那样一直属于传统文化重镇的城市仍然达不到标准就不能不发人深省了。

3）中国城市生态思想的建构

从生态学角度看，城市是人类对自然环境干预最为彻底的地方，其中的生态系统既不完全也很脆弱，因而，城市的生态承载能力也是十分有限的。也就是说，我们的城市所以会陷入困境，与各种片面的建设思想有直接关系。因此，要改善生态环境，使城市获得可持续发展的可能，改变以往片面追求速度的城市建设习惯，构建具有系统性和整体性的生态思想就显得十分重要。

首先，树立城市资源有限的思想。20世纪50年代，我国曾在“地大物博”思想下制定过激励人口增长的政策。当时就有人对此提出质疑，认为人口的过分增长会给未来带来灾难。尽管这种观点马上就遭到了否定，但是随着人口激增所带来的各种副作用，人们为此付出了惨重代价之后，不得不承认，有限的资源根本无法养活无限的人口。然而，我们今天的城市扩张正在重蹈当年的覆辙。城市自然生态的整体退化警示我们：城市的承载能力也是有限的，不顾城市承载能力的扩张必然导致各种“城市病”，使得像呼吸新鲜空气、应用清洁的水源、拥有畅通的道路这样一些基本的事情都成了问题。环境污染、能源危机、交通拥堵和高犯罪率等现象，都是城市生态资源整体恶化的结果，不仅会直接影响人们的健康生活，更会从每一个细节上降低城市住民的幸福感。

其次，树立资源面前人人平等的思想。生态学将城市视为一个生态系统。在资源有限的情况下，处在系统高端的人群会得到各种优势资源，反之，各种开发活动中出现的负面效应，如绿地面积不足、楼间距拥挤、公共设施不到位等问题绝不会出现在这个阶层中，而是由处在系统低端的人们来承受。在依靠权力和市场决定城市建设走向的社会阶段，拥有权力和市场优势的高端人群根本不可能真正感受到决策失误给环境带来的负面影响，只有到问题严重到一定程度的时候才可能采取措施，干一些亡羊补牢的事情。这种由“精英决策”城市建设的思路，是导致城市人文生态失衡的重要原因，也是民众对城市建设整体冷漠的重要原因。资源平等就是要确立“人民城市人民建”思想，唤起人们的城市主人意识，积极地去参与城市规划和建设的重大项目，以保证自己所享有的基本权利不受侵害。

再次，树立潜能开发的思想。生态学家在上个世纪就提出了“人的革命”的思想，意思是，在对自然能源进行开发利用的同时，也不能忽略了对自身潜能的开发利用。人本身也存在着体能和智能，同样也属于一种资源。站在人与自然平等的角度上，开发和利用这种资源，不但有助于人的全面发展，而且可以降低对自然资源的过分依赖，同样可以起到保护城市生态的作用。从实际情况看，人们的日常生活对能源的依赖越来越大，对自身体能和智能的运用则越来越少，以至于包括肥胖在内的“城市病”越来越普遍。在一定程度上说，生态危机“在很大程度上是人本身的危机，是人类没有发展自身的素质和能力，听任蕴藏在自身内部的各种巨大潜能休眠的结果。”人的革命就是要改变这种状况——克制物欲的占有所导致的贪婪与奢靡，注重培养奉献、勤奋、爱心方面的精神养成，在物质与精神的全面发展中，提升自身的综合素质，成为拥有信仰和自爱精神，受人尊重的人。

可以肯定地说，比较功能至上的城市建设思想，生态思想显然是一个更高的境界，对于解决当下中国城市普遍面临的环境困境，得到可持续发展具有重大意义。势必，好大喜功的决策思路，刀下见菜的设计立意，只知其一不知其二的市民参与，让我们的城市付出了太多的代价。当然，建构思想仅仅是第一步，将这种思想落实到城市建设上，需要高屋建瓴的政策，需要拥有多种智慧的设计，更需要市民的参与和支持。而真正将这些变成现实，对城市的决策层、规划设计者和当地住民都提出了巨大的新挑战。

27 新型城镇化需要软实力

李克强总理在解释新型城镇化时指出：新型城镇化之“新”，是要区别于“造城运动”，“提高城镇化质量”。言简意赅，既揭示了前一段城镇化中存在的问题，也指出了下一步城镇化的目标。

前一段的城镇化是与GDP紧密相连的——建设带动地产，地产带动建材、能源、运输等行业，进而带动金融、证券和保险。这种按照资本在流通中增值思路展开的城镇化，毫无疑问地会以速度见长。在经历了高楼林立和宽街大道等基础建设，地铁轻轨和超高地标等高投入之后，我们的城市也迅速发生了质变：从低矮变成了高大，从绿色变成了水泥色。在经济压倒一切的氛围中，城市文化方面的问题日益凸显，地域特点和历史色彩日益消退，千城一面成了普遍现象。置身在这样的环境里，德国歌德学院总秘书长汉斯·格奥尔格·科诺普曾对陪同人员说：“我20世纪80年代来过中国，与那时相比，现在，我好像处在两个国家。”道出了我国城市建设中文化定位不明，民族特点模糊的现状。

游走于世界那些知名城市，能够留在我们脑海中的往往不仅仅是建筑、街道和各种设施，而是建筑、街道和各种设施经过整体融合之后所凸显的主题。比如，面对曼哈顿大街上精致的楼群，你会感到现代科技和经济实力对这座城市所起的奠基作用；徜徉在维也纳的大街小巷，不管是建筑本身的形态，还是多瑙河两岸如荫植被，无处不体现着浓浓的艺术气息；伦敦是一座并不高大的城市，到处都显得中规中矩，充满了英伦绅士的味道……这些城市所以在国际社会有着不凡口碑，在于悠久的历史，在于幽静祥和的环境，在于精湛的建筑，更在于将这些水乳交融后所产生的场效应。这可能就是城市规划的最高境界了——不是将建筑、道路、植被等进行单纯的功能性整合，满足某种应时应景的急需，而是与当地的历史和习俗进行衔接，在更高的立意上进行设计，升华出城市的基本精神。

城市精神，看不见，摸不着，却能在不知不觉中侵染心灵，影响行为，大有“于无声处听惊雷”的效果。说到这，不由得想到20世纪90年代初，哈佛大学教授约瑟夫·奈提出的“软实力”一词。按照这种观点，一个国家的实力既反映在经济、军事上，也反映在社会所达到的文明水平上，从而对其他国家产生影响，与《孙子兵法》中“善战者，求之于势，不责于人”的见解不谋而合，告诉我们“软实力”积累与养成的重要。对城镇建设而言，仅仅着眼于高楼大厦、宽街大道的建设远远不够，还要考虑硬件建设与所在地区历史和自然环境之间的关系，在发掘与整合中塑造城市的基本精神，形成软实力。

其实，中华民族不仅有着悠久的建城史，也有营造城市精神的传统，留下了不少堪称佳作的案例。从代表官方意志的典籍资料来看，注重礼仪制度和自然环境就是一以贯之的做法。《周礼·考工记》中“匠人营国，方九里，旁三门”的总结，历来是各个朝代建城时规划道路、安排建筑、彰显尊卑的必要遵循；《管子·乘马篇》中“非于大山之下，必于广川之上”的说法，是古人依照自然条件选址造城的依据。在这样的氛围中，建设出来的城市因为有所遵循而体现出不同的定位和品格。比如老北京城中轴线上“左祖右社”的布局，紫禁城规整严谨的布局，彰显的就是尊重祖先和皇权至上的精神（图27-1）。而作为一方政府的平遥古城，在规模大小、材料选择和建筑体量色彩上都大有收敛，即使是城中的县衙，尽管也极为庄重，但在保持祖先传统上也不敢越雷池一步（图27-2）。自然环境方面，紫禁城和县衙都建有后花园，而且是所在区域的重要组成部分。不过，两个地方在花木选择、面积大小、景观建构上也各有千秋，体现出截然有别的美学效果。

同是古城，所形成的气场却各有千秋，给人不同的心理体验。面对紫禁城，美国建筑学家贝肯先生被“礼仪规范和宗教仪式”所震撼，称其为“地球表面人类最伟大的单项工程”。平遥古城给世界遗产委员会留下的印象则是：“一幅非同寻常的文化、社会、经济及宗教发展的完整画卷”。

图 27-1 紫禁城

图 27-2 平遥古城

这就是传统城市所具有的软实力。继承这样的传统，在“继承”中“创新”，今天的城市在规划设计时就要将当地的历史和自然条件作为依据，确定城市主题，并在城市布局、建筑形态、基础设施、产业结构等方面加以体现，而不是数典忘祖，另起炉灶，最终因为建造材料、工艺和设计定位的雷同，而导致城市面貌的雷同。那么，是什么原因让今天的城市远离了传统呢？

缺乏明确的法律法规引导。将城市建设纳入法制轨道是中外的一致做法。从20世纪50年代到新世纪，我国的城市规划办法共修订过四次，从最初提出“初步规划、总体规划、详细规划”，到后来提出对城市“生态环境、土地和水资源、能源和历史文化”的保护原则，由粗到细的过程十分明显，但始终没有将继承本民族优良的城市建造传统列入其中。与“生态环境、土地和水资源、能源”几项指标比较，“城市建造传统”与“历史文化”的关系最为接近，但是，由于没有特别地强调，操作中很容易与城市里的古建遗址保护相混同。

缺乏复合型的学科支持。从本质上讲，城市是空间化了的社会。在这里，政治、经济、文化以及人文历史都会以空间的形式来展现。这便决定了，好的规划是对城市所拥有各种资源、所形成的历史、所凝聚的民风民俗的整合与提升，是将城市的社会、人文和艺术等属性，借助一定的工程技术手段转变成现实，具有极强的综合性。对城市规划者来说，需要扎实的文化养成，更需要融汇各学科智慧进行创新的能力。但在现行的高校学科体制中，“城市规划”被归为理工学科，由此培养出来的专业人才，其知识构成也主要集中在工程技术方面。以工程技术的眼光来规划城市，等于用工程技术的思路解决社会问题，很难达到融通文理、横贯古今的境界，出现重功能实现、轻精神塑造的偏颇也就在所难免了。

缺乏民族传统的指导，让我们的城市规划失去了的文化根基；以工程技术的思路规划城市，很难让历史的厚重与艺术之美成为城市规划建设的指导思想。回顾半个多世纪我国城市的发展轨迹，50年代的仿效苏联，60、70年代的突出政治，80、90年代的彰显经济，跨世纪以后的贪大求洋，城市建设的定位始终处于一种游移不定的状态，没有形成自己的主心骨。近30年来，我们的城市空间扩大了二三倍，城镇化率也达到了52.6%，但是，城市建筑的平均寿命却只有30年。不要说50、60年代的建筑已经难寻踪迹，80、90年代的建筑也成为昨日黄花。大拆大建除了造成严重的浪费与污染，更重要的是：割断了城市的成长过程，淡化着城市的历史感；打乱了城市的稳定祥和，改变着城市的家园性质。

增加城镇的文化含量，是遏制粗犷式造城，提升城市质量的有效途径，理应成为新型城镇化的一项重要任务。对城市建设而言，文化含量可以反映在建筑形态层面，以硬件的形式来表现，也可以反应在技术水平、历史传统和自然环境的层面，以软件的形式来表现。在我看来，硬件建设决定着城市的外形和规模，软件方面决定着城市的品质和格调，最终升华为一座城市的总体精神。“传统”是民族之根，“智慧”是经验结晶。从传统城建经验中汲取智慧，才可能培育出具有民族色彩的城市软实力，让新型城镇以独特的魅力走向未来，产生跨时空的影响力。

28　中国城市再思考

据美国智库布鲁金斯发布的最新报告显示，从1993—2012年，全球28个发展最快的城市有27座在中国，说明中国的发展速度举世无双。2012年，国家对200个城市的4727个地下水进行监测，较差和极差水质占55%；2013年公布的《中华人民共和国国家环境分析》称，国内五百个大中城市，能达到世界卫生组织推荐空气质量标准的不到1%！说明中国城市的环境形势十分严峻。两相对照不难得出这样的结论：中国城市化的高速度是以牺牲环境为代价的。

当呼吸和饮食这些最基本的需求都令人不安的时候，我们不仅应该重新考虑收益与成本的关系，对城市的未来走向也有必要进行再思考。

截至2012年，我国的城市化率已达52.5%，意味着有近七亿的人口居住在城市。容纳这些人口的通常办法大致有两种：一是城市扩容，二是经营城市。前者主要是通过大量的新建筑，扩大城市的容积率；后者是将包括土地在内的各种资源商品化，用企业家经营企业的思路管理城市。于是，城市中的大小存在物都能以各种名义变成了商品，向有需求的人进行出售：土地是城市的根本，以旧城改造的名义拆迁，再以商品用地的价格出售，实现了原有土地的增值；以保护的名义在古遗址上搞开发，带动周边地产价格上涨；从农民手中购买耕地，再以建设用地的价格卖给开发商，派生出了“土地财政”……这些做法为城市扩容提供着经济支持，无疑会得到官方的默许，产生相应的“蝴蝶效应”——将道路进行“冠名”，哪家企业出的钱多就可以作为道路的名称；把公园的空地出租给商贩进行经营，位置好坏，条件优劣，直接反应在价格上；在建筑主体上安置广告牌，挂在哪里，挂多长时间，也要由出资多少来决定。

根据国家统计局的数字，到2008年，全国地级及以上城市生产总值已占全国GDP比重的62%，城市经济已成为国民经济的主力军。可以说，经营城市，就是城市的GDP化，使城市的性质和外观都发生了极大变化——

从性质上看，我们的城市离“家园”渐行渐远，而越来越像一座座巨大的工厂。这么说，不是危言耸听，而是有所依据。在中国文化的语境中，家园的主要功能是安居乐业，需要天与地、人与人的和谐相处，“宅命相配，人丁两旺”（《皇帝宅经》）历来是祖先家园建设的根本。现如今，城市里满眼都是水泥浇筑起来的高层，将百余户层层叠叠地摞在一起，居家过日子产生的烹饪油烟，密集排列建筑形成的热岛效应，都会使建筑产生大量的废气，效果与“烟囱”并无二致。充斥大街小巷的汽车，或停或行，与人争路，与树争地，让楼宇间不多的空间或成为道路，或成为停车场，很像工厂里的“传送带”与堆放产品的“场地”。于是，城市成了高速运转的机器，为了生存而终日忙碌的人们就是这部机器上的齿轮或螺丝钉，既按部就班，又身不由己，在高速运转中给城市创造着财富，也使自己获得最基本的生存机会。

从外观上看，我们的城市已经不是“因天材，就地利”的产物，而越来越像天地间的一座座孤岛。这么说，也不是无中生有，而是天地可鉴。植被多少足以影响一个城市的宜居程度（图28-1）。在这方面我国采取了多种措施保护城市绿地。1997年到2011年，全国共命名了72个国家环境保护模范城市。根据全国绿化委员会的评选标准，环境保护模范城市的绿化覆盖率要达到40%以上，绿地率要达到35%以上。遗憾的是，2013年的雾霾给城市绿化进行了一次大考评，不要说像北京那样连续几年入选“环境保护模范”的城市被雾霾笼罩，像哈尔滨、西安、唐山、洛阳那样的二三线城市也难幸免。指标是人定的，效果如何还是得由事实来证明。雾霾告诉我们，现有的城市绿化，只能给城市多些色彩上的点缀，根本无力把过量的污染物进行吸附和过滤。造成这种情况的原因固然很多，在我看来，密集的建筑所形成的“城市静风”和“热岛效应”才是根本之所在。因为，“静风”来自于高大型建筑物的阻挡，“热岛”产生于建设工程大量使用的硬质材料，使城市，上有污染层的软覆盖，下有建筑和道路的硬覆盖，既独立于周围的山川田野，也与大地天空相分离，成了自成体系的“孤岛”。

图 28-1　被水泥包围的城市树木

这种按照商品在流通中增值思路建造出来的城市，确实有助于 GDP 的提升，但由此导致生活成本的提高和环境污染的日益严重，却要让广大市民来买单，表面上的富有和感受上的不幸福，应该与此有关！这种情况很近似于自然界的“水葫芦效应”——具有极强的生产能力，带来了水面上的一派繁荣，甚至还可以对周边的污染物进行吸附。但是，水葫芦只是自身生长，非但不给其他植物提供生长机会，还会阻挡阳光，导致更多植物的死亡，最终造成水体质量的根本性蜕变！

20 世纪中期，梁思成先生便将“让老百姓安居乐业”作为城市建设的根本，指出了城市建设的最高境界是家园化。我觉得，要达到这种境界，少不了现代科技的力量，更要认真研究华夏祖先的生存智慧。事实证明，科技是手段，可以建造出光鲜亮丽的城市景象，也可以造成环境污染；智慧是根本，华夏大地上的许多历史性城市，正是因为遵循了这些智慧才得以千年不败！

29 中国城市怎样与国际接轨

“接轨”本是一个交通术语，专指将两条或两条以上的道路或铁路轨道连接起来，形成新的运行体系。随着学科交叉的日益广泛，“接轨”一词也进入到建筑领域，提出城市建设要与国际“接轨”。

从最初的尝试到后来的全面铺开，和国际接轨一度成了中国城市建设的指导思想。高楼林立、宽街大道、霓虹闪烁，走在这些城市的街道上，远望近瞧，确实很现代，确实也很不“中国”。在仅凭高楼大厦论城市的阶段，我们并没有对这种情况太在意；在“记得住乡愁”日益成为强音的今天，这种不顾中国底色的城市建设，首先引起了知识界的不安。

由于自然环境、历史经历、经济状况、生活习惯的不同，每个国家都有自己独到的文化特色，形成不同的宗教信仰、价值观念和美丑标准，建设出来的城市也必然会与此相适应，形成各自的特点，所谓“一方水土养一方人”。但是，在技术无处不在的现代，这种情况受到了严重挑战。技术的趋同导致产品的趋同，在抹平城市特色的同时，也抹平了城市之间的差别。人们发现，手工业条件下的发展与大机械条件下的发展有着质的不同。前者因为人的差异而差异；后者则因为工艺的相同而相同。在生产工艺和检验指标日益趋同的今天，建筑也成为了批量生产的产品。于是，那些对自身文化高度自信的国家，会动用一切手段将本民族所崇尚的东西转化为空间形象，以营造城市精神。

美国是个崇尚自由的国家，所以，在纽约港的显著位置上设计了自由女神像，既是一道风景，也是国家形象。踏上华尔街，置身于各大财团的建筑群落，足以显示这个国家的经济实力。自由女神像和华尔街耸立的高楼大厦都是城市精神的代表。法国人则以浪漫为旨归，时至今日，为了与那些中世纪留下来的古城堡和歌剧院相协调，巴黎老城一直禁止建设高层建筑，高耸的埃菲尔铁塔确实有些突兀，但是，独一无二的数量与大范围老式建筑比较，传统不但没有在对比中消解，反而得到了凸显。维也纳充满了艺术气息，也是地地道道的绿色都市（图 29-1）。登高远望，房屋顺山势而建，层次分明，青山绿水映衬着巴洛克式、哥特式和罗马式建筑，在增加这座城市历史感的同时，也显露出高贵的气质……事实告诉我们，优秀的城市不但有主题，而且十分鲜明，选取什么样的建筑形式，街区如何划分，雕塑放在哪里，甚至于城市的主色调、天际线等细节，都要依照城市的文化定位来选择，不允许任何短期行为的破坏。

图 29-1　维也纳街头

建筑是城市中体量最大、数量最多的空间存在，形态如何足以影响城市的风貌与格调。可以说，一座城市到底能体现出什么样的精神状态主要是通过建筑表现出来的。截至目前，我国进入“世界遗产名录”的城市只有平遥和丽江。在一定程度上说，这两座城市在凸显民族精神方面得到了世界的肯定。四合院是平遥古城代表性建筑，不论是县府衙门，还是百姓家居，四面合围的造型、高低错落的布局、含而不露的讲究，体现了汉民族以和为贵、讲究礼仪秩序的传统（图 29-2）。白墙黛瓦的造型，“三房一照壁”的格局，是丽江古城的老房子，加之青山环抱、绿水流淌，体现了纳西族崇尚自然山水，家族团结的民族精神。建筑给市民提供着居住空间，也给城市奠定着文化基调。平遥和丽江的建筑所以给城市增色，并且经受住了历史的考验，绝不是当地人显示经济或政绩的结果，而在于遵循了中原主流文化的精神，体现了少数民族的历史传统。

图 29-2　平遥民居建筑

城市的现代化是大势所趋。从目前的情况看，随着大批老房子的被拆除，城市原有的文化肌理也在发生着根本性的改变。十几年下来，城市的传统特色在不断地弱化，千篇一律的高楼大厦造就了彼此雷同的城市面貌。这样的城市不但形不成主题，连最基本的品位都受到了影响。

我们并不反对城市的现代化建设，也不主张在城市里复制土楼或四合院，而是强调在城市建设中不要数典忘祖。祖先在历史上积累下来了文化传统，也总结出了与这种传统相适应的各种建筑形态和城市布局方面的经验，构成了各个民族独有的营造智慧。如果能将这些智慧继承下来，每座城市都能显示出独具一格的风貌，以各自的魅力赢得世界的尊重。中国的平遥和丽江是这样，欧美的一些城市也是这样。

建设国际化大都市是与国际“接轨”的具体做法。联合国《世界城镇化展望（2014 年版）》指出，截至 2014 年，全球共有 28 个人口上千万的超大城市，中国占了六个，分别是上海、北京、重庆、广州、天津和深圳，而被公认为国际化都市的纽约、巴黎、维也纳等并不在其中。可见，在国际舞台上，称得上国际化的都市，并不单纯指规模和人口，而更在意一座城市在政治、经济、文化等方面具有的实力以及对世界所产生的影响。

这样看来，真正能与国际“接轨”的城市，往往在政治、经济、文化等方面具有相当的实力和高度的自信。因为，只有达到这样的水平，城市才具有敢于营造特色的勇气和影响世界的力量。

30 城市建设的人性化思考

2015年和2016年，中央连续两年召开“城市工作会议”都把“创造优良人居环境作为中心目标”，都把“人与人、人与自然的和谐共处”作为达到这一目标的基本途径，明确了中国城市未来建设的根本方向。

在很长一段时间里，我们更加关注城市对经济的贡献率，人口数量、产业布局、基本建设等都要以效益的最大化作为基本，而不太考虑这样做可能给生活在这里的人们以及自然环境可能带来的后果。

跨世纪前后，中国的城市就是这样走过来的：为了增加居住人口，百米上下的高层建筑已经成为城市住宅的主体，在改变城市形象的同时，也阻断了城市原有的气流通道；为了提高车辆的通行率，全硬化的宽街大道越来越多，在挤占花草树木的同时，也阻断了地面原有的下渗功能；为了增加产业，各个行业都在往城市集结，使得城市的面积迅速扩张，在挤占周边农田的同时，也大大提升了城市建设成本……经过这样的建设，大中城市基本上实现了市场化改造，但是，各种城市病也成了挥之不去的痛。

于是，中国城市不仅有了旧貌换新颜的形式变化，也成为了拉动地方经济的有力杠杆。据国家统计局的数字，2016年与城市有关的二、三产业所创造GDP已经占到了当年经济总量的90%以上。也就是说，中国已经成为典型的城市经济型国家。与此同时，快速膨胀起来的城市也出现了另一些情况：超量高层建筑造成的“静风区”，是形成城市雾霾的温床；失去下渗功能的地面只得仰仗有限的下水管道排水，大雨必涝；产业集聚带来超量的人口和车辆，给城市的房价、交通、治安方面带来了严峻挑战。凡此种种，让中国的不少城市陷入了有外表而无质量的尴尬，在降低中国城镇建设水平的同时，也直接影响着百姓的幸福指数。

粗犷的建设思路，不仅影响城市的可持续发展，也直接影响着与城市建设有关的企业收益。近年来建筑行业出现的巨大库存就是一个警示。在城市建设日益与国际接轨的今天，树立具有普世价值的发展观，学习借鉴古今中外城市建设的经验，理应成为城市管理和建设者的当务之急。

中西方有着不同的文化背景，也形成了不同的城市营造传统：中国城市以“方九里，旁三门”的规整著称，西方城市多像雅典卫城那样据险而立；中国城市凸显皇权至上与民众的辅佐，西方城市则喜欢营造自由的圣地和纪念性的地标……但是，中西方城市都留下了一以贯之的东西，赋予了城市永恒的魅力——

在中国，建城立市都将藏风纳气作为头等重要的事情。晋人郭璞就有这样的总结：“气乘风则散，界水则止，古人聚之使不散，行之使有止。”意思是说，“风”可以“散气”，“水”可以“聚气”，两者相融，才是适宜居住的环境，对人的生理和心理有益。中华医学也有“百病生于气”的总结，指出了“外气”对健康甚至是寿命的影响。营造“藏风纳气”之所，通过“外气”影响居住者的“内气”，达到增强体质的效果，成为了传统城市建设的重要追求。

被称为“爱美民族”的古希腊开西方建筑求美之先河。时至今日，建筑史书上还留存着这样的故事：曾经有一些雅典人移民到了一个陌生的地方，准备建造一座阿波罗神庙，由于没有图纸参照，他们便大胆地引进人体作为模本。经测量，男人的身高是脚长的 7 倍，于是便将柱子的长度确定为直径的 7 倍，这样建造的柱子便具备了男性身体的钢劲之美。后来他们在修建狄安娜女神庙的时候，又以女子的身高为参照，觉得柱子的长度为直径的 9 倍时比较美观。今天，这种显示男性美的多立克柱与显示女性美的爱奥尼亚柱，被广泛运用并已成为西方建筑的标志（图 30-1、图 30-2）。

历史告诉我们，城市是为人而存在的，最大限度地为生命服务才是城市建设的本质所在。当然，城市建造确实离不开经济，但是，城市建设不能只为经济。生命追求的是健康，需要有与之相适应的节律和环境，经济追求的是利益，需要在高速运转中来实现。目前出现“城市病”的原因固然很多，但是，不能不说与过分追求经济而造成的顾此失彼有很大关系。

图 30-1　多立克柱

图 30-2　爱奥尼亚柱

在建设实践中处理好“人与人、人与自然”关系的技术手段很多，比如说，要保护城市上空原有的排污能力，在城区规划时预留出风道，避免成群高层的遮挡就行之有效；比如说，要保护城市自有的排水能力，在道路设计时尽量利用河渠洼地、树林草木等自然吸附条件，有选择地使用道路铺装材料等办法也立竿见影；比如说，为城市留出绿色的背景，为市民提供健康的环境，通常的做法是在城市规划时尽量不要破坏周边的农田和林地，在让城市百姓日常消费就地取材、降低生活成本的同时，也可以为城市的未来留下发展空间……然而，这些技术手段的实施都会影响到地方政府和出资企业的当下利益。也就是说，处理好“人与人、人与自然”的关系，不仅考验着城市建设者的专业水平，也考验着城市所在地政府和出资企业的人性化水平。

31　“奇怪建筑”的奇怪之处

“奇怪建筑”是个新词。但在常举的案例中，依然是诸如“大裤衩”“铜钱楼”“马桶盖”等人们耳熟能详的那些建筑。于是，在很大程度上，“奇怪建筑”与民间常说的“最丑建筑”，并没有根本差别。

不过，仔细比较，两者的着眼点也有些许不同——“最丑建筑”主要着眼于建筑的畸形怪状，“奇怪建筑”主要指建筑整体上的离经叛道。前者在形式，给人感官上的不舒服；后者在心理，使人感到莫名其妙。

《新华字典》将“奇怪”一词解释为“出乎意料，难以理解”。依照这一思路，分析“奇怪建筑”中有哪些让人“出乎意料”和“难以理解”的地方，产生的社会影响是什么？也是一个很有意思的话题。

首先，这些建筑的造价往往“出人意料”。任何建筑行为都会涉及造价问题，小到一般性民居，大到公共性建筑，造价多少，取决于建筑的规模和质量，也影响着建筑的使用与寿命。也就是说，建筑的造价主要由规模大小、质量高低、寿命长短来决定。这是建筑界的一个基本规律，也是普通百姓可以理解的常识。但是，“奇怪建筑”在这方面往往超乎常规，爆出“天价”，使这些建筑从一开始就在同类建筑中成为地地道道的“贵族”！那个被百姓称为“大裤衩”的建筑就极度昂贵：最初预算就高达 50 个亿（图 31-1）。而且，建成后的运行与养护费用也非常惊人。在一个将勤俭持家还视为传统美德的国度，将传播主流文化的场所设计得如此奢华，实在“出人意料”。

其次，这些建筑的造型往往让人“难以理解”。以空间形式构成储藏功

图 31-1　央视大楼

能，满足人们的生活需要，是人们从事建筑活动的根本。需要不同，建筑的造型也就不同，形成了不同的建筑类别，比如，防御类建筑的坚固，居住类建筑的方便，观赏类建筑的漂亮，办公类建筑的规范等。功能决定外观，两者之间有着密切关系。以至于通过外观造型，就可以大体不错地看出建筑的功能，判断出是做什么用的。“奇怪建筑”却不是这样。以新建成的合肥美术馆为例，远看就像一堆胡乱堆积在地上的钢管垃圾，既没有主题，也看不出功能，更不知道设计者想要表达什么，是一种地地道道的让人“难以理解”的设计。

再次，这些建筑的名声多不太好听。“大裤衩”“铜钱楼”（图 31-2）、“马桶盖”（图 31-3）……这是老百姓给予的戏称；“低俗的数字化变异体态，肆意践踏民众的生活空间”，这是专家的揭露；“让建筑文化远离堕落”，这是学者的警示！真可谓，言之凿凿，情之切切，嬉笑怒骂，皆成文章。中国民间有“人过留名，雁过留声”的谚语，知识界更有“名节重泰山，利欲轻鸿毛”的警告，都把社会反响视为头等大事来对待。然而，从 2010 年由民间发起的“中国最丑建筑评选”活动至今，这些声名狼藉的建筑不仅没有减少，反而从大城市走向中小城市，大有向全国蔓延的态势。这种情况，既“出人意料”，更让人“难以理解”！

图 31-2　广州圆大厦

图 31-3　湖州喜来登温泉度假酒店

建筑是城市的细胞，一座城市的文化品格正是通过建筑来加以实现的。何况，那些奇怪建筑不少是以“重点工程”立项，位于城市的显著位置，因此也更能反映出所在城市某一历史时期的追求和品位。对一些典型案例进行分析，我们不难从那些奇怪建筑中归纳出这样一些倾向——

对金钱的追求。“元宝塔”“铜钱楼”“元宝亭”“金元大厦”等，仅从百姓给出的名字上就能反映出这些建筑的外观特点，揭示出设计者所要表现的立意与追求。当这些建筑矗立于一个城市的显著位置，成为城市地标的时候，展示出来的是对金钱赤裸裸的崇拜。

对权利的彰显。大体量、大规模是一些奇怪建筑的显著特点。陕西宝鸡法门寺的“舍利塔”确实让人看着很奇怪：148 米的巨大体量，张扬取代了平和；14 万平方米的大广场，霸气取代了朴实。在千年的佛教圣地，在一个以农业为主的小县城，如此离经叛道的设计效果，明眼人一看便知，没有权力的参与是根本不可能做到的。

美国著名建筑理论家伊利尔・沙里宁就有过一句名言：“让我看看你的城市，我就能说出城市居民在文化上追求的是什么”。由于历史环境不同，中西建筑也形成了不同的文化倾向：西方比较注重功能和外观，把“实用、坚固、美观”作为建造活动的基本，也留下了以帕提农神庙为代表、历经千年而不倒的众多建筑典范；中国历史上比较注重规范，把“阴阳之枢纽，人伦之轨模”视为了建造的遵循，像平遥和北京留下的古城，规划建造过程无不中规中矩。但是，在“奇怪建筑”中，我们既看不见西方的影子，也看不到东方的风格，完全是一种不伦不类的感觉。在一定程度上说，这是一些既没有文化根基，也谈不上文化涵养的东西。

高昂的投资，特殊的地位，决定了这些建筑的寿命绝不会短。我们的后代也会通过这些建筑，分析祖先为什么要建造这些建筑？在“文化上追求的是什么？”可能也会感到很奇怪！

32　最丑建筑降低城市品位

截至2012年，国内最丑建筑评选已举办了三届。网友提名、线下调查、网络投票、专家评审、媒体公布，环环相扣，已经成为民间评价建筑业的一个重要渠道。在我看来，这是社会关注建筑界，试图从民意的角度影响建筑业的表现，也是建筑行业融入社会，接受社会检验的结果，是社会进步到一定程度的必然，有助于建筑界从房屋建设者向文化建设者的整体提升。

朴素真实是民间行为的最大优势，但是，由于缺乏专业积淀，也难免带有说理不足的弱点。仔细审视那些最丑建筑，突出的印象是外形怪异，但是，评选理由却简单到只有一句话，甚至只有几个字，很难回答最丑建筑丑在哪里的社会疑问，更无法证明这些建筑给中国城市带来了怎样的影响。

要想做出准确回答并不是件容易的事，需要仔细分析最丑建筑的基本情况，寻找其中的共同性问题。我发现，这些建筑多集中于经济发达地区，动用资金量都很大，具有“地标”效果，属于那些“不差钱”地区或单位的大手笔，其影响力足以波及整座城市。其次，这些建筑基本上没有考虑节能减排的问题，不管是通体上下的异型结构，还是极富表现力的外挂式玻璃幕墙，华丽的造型都是建立在高耗能基础上的。再次，这些建筑都有着离经叛道的外观造型，将给人以视觉刺激作为基本的设计追求，猎奇远远大于实用。于是，这些建筑最明显的效果是怪异，好像从没有考虑社会或民众的感受，自然也难以被民众接纳。

这种情况在国外建筑界也不少见。1889年建造的埃菲尔铁塔也曾引来过不少反对之声，理由是外形高大突兀，给人以压迫感。的确，这座高达300多米的庞然大物，确实在巴黎市区鹤立鸡群。但是，在后来的日子里，人们仔细观察这座巨型的钢架镂空建筑，逐渐发现了设计者的智慧与深刻：塔身用了1万多吨钢材，平均的地面压强却只有一个普通成年人坐在椅子上那么大；铁塔用了250万个铆钉，将1.8万个钢铁构建准确连接，尽显精确计算的神力。更为重要的是，联系1851年英国人建造的钢结构“水晶宫”，1883年美国人建造的布鲁克林钢索大桥，人们还发现了埃菲尔铁塔与钢铁时代之间的紧密联系，足以进入当时世界高水平建筑的行列。这一点无疑是让法兰西民族最为欢欣鼓舞的。也就是说，建筑不只是空间形式，还在形式中承载着某种内涵。鉴别建筑美丑，内涵往往比形式更重要。

其实，那些最丑建筑也绝不只是形式怪异的问题，更重要的还在于脱离设计常规而导致的种种荒诞——

与功能脱节的设计。实用是建筑的基本功能，也是建筑设计围绕的核心。但是，为了实现形式上的突兀离奇，设计者只能采取各种手段，将本应横平竖直的建筑主体怪异化处理，倾斜的央视大楼、杂乱堆积的合肥美术馆（图32-1）、头重脚轻的武汉明珠豪生大酒店就是这样被设计出来的。当然，要达到这种反常规效果，必然会有反常规的造价，几十亿造一座楼的天价工程，就是这样成为现实的。可以说，老百姓不能接受的不只是这些建筑的外形，还在于这些建筑的巨额花费。

图32-1 合肥美术馆

与信仰背离的设计。这一点主要体现在那些与宗教有关的建筑上。宗教是信仰的集中体现，具有神圣的精神指向。因而，宗教建筑也不能等闲视之，外观造型、材料选择和施工过程都有着严格的讲究。然而，为了追求视觉冲击，那些最丑建筑无视宗教的基本教义，用世俗观念强加宗教，建造出了陕西宝鸡法门寺合十舍利塔、石家庄鹿泉灵山的“元宝塔”。前者双手握塔的造型，与佛教遁入空门、领悟真空的宗旨相悖；后者公然用元宝的造型堆积成塔，对照佛教“不贪婪”的基本戒律，真有点胆大妄为的意思了。如此的设计不要说僧众们难以接受，普通百姓也会心生异样。

与金钱联姻的设计。将“显富”作为设计主题，是最丑建筑的又一创意。这里分为两种情况：一种是直接“显富”。沈阳闹市区的方圆大厦堪称代表，高达 99.75 米的建筑，正立面做成“古钱币”状，“外圆”和“中方”部位镶嵌成金色，显得非常有“钱”。一种是间接“显富”。吉林广电中心大楼，高度只有 115 米，但是，“变形金刚”的造型明显增加了工程的难度，总造价也高达 5.5 亿。

这样看来，最丑建筑不仅仅挑战着百姓的视觉，更挑战着百姓的价值观念。勤劳务实、崇祖敬天和重义轻利，这些美德千年流传，已经在不知不觉中凝聚成为中华民族的文化生态。最丑建筑的设计和审批者们显然没有觉悟到这一点。于是，尽管有名人担纲，有巨资保障，这些建筑还是与中华文化的大环境格格不入。也就是说，把这样的建筑评为“最丑”，既是百姓对那些怪异建筑的表态，也是对当地历史文脉的一种捍卫。

民众的觉悟，呼唤着对城市建设进行文化质量方面的认证。为了保障城市的建设质量，我们制定过施工管理方面的规范；为了城市的健康发展，我们制定过节能减排方面的标准；我们也应该有一个城市规划和建筑设计文化质量方面的认证体系，以保障我们城市的中国品位。

33 后现代主义建筑在中国
——以鸟巢、水立方和央视新大楼为例

2008年8月，中国奥运，惊艳世界，与此同时，中国的奥运建筑也引起了世人的广泛瞩目。自申奥成功以来，在北京乃至整个中国掀起的奥运建筑热，在社会上引起过不少的议论。北京作家曾哲在完成长篇纪实文学《觉建筑·奥运2008》后，曾专门撰文指出：“中国的建筑业正处在一个急剧动荡急剧变化的时代，几乎所有的世界建筑观念，在成熟发展变化了数百年后，差不多在一夜之间涌进了中国。被北京奥运建筑的这一机会，推演到了极致。”北京这座有着数百年历史的都城，在短短几年之内迅速出现了一批“后现代”建筑，在改变城市面貌的同时，也隐隐显示着中国建筑的走向。与此同时，建筑界代表性的学术刊物上也发表了不少这方面的文章，可以说，社会各界对建筑的关注，从来没有达到这样的程度。本文试图从建筑文化的角度，以后现代美学为切入点，对这一时期几座代表性的建筑做些解读。

1）后现代主义背景

后现代主义兴起于20世纪50年代末60年代初，代表人物有法国的利奥塔和美国的詹姆逊。后现代美学是这一时期重要的美学流派，其特征在美国学者道格拉斯·凯尔纳和斯蒂文·贝斯特在合著的《后现代理论》中有经典的总结：“艺术形式已经扩散到了一切商品和客体之中，以至于从现在起所有的东西都成了一种美学符号。所有的美学符号共存于一个互不相干的情景中，审美判断已不再可能。”与传统美学比较，后现代美学反对美对生活的依赖，

反对理性，鼓吹本能，更加看重审美的作用。它主要采取拼贴，隐喻的艺术手法对各种美学符号进行重组，达到丧失主体，解构结构，耗散意义，冲淡历史的目的，使人们在审美过程中不再依靠思维的坐标，完全沉浸在感官的视听刺激上，从而使艺术审美走向多样化。

后现代建筑是对20世纪60年代以来一切背离现代主义建筑的总称。以文丘里，格雷夫斯和约翰逊为代表。在尊重历史的名义下，后现代大师们重新提倡建筑设计的复古和折衷，在技术处理上主张将互不相容的建筑元素进行不分主次的二元并列和矛盾共处，即在建筑中追求信息的复杂性和矛盾性，突破建筑的惯常做法。正如有的学者所总结的那样从实质上看，后现代主义建筑是一种忽视形象与功能相联系的形式主义的设计。

2）代表性建筑解读

（1）“鸟巢”

国家体育场（“鸟巢”）是2008年北京奥运会主体育场。这一巨型体育场的设计是由2001年国际建筑界“普利茨克”奖获得者瑞士建筑师赫尔佐格和迪穆龙与中国建筑师李兴刚等合作完成的。设计者们对这个场馆几乎没有做装饰性处理而是把结构暴露在外，自然形成了建筑的外观（图33-1）。从外部看，灰色富有韵律感的钢网覆以透明的膜材料，就仿佛是由若干树枝织成的鸟巢。“鸟巢”，象征着“回归家园”，有助于使来自世界各国的运动员找到归属，同时它又是一个孕育奇迹的“摇篮”，寄托着人类对理想的追求，对未来的希望。2009年，在世界十年十大建筑的评选活动中，“鸟巢”名列第一。

就建筑单体而言，“鸟巢”的建筑魅力主要在其精致的反向双曲线钢结构与为光影变幻搭建展示平台的双层膜结构，前者将现代工业社会最受推崇的建筑材料——钢材的性能优势发挥得淋漓尽致，后者则为后工业时代涌现出的新型环保建筑材料ETFE（乙烯－四氟乙烯共聚物）透明箔片膜作为巨型体育场的主要建筑材料开创了先河。钢材是人类进入工业社会创造出的最佳建筑材料，具有公认的高可塑性，优异的抗压性及抗拉性，而备受现代建筑大师们的青睐：从19世纪末出现在英国的用钢铰架与玻璃建造的“水晶宫”

图 33-1　国家体育场“鸟巢”

（crystal palace）展览馆，到 20 世纪之初的世界最高建筑——巴黎埃菲尔铁塔，再到首次用纵向钢桁架代替石材建造的乔治·华盛顿大桥……这些世界著名的建筑无一例外都是用钢材制成拉杆和压杆，再铰接成花样繁多的三角“桁架”（trusse）来作为抗风抗震的坚固结构。而“鸟巢”的创新之处就在于：从材料上讲，在受力最大的 6 个部位，使用了一种由中国自主研发的高强抗剪力钢材 Q460。从结构上讲，设计没有采用传统的三角桁架，也没有使用一根立柱，而是主要由巨大的门式钢架组成，共有 24 根桁架柱，顶面呈鞍形，长轴为 332.3 米，短轴为 296.4 米，最高点高度为 68.5 米，最低点高度为 42.8 米。在这里，中国传统文化中镂空的手法、“哥窑”瓷的纹路，将中国元素与钢结构设计巧妙结合。从工艺上讲，设计采用的多点无模成形弯扭构件，无规律的扭曲，顶部实现高空合龙，在三维空间中确定构件接口的位置，误差要求不超过 3 毫米，所有这一切都在中国科研人员和技工的手中得以完美呈现，成为我国钢结构建筑的里程碑。

此外，“鸟巢”的内部设计也体现出后现代的美学要素——人性化。从视觉上讲，连成整体的碗状坐席环抱赛场，上下层之间错落有致，无论观众坐在哪个位置，和赛场中心点之间都保持 140 米左右的最佳观赛视距。从听觉上讲，“鸟巢”的下层膜采用的吸声膜材料、钢结构构件上设置的吸声材料，以及场内使用的电声扩音系统，这三层“特殊装置”使内部的语音清晰度指标指数达到0.6，保证了坐在任何位置的观众都能清晰地收听到广播。从皮肤感觉上讲，“鸟巢”的相关设计师们运用流体力学设计出自然通风系统，让所有观众都能享有同样的自然光和自然风。在“鸟巢”的观众席里，还有为残障人士设置了200多个轮椅坐席。这些车轮椅坐席比普通坐席稍高，保证残障人士和普通观众有一样的视野。

作为单体建筑，“鸟巢”的设计无疑是成功的，但如果结合建筑环境来看，“鸟巢”的选址就显得不合适了。首先，它位于老北京城中轴线北部的延长线上，在中国传统文化中，中轴线具有近乎神圣的文化地位，将体育场馆这样的建筑摆在这条线上，颇有些荒诞和调侃的味道了。另外，从大前门至景山近八公里的范围内，是风格统一的中国传统宫殿建筑，续上后现代风格的“鸟巢”，从城市风格的整体性来看显然是不合适的。其次，北京属于北温带内陆季风气候，在冬天呼啸的北风中，“鸟巢”是一个巨大冰冷的钢铁建筑；夏天，大面积的钢结构会反光并大量吸热，“鸟巢”又会成为一个影响周围市民正常活动的耀眼的巨大火炉。春旱时节，在无孔不入的沙尘面前，复杂的覆膜钢结构会由于难以清理而失去光彩。

（2）“水立方”

国家游泳中心“水立方”，建设规模约8万平方米，该设计是采用经全球设计竞赛产生的“水的立方”（$[H_2O]^3$）设计方案，融建筑设计与结构设计于一体，与国家体育场“鸟巢”只有一路之隔，一方一圆，形成了一种微妙的关系（图33-2）。这是由中国建筑工程总公司、澳大利亚PTW建筑师事务所、ARUP澳大利亚有限公司联合设计的，其中中方设计者为中建国际（深圳）设计顾问有限公司总裁、总建筑师赵小钧、总工程师毛红卫，PTW建筑事务所的两名主设计师为约翰保林（John Pauline）与托比·王（Toby Wong）。

在中国传统文化里，水属五行之一，是一种重要的自然元素。中国北方的城市大部分是缺水的，所以水很容易激发人们欢乐的情绪。设计者将作品取名“水立方”，正是希望它能激发人们的灵感和热情，丰富人们的生活，并为人们提供一个美好记忆的载体。为达此目的，设计者将水的概念深化，利

图 33-2　国家游泳中心“水立方”

用其独特的微观结构，在建筑外观上布满了酷似水分子结构的几何形状气枕，使其轮廓和外观变得柔和，具有奇特的视觉效果。可以说，“水立方”是又一座将中国传统文化元素与现代科技文明并置的奥运建筑，设计师将人们惯性思维中液态的水进行解构，以水分子的形式作为一种美学符号，再按照中国传统的“天圆地方”的理念进行再次拼接后呈现在大众面前。

“水立方”是一个 177 米 ×177 米的方形建筑，高 31 米，地下及基础部分是做过防渗处理的钢箭混凝土构地上部分是钢网架，钢结构与钢筋混凝土结构中的钢筋通过焊接连接，共同形成了一个立方体的笼子。屋面上，镶嵌、固定一块块充气枕的是槽形的钢构件，又宽又厚的钢构件与“水立方”四壁的钢网架焊接为一体，支撑着整个屋顶。正是靠着优越的结构形式和良好的整体性，“水立方”拥有了“过硬的身体”，达到了 8 级抗震烈度的标准。北京的夏季多雷雨天气，这些钢构件的作用更是非同小可，它们一方面作为天沟，收集、排除屋面的雨水；同时又充当了接闪器，及时将雷电流引到“笼式避雷网”，足以保护整个建筑物的安全，既经济美观又安全可靠。

不过“水立方”的亮点还是在特有的外膜结构上。膜结构建筑是 21 世纪最具代表性的一种全新的建筑形式，至今已成为大跨度空间建筑的主要形式之一。它集建筑学、结构力学、精细化工、材料米科学为一体，建造出具有标志性的空间结构形式，不仅体现出结构的力量美，还可以充分表现出建筑师的构思，营造出自由多样的建筑空间。“水立方”采用的 ETFE 膜恰当地表现了“水”的外观设计，赋予了建筑冰晶状的外貌，看上去就像一个蓝色的水盒子，而墙面就像一团无规则的泡泡。ETFE 膜，又名乙烯－四氟乙烯共聚物，是一种新型研发的透明膜，属轻质建筑材料，仅有 2.4 毫米厚，质量只有同等大小玻璃的 1%，韧性好，具有特殊的热学性能和透光性，可以调节室内环境（各季保温，夏季散热，还能为场馆内带来更多的自然光，万一出现破洞，只需打上补丁，就可以做到自行愈合。同时由于自身的绝水性，它可以利用自然雨水完成自身清洁，是一种新兴的环保材料。“水立方”由 3000 多个大小不一、形状各异气枕组成，覆盖面积达到 10 万平方米，是目前世界上规模最大的膜结构工程，也是世界上唯一完全由膜结构来进行全封闭的大型公共建筑。

此外，“水立方”还体现了后现代主义美学中“绿色设计”的理念，拥有许多环保节能的特点。例如：组织自然通风来减少空调用电量，开发雨水收集系统与循环水系统来节约水资源，应用透光性膜材料来延长采用自然采光时间，收集余热来调节水温，这些都为国家游泳中心增添了低碳气息。

不过，从理论上讲，“水立方”的美却始终笼罩着一层西方色彩，是以西方的思维与审美习惯来解读中国的传统元素。在中国人眼里，水是感性的，以自然之态取胜。这一点从中国传统园林的理水之法便可看出——或聚水为塘，呈江河蜿蜒之势；或分水为溪，呈曲水萦回之态。在中国人看来，水是一种灵动的存在。而“水立方”对水的诠释则完全是仪器中的效果，带有很强的理性色彩，多了几分机械，少了些许诗意。因此，中国人看“水立方”获得更多的是新鲜感，而不是归属感，自然也谈不上民族自豪感了。

（3）央视新大楼

近几年，在北京拔地而起的众多建筑中，由荷兰大都会建筑事务所首席设计师库哈斯担纲的央视大楼是最为典型的后现代主义建筑，也是最具争议的建筑。奥运期间，它虽然不是奥运场馆，但新异突兀的外形引起世人瞩目的程度绝不在“鸟巢”和“水立方”之下。

央视新大楼位于北京的东三环，CBD 区内，是北京目前最繁华的地段。

单体建筑面积为47万平方米，主楼屋顶最高处标高234米，作为办公大楼其规模在世界上仅次于美国五角大楼（图33-3）。主楼由两栋反“Z”字塔楼交叉缠绕构成，塔楼由悬臂结构连接，离地面160米——塔楼连接部分的结构借鉴了桥梁建筑技术，不同的是，这个“桥”的某些部分足有14层楼高，桥上还包括一段伸出75米的悬臂，前端没有任何支撑。地上52层、地下3层，设10层裙楼，主楼的两座塔楼双向内倾斜达到令人惊异的6°，已经远远超过了比萨斜塔的55°倾斜。建筑外部由约3万块菱形玻璃窗与疏密相间的菱形钢网格结合而成，从而会让人们失去视觉平衡的坐标系，造成一种错觉，即无论从哪个角度看，新央视大楼都是倾斜的，而事实上它却以中心对称的形式达到了力的平衡，是很安全的。作为大楼主体架构，这些钢网格没有像大多数建筑那样深藏其中，而是直接地暴露在建筑最外面，凸显后现代建筑崇尚力量、速度之美的未来主义的审美趣味。

图33-3　央视新大楼

建筑设计者库哈斯认为，人们通常认为摩天大楼就应该高耸入云，而他的设计无疑是对这种观念的一次挑战。美国《时代》周刊评选出2007年世界十大建筑奇迹，新央视大楼名列其中。去年，建筑评论家英格·萨弗容指出，“库哈斯的设计传达的信息非常具有震慑力，想想看，大楼顶部的横结构悬在离地面那么高的架子上，再加上整个建筑庞大的占地面积，CCTV大楼时刻在提醒你是多么渺小，而它背后代表的这个国家是多么强大。”（美国《华尔街日报》）当年曾担任 CCTV 大楼设计竞赛评委的香港建筑师严迅奇说，起初他对这个“极其疯狂的设计方案”持相当保留的态度，但到后来，他感觉这个设计能代表“某种精神，这种精神也正是中国在新时期展现出来的东西：不惧权威，敢于尝试，无所畏惧，高度自信”。

但是，高达 50 亿人民币的工程造价无疑是奢侈的，与中国的发展中国家身份不相符合。其次，由钢铁与玻璃组成的“空中楼阁”，扭曲夸张的造型给人们带来的是异样的视觉冲击，容易产生不稳定和不安全感，如果说要用这种“时尚”的建筑来吸引眼球，产生广告效应，形成地标影响倒也无可厚非，然而，与中央电视台的社会形象却是背道而驰的。最后，与西方世界如潮好评形成对比的是，中国的民众，尤其是北京市的广大市民对央视新大楼却不以为然，因为这栋建筑是以西方的审美思路设计建造的，其中所承载的中国元素十分有限，所以得不到中国老百姓的审美认同也就在所难免了。

3）文化反思

欧洲人比较看重建筑的艺术气质，日韩等国家和地区更加注意建筑的人文精神，而我们在很长的时间里将建筑归属于理工学科。因此，以往我们对建筑的评价也通常只是着眼于一些客观的物理性质，很少涉及建筑的其他属性。但是，随着东西方文化交流的日益频繁，人们已经开始逐渐重视建筑的精神内涵，从建筑的文化属性层面去评判好坏美丑。于是，建筑就不再是简单的房子，而是一种综合性的文化载体。解读中国奥运场馆设计，我们不难看出建筑师的注意力主要集中在建筑“冰冷的”的功能与形式上，当地民众的文化习俗，审美喜好等本土的要素只是陪衬与点缀。于是，由于缺乏鲜明的地域特征，这些场馆尽管十分精致，但也因为脱离环境而显得突兀，犹如教学中使用的建筑模型。

1964 年，第 18 届奥运会在东京举行，其主要的场馆完全由日本设计师担纲。由丹下健三设计的代代木国力综合体育馆（图 33-4），“建筑采用了令人惊叹的帐篷式屋顶，其中的一座屋顶，其缆索一端支撑在雕塑一样的高塔

（位置偏离正中央）上，另一端固定在体育馆的墙上”，从形式上看，这也是一座具有后现代味道的建筑，但绝不是西方建筑风格的移植，其中更多的要素来自于本土。从屋顶造型和选料上看，这样的设计显然是出于对东京夏季多雨，地震相对频繁的考虑。从文化氛围上讲，场馆主体造型具有极强的运动感，却不是对当时盛行的西方建筑因袭。尤其醒目的是，日本传统建筑符号用在了主建筑的屋顶部分，奠定了该建筑的基本文化精神。

图 33-4　日本代代木体育馆

奥运会已经过去，奥运建筑却作为标志保留了下来。奥运会上，从颁奖音乐到礼仪服饰，我们在每一个细节上都在努力地展示传统的美。相比之下，有着巨大体量的建筑却逊色了许多。不好说这种着眼于当下的做法是否与某种狭隘有关，但是，面对全球变暖的危机，重新审视那些由钢铁打造的金属建筑，一种为它们在“低碳浪潮”中是否会被淘汰的担心又会油然而生。应当承认，由于太专注于当下效果，近年来中国人显得功利而且浮躁，甚至于将继承文化传统、对后世子孙负责这样一些思路都视为缺乏魄力而加以否定。于是，每一次建设都会将时尚作为标尺，而将文化当成陪衬，直接导致了建筑的随意和城市规划的混乱。历史证明，找回自己的文化坐标，恢复民族的审美自信，是一件比建筑本身更加重要的事情。

34　建筑与灰霾

2013 新年伊始，灰霾天气成了一个热点话题，不仅国内各大媒体在连续报道，国外的反应也十分强烈。美国《纽约时报》元月 13 日将北京城形容为“机场里的吸烟区”，德国《明镜》周刊更直指“北京是世界上最脏的城市之一”。

记者的语言是结论性的，专业数据则更加让人触目惊心。根据美国环境保护局（EPA）的规定，空气质量指数（AQI）高于 100 就是“不健康”，超过 400 就会被评为“危险”，而 1 月 12 日北京的 AQI 达到了 755。1 月 4 日至 1 月 13 日，西安连续 10 天出现污染，其中中度污染 1 天、重度污染 4 天、严重污染 5 天，严重污染期间 AQI 达到了 900！

人们急于想找到造成这种情况的原因，并首先想到的就是机动车。从全国范围看，与 80 年代相比，中国机动车保有量增加 24 倍，排放总量增加 12 倍。由于排放标准的日益严格，机动车排放总量是得到很大程度抑制的，并没有随着保有量的快速增长而线性增长。其次想到的是冬季的采暖排放，但是，采暖并不是近几年才有，而是由来已经，十几年前北方冬季晴空万里的天气并不少见。科学家开始从地理环境上找原因，将封闭的“盆地效应”视为一些地区的污染原因，但是，在确定的几处污染严重地区中，除了四川和关中属于盆地，黄淮海、长江河谷和珠江三角洲地区均属于平原。

在我看来，出现如此高浓度、大面积的灰霾天气，除了以上这些因素，建筑的贡献率也决不能忽视。因为，建筑是当今城市环境中体量最大、数量最多，足以在大面积的覆盖中形成小气候，影响城市空气的流动与温度变化，成为左右城市环境不可忽视的因素（图 34-1）。

图 34-1　高层建筑群

在中华建筑文化的语境中，影响人居环境的主要因素是“气”。晋人郭璞就有“夫阴阳之气，噫而为风，升而为云，降而为雨，行乎地中为生气”的说法。意思是说，冷暖阴晴、高低干湿等自然现象，都可以造成空气的流动，或上升为云，或下降为雨，形成大气环流。天地间的生命就是在这样的循环中获得孕育，得到生长的。值得注意的是，古人没有测量仪器和各种实验，却深谙空气流动对天气的影响——既可以引发水汽的凝结产生降水，也可以造成地面与高空之间的热量和水汽的交换。这样的经验总结完全与当今热空气上升的气象学原理不谋而合。要知道，恰恰是不断上升的热空气形成了大气环流，在造成风霜雨雪的同时，也带走了地面上的各种污浊之气。

然而，近些年的城市建设，在改变着我们城市空间形态的同时，也极大地改变着城市周边的大气环流，形成逆自然化的城市生态——

首先，高低错落的楼宇形成屏障，从各种角度阻挡流经城区的地面风，使城市的风速明显低于郊区。这种情况被业内称之为城市静风现象，可以直接造成外来风裹挟的各种污染物在城市集聚沉降，也可以在更大范围内形成城市静风地带，无法将环境中漂浮的污染物稀释与外散。

其次，城市逆温现象的形成。钢筋水泥是现代建筑的基本材料，固然很坚固，但是保温差。据测算，每平方米钢筋混凝土的导热系数是同等数量土质的两倍多！这种情况反映到建筑上，便出现了用钢筋混凝土做出来的建筑，因为蓄热性不好而冬则冷、夏则热。密集的建筑已经把城市变成了“水泥森林”，越变越宽的道路更是将城市硬质化。这种由钢筋水泥浇筑起来的城市，坚固而冷硬，彻底改变了城市地面原有的保温性，导致城市逆温，形成城市热岛。这种现象，破坏了热空气上升的自然规律，使城市中的地面空气无法与高空之间形成环流，污染物滞留在低空，形成灰霾。

再次，过度建设带来空气中悬浮颗粒物激增。事实证明，树木具有很好的杀菌作用，数量的多少会直接影响空气的质量。另外，树木在各种植物中减尘作用最为明显，不仅树冠上的叶面系统具有吸附尘埃的作用，树冠形成的地面覆盖同样具有阻滞空气尘埃流动的作用。由于大规模的土木工程既可以改变城市形象，也可以带动地方经济，增加就业，不少城市将建筑业视为“抓手”。于是，不管大小城市，每年都有数以千计的建筑项目在动工，也造就了数以千计的扬尘点。

建筑堆积形成的静风现象，使城市失去了水平驱散能力；逆温层的形成，破坏了城市热空气上升的环流通道。于是，城市的自然排污能力遭到破坏，成了一个人为的封闭空间。城市中大量裸露的建筑工地，不管是干粉材料还是无遮拦的建筑主体，都会催生出大量浮尘。这样看来，汽车尾气和冬季采暖只是造成城市灰霾天气的子因，过量的建筑堆积改变了城市的大环境才是形成城市灰霾的主因（图 34-2）。污染源是可以治理的，而大环境的质变则是灾难性的。

图 34-2　雾霾

过量的建筑对城市来说并不是件好事情。20 世纪西方提出的“田园都市”“森林城市”，并不是理论工作者的突发奇想，而是从“伦敦烟雾事件”“洛杉矶光化学烟雾”中汲取教训的结果。这样看来，当今中国要避免粗犷式的城市化，既应当吸取西方当年的教训，也不能忘记祖先留下的营造智慧。这样建设出来的城市才是安全的，才可能“让生活更美好”。

35　雾霾再来袭

“十一”长假期间，北方一些城市的雾霾再次猖獗起来（图 35-1）。10 月 1 日，西安的 PM2.5 是 422；10 月号和 7 号，北京的 PM2.5 分别是 293 和 374，属于严重污染！雾霾的主要成分是二氧化硫、氮氧化物和可吸入颗粒物，尤其是大气中直径小于或等于 2.5 微米的颗粒物，直径虽小，却含有大量的有毒成分，可以直接入肺，是造成癌症的重要原因。

图 35-1　雾霾再来袭

与往年比较，今年的雾霾来得早，来得突然。所谓早，是指中秋刚过，树叶尚在，采暖还没开始；所谓突然，是指没有任何前期征兆，空气中的污染物就陡然成倍增加。这些情况说明，我们城市自身的降污能力已经非常之弱。

那么，到底是什么原因让中国的城市环境脆弱到这种地步，我不想就事论事，而是想从历史中试做探寻。

60 多年前，为了恢复战争创伤，大中城市曾经被定性为“生产中心”，除了大量关乎民生的轻工企业，钢铁、发电、化工等重工业也纷纷向城市集中，一派烟囱林立的景象。50 多年前，为了凸显阶级属性，城市的政治化倾向更加明显，重要的政府机构集中在这里，办公大楼不仅是当地的典范工程，外形上也都保持着高度统一。30 多年前，城市成为了淘金者的乐园，资本在运转中增值的规律成为推动城市建设的无形之手，在缔造一个个建筑奇迹的同时，也带来了中国城市的日新月异。10 多年前，和国际接轨成为城市建设的追求，几次大型国际活动的筹备，不仅给城市增添了不少形状怪异的建筑，“高层化”也成为了当时城市建设的共同追求。“中国城市成了外国建筑师怪念头的试验场”，就是业内人士对这种情况的总结。

回顾历史不难看出，中国城市建设有以下几个特点：

首先，带有一定的随意性。如何规划，如何建设，时而受政治的左右，时而受经济的影响，时而被重大事件冲击。中国城市建设的根本性定位到底是什么？西方的建设模式是否适合本国实际？怎样避免城市化可能带来的负面影响等问题都没有深入研究，更没有明确的答案。在这样的背景上，城市建设难免“摸着石头过河”。

其次，城市与自然的距离越来越远。这里所说的远离自然，既包括密集的建设项目对城市花草树木的大面积蚕食，也包括城市扩张对周边农田的大面积侵占，城市在消灭农村的同时也在消灭着绿色。这种以建筑为主体的城市化，使城市在很短的时间里就褪去了自然的肌理，变成了水泥森林。

其实，最明显的还是对传统建筑文化的背离。城市是人造的“第二自然”，怎样建设完全由人来决定。于是，决策者的思想境界，设计者的文化修养，社会的文明程度等因素都会在城市建设上有所体现。近年来，中国的城市一直在以超速度和超规模发展，谱写出一个个“人定胜天”的新篇章。在我看来，这种热情有余的建设思路既无视了自然，也背离了传统。因为，在中国历史上，“因天材，就地利”历来是城市建设的基本准则，这里有“象天法地”的规划建设原则，有“因地制宜”的取材途径，有“虽由人作，宛自天开”的效果追求，有“物有天然之趣”的制作工艺等，都在强调对自然的尊重。这是中华祖先在千百年营造过程中总结的大智慧，也是中华建筑所以久远不衰的原因所在，具有明显的普世价值。宋人刘过确实在《龙洲集·襄央歌》中说过“人定兮胜天”的话，其中“人定”和“胜天”是并列关系。意思是“人要安守自己的本分，才可能赢得天的庇护”，与中国历史上“天人合一”，尊重自然的传统一脉相承，并没有教人们去蔑视自然的意思。

从国内外的建设实际情况看，城市发展未必都必然地要带来环境污染——20 世纪 40 年代美国有两座城市发生了有毒烟雾事件，而邻国加拿大却没有类似事情发生；50 年代伦敦也发生过雾霾毒死人的事情，一衣带水的法国并没有重蹈覆辙；2013 年在北京重度污染的那些日子里，两百公里外的承德依然是碧水蓝天……城市的生态环境如何，决定于城市建设与城市承受能力之间的关系，各种环境灾难都是过量建设以至于超过城市承受能力的后果。这一点已经成为亘古不变的真理，理应成为今天城市建设遵循的终极标准。

增加城市的自然本色是获得良好环境的有效途径。从 20 世纪开始，吸取前人的教训，“绿色”就成为一些国家城市建设的基本准则：50 年代末，由牛津大学担纲的大伦敦城市规划，就制定了以林带控制城市发展的“绿带”计划；莫斯科在战后建设中也是绿色先行，除了公路两旁，城市边沿更是种植了大片树木，形成森林包围城市的态势；被视为世界第一城的纽约尽管有高楼林立，城市周边的茂密林地也是一道重要的生态屏障；作为北京近邻的承德所以没有被雾霾侵害，也肯定与当地 55% 的林地覆盖率有直接关系。

总之，恢复城市的自然属性，是中国城市走出雾霾的决定因素，也是城市获得可持续发展的根本保障。

36 延续古城墙的历史真实性

在中国，城墙的重要性怎么评价都不为过。《周礼·考工记》中“匠人营国，方九里，旁三门”的记载，不仅指出了建造城墙的规制，还奠定了“圣人以礼示之，故天下国家可得而正也”的立国之本，为礼仪之邦的建立打下了基础。《吴越春秋》中“筑城以卫君，造郭以守民”的文字，更将城墙的重要性提升到国家的高度。深谙造城与治国关系的朱元璋，在建立明王朝的“九字真经”中也把“高筑墙”放在了首位。可以说，古城墙承载着营造、礼制、安邦治国方面的深厚传统。

与古村落或单体建筑可以自然消亡不同，古城墙的消亡几乎全是人为破坏。截至 2014 年，入选国家历史文化名城的 122 座城市中，只有西安和平遥等几座城市还保留着古城墙，其他均处于有“城”而无“墙”的状态。20 世纪末，平遥入选“世界文化遗产”，联合国教科文组织在评语中特别强调，这座城市是汉民族城市的杰出范例，“保存了其所有特征”。说明，国际社会也是将城墙作为华夏城市的基本组成，是衡量是否达到世界遗产水平的一个重要参照。

这对同样拥有古城墙的西安无疑是一个重要提示。20 世纪末的护城河清淤工程、环城公园的开放，21 世纪的顺城巷改造、城墙整体贯通，都为古城墙保护注入了正能量，使其更加古色古香的同时，也极大地增加了市民对古城墙的关注度。

近期，最冲击市民眼球的是媒体关于古城墙朝阳门里隐藏“办公楼”的报道：“去年 8 月份，西安城墙景区管委会下属的几个部门，低调地搬进城墙办公。新的办公地点位于朝阳门，南侧夯土内被掏出一个可以容纳百余人同时办公的四层空间，各种办公设施一应俱全，用‘别有洞天’来形容也毫不夸张”（图 36-1）。有关方面迅速做出“报道失实”的回应，核心理由是：该区域属于“城墙连接工程”而非“文物”；这段工程没有破坏城墙的完整性。

图 36-1　朝阳门

“朝阳门”位于古城墙的东部，原来为长达百余米的豁口，1993 年，这里进行了连接，表面为砖砌，乍看上去确实与原墙体相仿佛，但以专业的眼光则会发现——

从结构上看，新建的墙体为框架钢混结构，这样做法方便施工，也给内部预留了使用空间，但是从根本上改变了原城墙的夯土砖砌结构，使实体墙变成了空心墙。

从外观上看，新建的墙体在高度和厚度上都增加了 2 米左右，使这段百来米的墙体与原来的墙体形成反差，变得很突兀。

从功能上看，新建的墙体包裹着上下四层楼，内有办公室、餐厅、排练场，总建筑面积达万余平方米。在城墙里面办公，从根本上改变了城墙的原有功能。

从古建筑的规制上看，朝阳门在古城墙上不属于主门，为了与新拓宽的入城道路衔接，新修后这里出现了主次 5 个门洞，与东西南北四个入城的主门的门洞一样多，在规制上也与古城墙不符。

这样看来，借古城墙修复加盖办公场所，既与城墙原有的历史性无关，也与城墙原有的艺术性相悖，更与古城墙的文物性质大相径庭。

古建筑修复并不是一件新鲜事，保存完整的历史信息是中外文物界的共同遵循。“原真性”一直是文物界公认的保护准则。《关于历史性纪念物修复的雅典宪章》就明确指出，文物的“修复加固工作应尽可能地隐藏起来，以保障修复后的纪念物与原有外观和特征得以保留”。《国际古迹保护与修复宪章》也强调“保护与修复古迹的目的旨在把它们既作为历史的见证，又作为艺术品予以保护”。前者强调的是外形，后者强调的是性质。按照这样的精神保护与修复古建筑，不仅外在形式上具有历史感，内容上也因保留着历史和艺术方面的真实信息而显得厚重。

波兰首都华沙是一座被二战夷为平地的城市，重建时也面临过按照前苏联的意愿，建设具有政治色彩的城市；还是按照功利者的意愿，建设商业性质城市的困惑。最终，在华沙大学师生和市民的强烈要求下，选择了遵循传统，重建一座文化城市的决定，将宗教、历史和艺术作为了城市规划和建设的宗旨，并被联合国教科文组织列入“世界遗产名录”。

除了以上回应，在城墙里办公的单位也做出了解释，比如，这样的场地设计是上个世纪遗留下来的；在搬进来之前，这里已经有单位做过办公区；在这样四面封闭的环境里办公，采光和通风都不好，“实属无奈”，等等，听起来既无辜又无奈。经过这样的解释，在古城墙里开辟办公场所对文物产生的负面影响，所应该承担的责任被大大地“稀释”了。

在古城墙中开辟办公场所，改变了城墙的历史真实性，更与文物保护的根本精神不符。在西安城墙积极申报世界文化遗产的背景下，此事的后果值得深思。

37　城市古遗址的诉说

城市中的古遗址多集中在人口密集的地方，形成了都市中有遗址，现代中有古代的特殊环境，也给城市规划建设带来了难题。

首先是传统与现代的关系难以处理。古遗址是历史的遗存，城市是现代生活的产物，现代文明与古代遗存形成反差的同时，也对古代遗存形成了巨大挑战。面对光彩照人的现代文明，古代遗存既不漂亮，也不时尚，很难与现代化都市并驾齐驱。但是，作为一座古城，古迹是不可铲除的，失去了她们，古城也就名存实亡了。于是，如何在追赶现代化的同时保留住古城的风貌，一直是历史性城市大费脑筋的事情。

其次是实用与品质关系的难以处理。在经济的刺激下，历史性城市的人口像滚雪球一样从少到多，而解决人口问题的每一个步骤，都少不了建筑，迫使历史性城市变得越来越高，面积越来越大。但是，城区内的古遗址不仅不能紧跟时代，为人们解决吃、住、行的问题，反而在高楼林立中显得相形见绌，越来越矮小，越来越缺乏色彩。这还不算，由于辈分特殊，古遗址还要固守昔日风貌，保持住“贵族”的品质。于是，城市要发展，必须大刀阔斧地重新设计空间，跟上现代的步伐；面对越来越光鲜的城市面貌，古遗址时刻都面临着品质被改变的危险。

新世纪前后，历史性城市在这方面频频出手，作了不少令世人刮目相看的大手笔：杭州、洛阳、开封、大同等城市的仿古化改造，西安古城墙的全线贯通，与此配套的还有对市区建筑高度和色彩的控制，基本形成了城区内的传统风格（图 37-1）。与此同时，遗址周边的建设性改造也一浪高过一浪。

经过这样的建设，古遗址大多成为了旅游资源，给今人带来了实惠。但

图 37-1　西安城墙

是，这并不意味着一直困扰历史城市的问题就彻底解决了。因为，在这些古遗址被开发利用的同时，大批拆迁户需要新家，进城务工人员需要新家，大批慕名而来的外地移民需要新家，而这么多的“新家”，使得城市空间只能向高大化发展。于是，传统与现代、实用与品质的矛盾反而越发显眼了。

不知道历史性城市每年为规划建设要召开多少次论证会，要派出去多少人到国外去寻找“它山之石”，要花费多少钱财购买各类专家的“点子”……在我看来，在环顾国内外的时候，也千万不要忽略了祖先的意见——作为后人，有谁能比祖先更能深刻地了解古遗址的精神实质呢？而这些可能才是我们进行古城规划和建设，制定出符合古城实际的“金科玉律”。

每一处历史遗迹都是中华文明的构成部分。以这样的立场面对城市中的古遗址，作为后人的我们应该是谦卑的，尊重的。这样才可能发现古遗址在漫长历史中得以留存的合理性，体会祖先在营造和管理中的各种智慧——

比如说，与工具理性比较，古人更加朴实，喜欢山水花草、日光月影来陪伴自己，而不太喜欢灯红酒绿、奢侈靡费的张扬与做作。于是，历史性城市在规划建设中也应当以古人的经验为本，将山水自然作为城市建设的核心价值，将朴素无华体现在城市建设中的各个环节。这样的城市是朴实无华的，却可以“风中雨中有声，日中月中有影”。

比如说，与现代社会的匆忙比较，古人是持重的，不太喜欢那种人声鼎沸的热闹，日新月异的动荡，而是通过古朴，甚至是深沉的形象来展示自己的沧桑。于是，历史性城市在规划建设中也应该与此相配，在积淀内涵上下工夫，把闹中取静作为城市规划建设的最高技巧，让现代人在抚今追昔中形成感怀。这样的城市是沉静的，却可以“桃李不言，下自成蹊”。

古遗址是历史性城市的文化基因库，城市如何规划，如何发展，都需要从这里汲取经验，发现智慧。这样，历史性城市不仅可以看得见蓝天和碧水，还可以延续中华民族的文化根脉，唤起民族的乡愁。

比如说，与现代社会的丰富比较，古人是单纯的。于是，如果说现代人喜欢用漂亮来形容自己，那么，内涵则更符合古人的身份。不同的历史经历在古遗址上打上了不同的烙印，形成了不同的素养，先秦古遗址的凝重，汉唐古遗址的多元，明清古遗址的严谨，各有千秋，特色鲜明，形成一种纯朴的美，也和现代人经过“杂取种种”后而形成的审美混乱形成对比。这样的古遗址，经历过不同时代的锻造，凝聚着不同的记忆，形成了不同的表现效果。于是，“人工渐去，天巧自成”（图37-2）。

图37-2　书院门

现代人以爱美为时尚，不管干什么事情都喜欢包装，小到服装，大到城市，甚至连养个宠物都要根据自己的喜好修饰一番。经过包装后的东西确实漂亮，赢人眼目。于是，现代人对古遗址也如法炮制，不惜花重金对其进行包装。其实，真正懂行的人都知道，美都具有个性，鲜明的个性才得以引人注目。古遗址经过千年磨砺所形成的历史印痕，就是一种不可重复的个性，是任何人通过任何手段都无法做出来的。如果说经过包装得到的是一种形式的美，那么，古遗址积淀的则是一种无言之大美，只有用心来体验，才可能有所发现，有所陶醉。

38　山西印象之：平遥古城

第一次去平遥古城，印象最深的是那里的古建民居。

作为研究者，能够进入视野并留下深刻印象，绝不是那些飞檐屋顶、砖木结构和雕梁画栋之类外在的东西，而是其中透露出来的特有气息。

中国大地上不乏古城。由于地理、民俗和时代的不同，古城的布局建造、环境设计以及所产生的实际效果也会不同，形成各自的风貌品格。由于所处的自然和人文环境不同，每个城市都生成了独有的风貌，演绎着不同的历史。用建筑专业的话说就是形成了城市的文化品质。那么，平遥这座古城又有着怎样的文化品质呢？

《辞海》对“城”的解释是：旧时为应对战争，使用土木砖石等材料建造起来用于防御的建筑，揭示了“城”这种建筑形式的基本功能是防御，也决定了“城”所承载的文化品质与战争有关。这种解释未必全面，但是却大体不错地将“城”这样一种古建形式做了基本定性。平遥古城只有 2.2 平方公里，大概就 3 千多亩的样子，有三个紫禁城大。但是这里的城墙却高达 12 米，长达 6 公里的城墙上有 3000 个垛口、72 座敌楼，用于观察敌情和射杀敌人，一座城墙就是一座人工屏障（图 38-1）。在冷兵器时代，这样的屏障大有“一夫把关、万夫莫开”之势，足以让来犯者望而却步。今天的平遥古城没有插彩旗、描颜色、挂霓虹、贴广告，按照现代人的口味弄得花枝招展，而是尽力保持着原来的模样，高耸的城门楼依然很旧，城上的墙体和地面随处可见破损的古砖，就连后来加上的一些金属造像，如弓箭手、火炮和战马也都经过做旧处理……古朴中显露着威严，将古代城墙特有的防御功能惟妙惟肖地呈现了出来。

图 38-1　平遥城墙

“乡”是生产的地方，“城”是政治的场所。这是中国古代社会城和乡的基本分工。在“普天之下莫非王土”的年代，城市是权利的象征，国家的强弱主要通过“城”来体现，以至于出现了城在则国在，城破则国亡的基本定式。“正君臣，笃父子，睦兄弟，和夫妇，设制度，立田里”（《礼记·礼运》），决定了“城”在当地的管理功能和重要地位。这种文化定位在平遥古城得到了很好体现。“县衙”处在古城的中心位置。这里的门楼谈不上高大，里面的内容却十分丰富，可谓深藏不露。“县衙”整体上坐北面南，院落的中轴线前端是审案办公的地方，后端是住所；中轴线的西面是牢狱，东面是花园。“前殿后寝”“左阳右阴”将中国历史上的建筑传统活脱脱地体现在了偌大的建筑布局中。“公生明，廉生威”，“天理国法人情”是办公区域的醒目警语，“柴米油盐酱醋茶除去神仙少不得，孝悌忠信礼仪廉无有铜钱可做来”是生活区域的匾额，显然是生活在这里人们的日常遵循。枷锁、站笼、踏杠、红鞋等刑具虽然已经锈迹斑斑，稍加联想就可以和皮开肉绽、血肉模糊、生不如死等景象联系起来，令人不寒而栗、毛骨悚然，体现了当时社会对罪犯的高压态势……行政廉明，罚恶扬善的主题无处不在，凸显着古代社会的官府文化。

在中国古代的城市文化中，“忠君”与“保民”如影随形，犹如人之两足，鸟之两翼，缺一不可。如果说县衙是代君行政，属于国家形象，那么，像“文庙”“城隍庙”则是教化民生，愉悦百姓的地方。“文庙”中的大成殿供奉着孔子像，是平遥城里最高大的建筑，从城墙上的任何一个位置都可以看见，其显赫程度超过了县衙（图 38-2）。其实，大成殿并没有“僭越”官府，与县衙的正殿一样都是五个开间，处在同一个等级上。为了突出文庙的地位，设计者有意将建筑的主体和屋顶做了放大处理——为了出檐深远，一斗三升的斗拱每个部件都扩大了尺度，显得十分粗壮；为了与屋顶协调，两侧的山墙挺拔高耸，厚度达到一米有余；屋顶为歇山式，采用了明清时崇尚的“陡如山”造型，高大而陡峭；为了与巨大的屋顶相配，主脊上的鸱吻足有两米之高……厚重、沉稳是这座建筑的主调，与一般的庙宇迥然不同。时至今日，当地人还将这里作为鼓励学子发奋向上的场所，各种考试前会有不少的应试者前来祭拜许愿。“城隍”是古代城市的保护神，为“城隍”修庙是中国古代社会的惯例，往往也是城市建设中不惜工本的地方。平遥古城里的“城隍庙”确实漂亮。这种漂亮体现在树木花草的装点上，更体现在建筑的布局和精工细作上。这里也是三进院，门楼、戏楼、主殿形成中轴，钟鼓二楼分立两侧，厢房分布四周，规整有序。精细体现在建筑的每一个环节上——几乎每一个柱础都有雕刻，位置不同，雕刻的内容也不同；主要门间上都有雀替，居中的雕刻着走兽祥云，侧间的雕刻着花草飞禽；所有的梁架斗拱、木制构件上都施有彩绘，尽管年代久远有所剥蚀暗淡，但是工艺的精湛仍然令人称赞；正殿的屋顶最引人眼目，上面铺设的彩瓦和鸱吻都施以琉璃，是古代社会的高规格，显示着这里曾经也是古城中极为经典的一处建筑群落。

图 38-2　文庙大成殿

“富室之称雄者，南则推新安，山北则推山右（山西）。山右或盐、或丝、或转贩、或窑粟，其富甚于新安。”这是明代传播甚广的一个民间总结，意思是当时中国的富有者，南有徽商，北有晋商，而且晋商超过了徽商。商业在中国古代一直处于被排挤的地位，到了明代这种状况才有所好转，出现了富甲一方的豪门大户。平遥是“晋商”的重要发源地，曾以贩运食盐、丝绸和粮食为业。随着流通的需要，出现了专门经营汇兑业务的金融机构：票号，类似于今天的银行。19 世纪 40 年代，票号的业务扩展到了全国许多地方，直至到了日本、新加坡、俄罗斯等国家。最早的票号“日升昌”原址现在成为了“中国票号博物馆”。为了真实地再现当时的历史，大院里依然保持着原来的样子，前院有柜台，后院有按照身份高低建造的住房，没有张灯结彩，没有货品兜售，建筑依旧，家具依旧，连当时使用的桌椅、土炕、算盘、毛笔、油灯、灶台和风箱都原封不动地摆放着，使人不由得联想到当年的生活情境。

“平遥古城是中国境内保存最为完整的一座古代县城，是中国汉民族城市在明清时期的杰出范例，在中国历史的发展中，为人们展示了一幅非同寻常的文化、社会、经济及宗教发展的完整画卷。”这是世界遗产委员会给予的评价。看来，这些评审官员当年来平遥不是走马看花，而是在身临其境中，从城墙、衙府、文庙、商号等保存完好的建筑上，从这些场所依然如故的氛围中，真切地感到了汉民族在抵御强敌、管理社会、凝聚民心和创造财富方面的多种智慧。这是平遥古城的文化品质，也是平遥古城的魅力所在，更是平遥古城的非同寻常之处。

截止 2012 年，由国务院审批的历史文化名城共有 118 座，占到有建制城市的 1/6，足以体现国家对历史文化名城保护的重视。但是，在众多的历史名城中，成为世界遗产的城市至今还只有平遥和丽江两座，不到总数的 2%。可见，对比国际社会对历史性城市的保护标准，我国在这方面显然还存在着很大差距。在与国际接轨的形势下，历史性城市保护不能只注重数量扩张，更应该注重质量提升。在这方面，平遥古城在历史文化保护方面的立意与做法，无疑有着很强的现实意义。

39　福岛灾难

——对中小城市生态建设的警示

福岛所以在短短的几天里就变成了无人区不是因为地震，而是因为核泄漏带来超量的放射物质，属于一次生态灾难。中小城市的生态是脆弱的，而中国中小城市的发展速度却是惊人的，在推动经济发展的同时也出现了对当地自然与人文环境的破坏，同样改变着当地的生态。福岛灾难警示我们，生态环境具有不可逆性，一旦遭到破坏不但很难恢复，而且遗患无穷。中小城市应当走特色建设、稳健发展的路子，在提升城市整体质量上下工夫，而不是攀比大城市，在盲目发展中留下生态隐患。

1）从天灾到人祸的转变

随着核污染从天空到海洋成立体之势向周边扩散，日本地震灾害的自然属性也逐渐地被核泄漏取代，带有了“人祸”的性质，其威胁也从日本扩散到了世界，成了21世纪人类面临的一次大灾难（图39-1）。

客观地说，地震和海啸并没有给福岛造成灭顶之灾。使这一地区成为世界关注焦点的是一次次电厂爆炸释放出的核物质，是成万吨被污染了的废水排放入海，以及由此而出现的半径越来越大的无人区和禁渔区。随着中国、韩国、俄罗斯在本土发现了核元素，福岛危机具有了国际性质，引起了世界的不安。更为严重的是，与战争改变某种政治结构，经济危机改变人们的生活水平比较，核污染带来的则是生态环境的改变，可以渗入大地，进入天空，潜入洋流，如影随形般地侵害生命，而且现有的科技手段统统束手无策，因

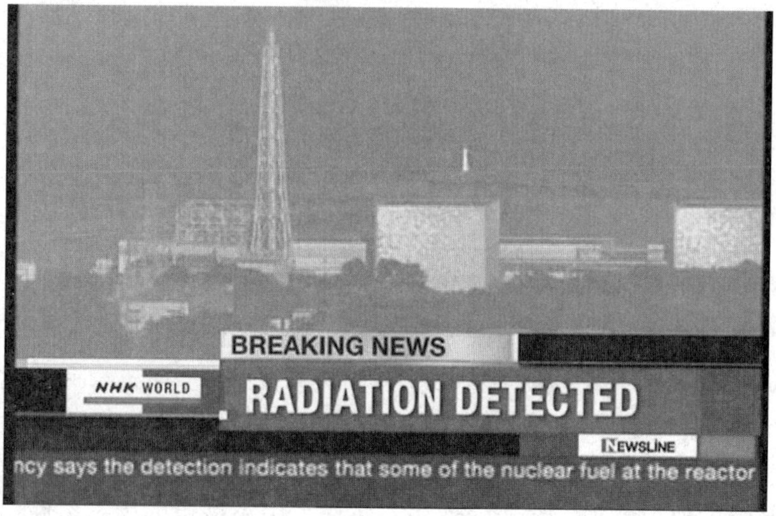

图 39-1　福岛核泄漏的相关新闻

而更加长久、更加深重，带有万劫不复的性质。这一切使人类继上个世纪切尔诺贝利之后再一次感到了生态危机与世界末日之间的关系，迫使人们不能不去思考造成这一切的原因到底是什么。

福岛县在日本 1 都 1 道 2 府和 43 个县中，面积居第 3 位，人口居于第 18 位，属于典型的中小城市。使其名声大振的不是今年，而是 20 世纪 70 年代建立了核电站以后。原本以海产和农业生产为主的小县，一跃而成为了国家重要的核能基地，对当地经济的影响绝不亚于一次核裂变。随着汽车和电子工业向能源地区转移，福岛也进入了“太平洋带状工业地带”，在不长的时间里，从一个不见经传的渔业和农业县，一跃成为富甲一方的工业县，其城市化程度一点也不亚于其他地区。到 21 世纪，工业和服务业在福岛国民经济中的比重已经占到了 80% 以上，与日本中等发达国家的总体水平相当。

2）贪欲的代价

这种曾经被称为“日本速度”的发展思路现如今被中国许多中小城市所向往。《中国中小城市发展报告（2010）》指出，我国的中小城市连续多年处于高速发展的状态，远远超过了全国的平均水平。底子薄，发展空间大的现实状况，使这些城市在招商引资、项目上马、土地征用等方面都有着更加宽松的条件。而生产结构单一，资金不足的窘境，使这些城市一旦有高附加值的产业出现就能改变当地的经济结构，见出效益，当然也是提升社会发展水平的最好方式。更为重要的是，相互攀比产生的急于求成心理，使这些城市在寻求发展的过程中更喜欢刀下见菜，而不太考虑后果怎样。在这样的社会氛围中，发展不仅是硬道理，而且是评价领导政绩、衡量经济水平、检查工作业绩的压倒性指标，至于取得这些结果采取的是什么措施，付出了怎样的代价是顾不上考虑的。于是，在获得 GDP 高速增长的同时，不少地方也出现了酸雨侵蚀土地、饮用水污染等生态环境危机，造成儿童血铅超标、职业病率激增等事件，同样出现了牺牲自然生态的后果。

然而，在一轮又一轮以经济发展水平为衡量标准的竞争中，这样的经历丝毫没有收敛你追我赶的创富心理和急速膨胀的欲望。所不同的是，不少城市开始走向了另一种发展模式——文化搭台，经济唱戏。这是一种将自然或历史资源转化成商品，将无形资本转化成有形资本的行为，比如说将自然山水、古迹遗址开发成旅游景点，从而带动当地的经济发展。应当说，这种发展思路遵循的仍然是利益至上的原则，资本的形式变了，投入与产出的市场运行规则没有变，将盈利作为首要目的也没有变。于是，在自然景区建楼堂馆所，在佛教圣地造音乐喷泉，在古遗址旁搞房地产开发，在古村落里搞餐饮市场等现象屡见不鲜。几年下来，这些地方确实没有发生酸雨、水污染、职业病和血铅超标那样的事情，但是却出现了自然景观被污染、宗教场所被变异、古遗址成为房产市场、古村落被变卖等现象，在改变了这些场所原有性质的同时，也在不少城市制造了文化生态方面的裂变。

正如一些学者所说：“改革开放以来，中国的现代化的成果是与充分利用资本联系在一起的。但是，资本的本性是追求利润的最大化，为了追求利润的最大化，它必然置破坏生态环境于不顾。”与福岛比较，国内一些地区生态环境破坏确实还达不到那样严重的程度，但也不能否认两者之间在本质上是一致的，只是程度上有所不同罢了。只要急于求成、不顾后果的发展定位不变，生态环境遭到破坏的恶果就可能随时出现，即使不出现福岛那样的极端后果，同样可以在我们身边埋下隐形杀手。以大中城市为例，近年来因为人口膨胀而出现的高层建设热，直接抬高了城市的温度与湿度，形成热岛效应；频繁的经济和交通活动带来的排放量增加，使城市的灰霾天气越来越多，空气中的二氧化硫、氮氧化物、元素碳与可吸入颗粒物相混合，在城市上空形成污染带，恶化着城市的空气质量。过量的生活和建筑垃圾包围着城市，成为污染地上和地下水源的元凶。当这种急于求成心理渗透到文化领域的时候，许多城市的文化生态破坏同样令人触目惊心。最能快速见效的大拆大建几乎成了城市建设的共同方式，在直接导致城市面貌千篇一律的同时，也大大降低了城市的文化品位。从 20 世纪 80 年代我国第一次命名历史文化名城，到如今 30 多年过去了，在先后认定的 99 座城市中，只有两座在文化风貌保护方面达到了国际水准，被联合国教科文组织列入“世界文化遗产名录”，不足总数的 2%！

城市的自然生态情况直接影响着人们的肌体，城市的文化生态情况则决定着人们的精神，一个关乎健康和寿命，一个关乎情操和品位，两者都决定着城市的存在质量，是无论如何也不能突破的底线。如果为了发展的高速度而不惜以牺牲城市的生态环境为代价，那么，我们确实应该从福岛灾难中有所警觉了！因为，生态环境一旦遭到破坏都不可再生，而不管是通过什么样的方式。

3）中小城市需要怎样发展

我们并不是一概地否定发展经济，而是否定那种只顾经济指标而不顾综合指标，只顾眼前利益而不顾长远利益的短期行为。随着科技水平的提升，“人类能够在短短的时间内生产出比过去更多的物质，所以人类已经养成了一种庞大的、贪得无厌的消费与占有的欲望。这种欲望又迫使人类生产比现在更多的东西——因此加剧了这种生产的恶性循环。”这样的生产也能推动社会的发展，但是，消费与占有欲望的无限性，决定了生产的低质量与发展的不平衡，导致整个社会的“泡沫化”。从国际惯例来看，在解决了温饱问题以后，如何获得高质量的生活并具有一定的可持续性成为人们普遍的追求。与数量型的发展观比较，这种追求不再只看重增长速度，而是更加看重增长的质量属性；不再只是一味地增加社会的物质财富，而是更加看重公民精神世界的营造；不再只看重当下拥有了什么，同时也看重给子孙后代留下了什么……应当说这是一种从生存到生存智慧的飞跃——生存是社会处于不成熟阶段的一种状态，犹如摸着石头过河，心中无数自然慌不择路，也很难考虑到后果；生存智慧则是人类对所处环境规律的发现与遵循，并能够利用这种规律获得长久的发展，在既“瞻前”也“顾后”中带有更多的谨慎与机智。以中小城市为例，限于自身条件，经济总量不可能与大城市一样，也没必要在发展规模、产业种类和运行模式上去进行攀比，而应该根据当地的自然和人文特点，营造出自己的城市生态。具体来说，以自然山水为主的城市更应该在自然山水上寻找发展路径，以历史文化为主的城市更应该解决好发展与继承的问题，那些既有历史文化又有自然山水的城市等于拥有双重资源，更有条件在处理好两者之间的关系中营造出自己的特色。这是一种立足质量、体现底蕴、整体发展的城市建设观。比较城市化建设初期将国际化作为发展目标的简单做法，这样的建设思路有助于保留城市的固有资源不被破坏，有助于城市美学风格的存留，也有助于城市自然与人文精神的发扬光大，因而也更具有科学性，更有可能使城市获得可持续的发展后劲。

生存智慧来源于人类对环境的适应，因而这种智慧实质上也就是生态智慧。从广义角度看，生物世界都具有在适应环境中获得生存的本领。这里有适应也有改造，在适应与改造的过程中人类显示出了超强的能力，因而也获得了更适宜的生存环境和长久的生存历史。在一定程度上说，越是进入社会的高级阶段，人类对环境的改造就越无处不在，与环境之间的矛盾也会越明显。这一点在中小城市建设过程中表现得尤为突出——有限的规模决定了资源的有限性，使这里的自然和人文环境更加脆弱，更容易改变环境的原有状态。因此，中小城市的发展绝不应该套用大城市的模式，走盲目扩张、粗犷发展的路子，而应该立足当地生态条件，在“精”字上下工夫，提高城市的整体质量。

整体质量是指城市建设所达到的综合水平，包括规划、建筑、设施和标识等硬件方面，也包括管理、教育、保障、治安等软件方面，以及这些方面在运行过程中所产生的实际效果。也就是说，高质量的城市，不仅是物质与精神建设高水平的体现，同时也能在两者的磨合中升华出城市的品格和气质。工业革命后，欧洲不少城市都经历了建设、破坏再到建设的过程，并在否定之否定后最终走向了以质量求发展的路子，精心打造出了不少具有质量感的城市。其中有像奥地利的维也纳，精美绝伦的建筑和装饰使这座只有400多平方公里的小城不仅享有“多瑙河女神”的美誉，还因为养育了莫扎特、施特劳斯而成为世界著名的音乐之乡；意大利的威尼斯更是一座只有6万人的小城，百余个小岛之间纵横交错的水面，使这里成为最不适宜建造城市的地方。然而，在水网纵横之中，陆地上却有300余座教堂、钟楼和修道院，成为哥特式和巴洛克式建筑的荟萃之地。令人叫绝的规划和建造智慧，使整座城市充满了高贵的气质。此外，欧洲也有不少地处偏远、基础薄弱的城市，在城市化的进程中不是攀比和模仿，而是立足当地的历史和自然条件，同样培育出了自己的特色，形成以加工、制酒、服装等制造业为主，以会议、旅游、休闲业为主，以宗教、教育、艺术为主的城市，造就了“服装之都”“钟表之都”“啤酒之都”“宗教之都”等具有品牌属性的精美城市，以良好的口碑走向了世界。

在得知我国的GDP超过了日本，跃居世界第二的消息后，社会各界表现得都很低调。作为身临其境者，国人们可能更清楚这种速度型的发展，在能源、环境、管理方面到底付出了怎样的成本，知道以速度扩张起来的城市，在建筑质量、规划布局、环境水平、宜居程度等方面到底有多少地方能经得起历史的检验，敢于接受世界的评价。尤其是在国际上开始流行以生活满意度为评价体系，衡量城市的整体质量，更是将城市建设与市民们的切身体验结合了起来，使城市评价体系从数量为主的粗犷型，向质量为主的集约型转化，为急于城市化的中国提出了更高的要求（图39-2）。

从2010年评选出的中国幸福指数最高和最低城市的情况看，影响排名的不是城市扩张的规模和速度，而是城市人居生态的美好程度，而达到这个标准的中小城市数量要远远多于大城市。也就是说，在一轮又一轮非正常的城市化建设中，一些中小城市的自然和人文环境还更多地保存着原有的生态特色，还没有完全变成千篇一律的机械制成品，沦为没有清新空气、很少蓝天白云、满是拥挤和嘈杂的地方。在城市病肆意流行的当下，这是一种幸运，

图 39-2　央视调查

更是一种资源。只有克服以速度求发展的短期行为，我们才可能以清醒的头脑，长远的眼光，科学的态度去思考城市建设的每一个环节，增加城市建设过程中的技术和文化含量，进而从当地自然和人文生态中获得长久的发展空间，避免重蹈历史上建设、破坏、再建设的城市化怪圈，也避免制造出另一种形式的福岛灾难！

40 世博会与中国城市的美学走向

世博会可能对未来城市走向产生哪些影响，是后世博时代人们普遍关注的问题。从建筑文化的角度看，能源、环境、材料和信息领域的推陈出新，不仅为未来城市发展提供了技术保障，使城市的宜居程度、景观效果和整体质量得到提升，还会改变人们旧有的城市观念，从实际效果、文化实力和人性化程度上来认定城市建设所达到的水平。可以说，世博会的贡献既有技术上的，也有美学上的。让城市化建设如何摆脱就技术谈技术的窠臼，在与美学的结合中得到升华，是世博会给当下中国城市建设者提出的新课题。

城市是技术的载体，从诞生到每一次进化都与某项新技术的出现有着直接关系。依照这样的眼光来审视 2010 年的上海世博会，在感叹各种新技术出神入化效果的同时，我们也会强烈地感觉到这些技术在颠覆旧有生活方式的同时，还会给未来城市发展走向产生巨大而深刻的影响。

1）世博技术概览

21 世纪是在世界能源与环境危机的背景上拉开序幕的，而城市化程度的飞速提升恰恰是导致能耗激增和环境污染的重要原因。城市，从来没有像今天这样深刻地影响着人类的生存环境和生活质量。本次世博会提出“城市让生活更美好”的基本准则具有很强的针对性，既有解决现实问题的一面，也有展示城市未来走向的一面，而可能将这些付诸实践并产生切实效果的恰恰是各种新技术。

在能源方面，世博会上推出了多种新技术。太阳能是这里运用最多的一种，5 个片区中有不少场馆采取太阳能技术获取能源，解决场馆内照明、电梯、空调等方面的用电需求。印度馆的风力发电装置，伦敦零碳馆集风能和太阳能为一体的风帽系统，使风力发电从原野走向了城市（图 40-1）。江水和地热结合的发电技术也在这里崭露头角，为城市就地取材获得能源起了很好的示范作用。此外还有储能钠硫电池技术，安装在地板上利用脚踏和其他外力就可以发电的感应发电技术，利用人体热量发电的热转换技术等。

图 40-1 上海世博会伦敦零碳馆

环境治理也是当下城市面临的一个严峻问题。随着城市容积率的急速膨胀，住宅的高层化、道路的宽大化、广场的坚硬化越来越普遍，直接导致了城市的全面水泥化，在人与人、人与自然之间形成隔断的同时，也阻断了天地之间的循环通道。于是，过于密集的建筑群带来的城市热岛效应，因为得不到雨水补充而导致的地面下沉和无地下水可用，紧凑型住宅设计导致的室内污染等问题，从各个角度影响着城市环境的美好程度……世博会的环境则是另一番景象。在 5. 28 平方公里的场馆区内，有 80% 以上的建筑在墙体和屋顶绿化上大做文章，在增强建筑物保温、隔音性能的同时，也极大地改变了建筑物的外在形象。雨水收集和可渗透技术在场馆中也在普遍使用。尤其是世博中心的屋面，除了能够收集雨水用于二次利用，还通过可渗水材料铺装的路面、广场和停车场，使雨水得到蓄渗和回灌，实现对地下水的补充。为了解决室内污染问题，微生态气候循环技术也应运而生。日本馆与建筑结构融为一体的室内垂直循环系统，意大利馆采用高性能玻璃达到的室内微生态气候环境装置，都有效地提高了室内环境的绿色生态属性。

丰富多样的场馆造型是由多种新型材料实现的。在玻璃材料中，中国馆推出了超白透明玻璃，在加大室内透光率的同时，还减少了玻璃对周边环境的反射污染。在金属材料中，世博中心飞碟状的造型采用了大量新型铝合金材料，既减轻了建筑物的整体重量，也满足了场馆超曲线造型的加工问题。膜材料也在世博场馆得到大量运用，与传统的单质膜材料不同，这里的膜材料大多是几种材料的复合体，具有多种功能，像日本馆“蚕茧”状的表面就覆着了一层高透明的发电膜，既是墙体，也是能源……与传统的钢筋水泥为主体的材料比较，这些材料不仅具有新的质感和轻巧、透明、易加工等特点，还具有很好的保温、采光和环保功能，将实用与审美、多功能与无污染巧妙地结合了起来，对于改变建筑外观形象，实现低碳环保，营造绿色人居环境具有决定性的意义。

信息技术对未来生活的影响也是巨大的，也是这次世博会最为出彩的部分。网络化仍然是信息社会的主题，所不同的是，世博会展示的网络已经从互联升级到物联，从通讯娱乐扩展到购物、家政、交通等更宽广的领域。山东馆展示的物联冰箱和韩国馆的人机交换墙，就是将家庭的日常消费与市场进行了对接。天下一家馆推出的“智能厨房”，除了可以利用“无土栽培”技术自己种植蔬菜，还在灶台边安装了触摸屏，从互联网上调出所需要的菜谱，浏览市场上的商品信息并在线购买，使家庭生活变得更方便。在思科馆里，利用网真技术使人们可以在不同的地域或场所借助视频和音频达到“面对面”的效果，在网络环境中实现人与人的交流，使会议、座谈等办公活动更具临场感。基于网络的城市监控技术将与城市交通有关的信息进行整合，使交通管理更加系统化，交通事故处理就不再是一个部门的事情，而是由这个系统进行综合治理。

2）对城市建设的影响

首先，城市建设的宜居化。适宜居住是城市的根本。除了自然条件，城市的宜居水平在很大程度上取决于人工建设，其中，技术的发展水平决定着建设的水平。在靠天吃饭的年代，匮乏的经济条件使社会财富只能向少数人倾斜，形成注重礼教，维护特权的城市建设格局；在发展压倒一切的年代，便于经济活动，提高生产效率，体现财富占有量是城市建设的基本规则；后工业时代是社会经济相对富裕，由数量型扩张到质量型提升的时期，现代科技巨大的创造性，使物质生活精神化，使精神生活民族化，人们的生存需求也从数量积累向质量提升转化，与美学的关系日益紧密。反映到城市建设上，早先那种凸显少数人利益，而让大多数人成为陪衬的建设思想，将城市建设成大市场或显示财富场所的种种做法将会成为浅薄的代名词，代之而来的是在尊重历史基础上，营造出更具服务功能的公众型城市。这样的城市，在基本素质上，政治和经济的气息将日益被淡化，随之而来的是历史和艺术的成分，从而更显示出文化气质；在美学追求上，以人口和版图扩张为标志的粗犷，将向凸显体面与精致方面转型，从而更显示出高雅品位；在评价体系上，宜居，将成为城市建设和评价的基本标准，成为城市建设美好程度的代名词。

这些曾经是美好憧憬的东西，在世博园中得到了很好的体现。两百多座场馆多姿多彩、绝无雷同的外观造型，不仅是对当下千城一面局面的极大否定，更是对城市创造性建设的一种前瞻性展示。场馆内部通过多种技术手段达到的效果，不管是舒适程度还是品位格调，在实用的基础上融进美学精神的主旨十分明显。为了使城市的生活更美好，世博场馆营造出来的人居环境是充分人性化的。大到园区布局可能给人带来的视觉效果，小到室内温度湿度对人身体的影响，甚至连音响声音的大小，走廊坡度的缓急等细节都极具人性化，给人的居住、工作和休息营造出舒适的环境。也就是说，宜居城市的魅力不能只存在于城市的外表上，更体现在城市设计和建造中蕴含着的人性化程度上，使人居住其间便可以切身感受到身心的舒适。

其次，城市面貌的景观化。有材料显示，在高速发展的经济带动下，中国城市化的速度是世界平均速度的两倍。值得注意的是，目前我国城市化的定位还主要集中在人口数量、规模大小、广场数量、绿化面积等物质方面，很少注意历史特色、艺术氛围、舒适程度等精神方面的跟进。于是，这样的城市化只能是粗线条的，停留在空间建设和生存方式的改变上，影响城市建设品位，也会影响到城市的整体面貌。有学者认为："如果不只是将建筑等同于房子，那么，实际上，城市中的一切物质形态的建造物都是建筑。"的确，由于物质匮乏和盲目发展所带来的急于求成，使我国的不少决策者与设计师一直把建筑等同为房子，只重视建筑的实用与经济价值，而看不到建筑的文化承载意义以及对一座城市整体面貌的影响。于是，我们的不少城市越来越大，越来越高，但面貌上始终与美无缘。世博园的建筑所以令人耳目一新，当然与新材料、新技术有关，但是，更为重要的是将新技术、新材料与各自国家的历史文化结合起来，使每一座建筑拥有了自己的气质，而不再是千篇一律的房子。这让我们不能不换个角度来憧憬未来的城市面貌。

有学者将城市之美作为建筑师的"神圣使命"，并将营造"城市景观"作为完成这种使命的最好方式。自然环境和人文历史是构成城市景观的两大要素，在特定的空间里处理好这两大要素，使其在水乳交融中构成一种经得起推敲甚至是引人入胜的环境效果，需要考虑的因素是多方面的。从现实情况看，在一些城市，为了容积率而不顾环境景观，为了追逐利润而不顾文化定位的情况几乎随处可见，出现了有"城"无"景"，有"景"无"味"的遗憾，影响了城市的总体美学效果。世博园建筑的许多尝试则在如何处理自然与人文景观的融合上提供了经验——沙特阿拉伯馆的新月造型简直就是伊斯兰文化的经典符号（图40-2），但是，地面和屋顶上栽种的椰枣树等耐旱植物，又很好地体现了这个国家的自然环境特点；善思和严谨的民族精神表现在德国馆的银灰色的外墙上，更集中展示在"发明档案馆"和"创新工厂"中那些具有创造性的产品上，专门设置的"人文花园"，利用图片、仿生和三维技术强调绿地在人居环境中的重要，自成景观；中国馆在自然与人文景观的营造上更是巧夺天工，不仅在场馆造型、着色上体现民族特色，展区入口处的"绿篱"，馆内百多平方米的环保绿墙，最顶层由人工培育水稻组成的"希望大地"都颇具中国味道。凡此种种，向我们勾勒出了景观城市的建设思路和大致样态。

再次，城市生活的质量化。方便生存历来是城市营造的基本准则。《汉书》中就有将"至有所居，作有所用"作为"民所以轻去故乡而劝之新邑"的依据，并成为后来国人"营邑立城，制里割宅"的基本准则。美国城市规

图 40-2　上海世博会沙特阿拉伯馆

划学家路易斯·芒福德也主张建立“经济文化多样化”的城市，这样的城市应当是工业、农业、行政、教育和交通的中心，以方便人们生活。历史证明，不管是农业文明时期的权贵型城市，还是工业文明时期的经济型城市，由于物质条件的限制使城市资源始终得不到良好配置，或者成为显示尊贵的场所，或者成为冒险家的乐园，由此导致的政治与经济利益分配的不平衡，使城市既是“天堂”也是“地狱”，生存竞争几乎成为推动城市发展的绝对动力。作为城市的建造者，也只能将自己的规划和设计方案与这样的时代要求相适应，尽量在满足人们生存欲望中获得社会的承认，于是便出现了城市规划和建设中为了实用而不顾品位，眼前利益永远高于长远利益的潜规则，不管是“筑城以卫君”的为帝王服务，还是政治经济中心的建设目标，甚至于在那些名目繁多的政绩工程中，无不体现着某种生存状态的影子。这样的城市建设难免会出现不同程度的短期行为，在环境质量、舒适程度、发展节奏等方面出现失衡。

世博园建筑为我们提供了更高层次的城市生活样态。在社会积累达到一定程度后，人们对财富的认定也会发生变化，从满足占有欲望向塑造优质生活转移。建筑是社会的缩影，世博园就通过建造和规划反映出人们对未来生活质量的企望。从园区规划看，不管是五个园区的分布，还是各个场馆的营造，浓郁的地域文化风情既是特色，也是魅力，反映出浓浓的环境文化质量意识；从两百多场馆的内环境上看，除了讲究温度、湿度、噪声和空气质量等传统项目外，还通过音乐、绘画和影像来满足人们的视听需要，揭示出高品质的人居空间不仅仅能从生理上，更注重从精神上来满足人们的需要；在公共设施方面，无排放的交通工具，网络化的道路指挥系统，自备能源的建筑，高技术含量的人居空间……这些，在从根本上改变人们生活方式的同时，也将会彻底改变城市的性质。

3）对城市美学的影响

世博园在向世人展现未来城市建设走向的同时，也昭示出未来城市之美的基本内涵，为当下城市建设提供着精神财富。

与传统城市看重规模和人口数量不同，宜居型城市更加看重居住者的感受。也就是说，与传统评价标准看重城市的硬件条件不同，宜居型城市更加看重这些硬件条件所产生的实际效果，如果城市中的硬件条件在建设中损害了城市的大环境，使用中达不到预期的效果，那么，这样的城市仍然算不上“宜居”，更无法给居住者带来审美感受。于是，建立在宜居基础上的城市美学，不能只停留在对城市建设的表象化描述，还要更加看重居住的实际效果——高楼大厦固然能给人以现代的都市表象，但是，过于密集也会形成热岛效应，造成城市阴霾，降低周围的空气质量，影响居住者的健康；汽车拥有量固然可以体现一个城市的生活水平，但是，如果无节制地增加，被汽车拥堵的大街小巷，不仅降低了人们的出行效率，噪声与尾气更是让人难以容忍，再宽敞明亮的街道也很难给人带来美好的感觉；广场建设往往是现代城市的标志，但是，如果不考虑广场的文化定位，一味地追求熙熙攘攘、热闹非常的表面效果，充其量也只能是农贸市场的水平，糟蹋了广场应有的意义，也实际地降低了城市的美学水准……应当说，建立在宜居基础上的城市美学是充分人性化的，在建筑密度、道路布局、配套设施等有关城市基本建设上不是以增加经济效益、塑造政绩形象为标准，而是以是否提升了人们的生活水平，增加了人们的幸福感为标准。这样的城市之美，既体现在城市整体形象的讲究上，也体现在生活内容的健康上，更体现在形式与内容的有机统一中升华出的独有魅力上。

营造景观是提升城市美学品位的重要步骤，在一定程度上说，优秀的景观足以成为体现城市美学品位的点睛之笔，两百多座世博场馆所以各有各的赢人之处，说到底与这些场馆设计者明确的景观意识有直接关系。从技术层面上看，在城市中营造景观并不是件复杂的事，但是，从效果上看，营造出具有内涵、让人过目难忘的景观却并不容易。因为，要想营造出城市的点睛之笔，靠的不只是技术，还需要对城市自然环境和历史渊源有深刻了解，从根源上说，是文化实力的体现。城市的景观之美由软硬两个方面组成：前者指历史文脉，后者指建筑环境。这便决定了好的景观应该是城市文化的有机组成部分。“让我看看你的城市，我就能说出这个城市的居民在文化上追求什么。”其实，城市的文化追求恰恰是通过一个个景观来展现的。文化是城市的灵魂，城市之美说到底是文化之美。于是，营造出好的景观，设计者除了需要专业的技术水平，还需要具有历史、民俗、宗教和艺术方面的修养。历史知识有助于体现景观的根脉，民俗民风则可以使景观显得亲切，宗教信仰能够赋予景观以内涵，艺术含量则是景观拥有品位的保障。这一方面说明了营造景观的多学科性，也决定了好的景观不应该停留在表面的光彩照人，还应当反映一个地区的文化精神，揭示出历史传统的深层意蕴。这样，才可能在我们的城市中营造出具有中国气派的美学精神来。

世博园区展示的城市生活是充分技术化的，这也决定了未来城市美学的技术属性。谈到这一点，我们不能不想到技术在给城市带来效率与财富的同时，也因批量化生产而导致建筑的雷同与城市面貌的千篇一律，不能不想到当年瓦尔特·本雅明、郝伯特·马尔库塞等美学家担心的“机械复制时代”产生的“单面人”。的确，从1851年召开的“万国工业博览会”至今，人们在享受到电梯、水龙头和抽水马桶带来方便的同时，也看到了由标准件组装起来大量形式单一的建筑产品以及越来越雷同的人居空间，产生“世界都被类象化了”的美学担忧。不过，本届世博会展出的技术却出现了新的指向。同是建筑外墙，玻璃、金属还是膜材料，完全由所要达到的居住要求来选定；同是绿色能源，人们可以根据所处的地域条件做出选择；同是立体绿化，到底是利用墙面搞垂直栽种，还是在屋顶上开辟花园，甚至连种养什么花草都有多种选择；同是智能技术，除了有满足人们一般通讯和娱乐的电子产品，还有作用于人的视觉、听觉、触觉的临场影院系统，甚至还出现了可以将不同地域的劳动进行整合的3D无缝协作系统……值得注意的是，这些技术已经不是彼此独立的存在，而是被整合成了网络，从而在丰富多样中派生出更大的技术效应。与传统的单一型技术比较，技术网络拥有更大的再生可能，形成更大的使用空间，不仅可以从内容和形式上丰富人们的物质和精神生活，更可以从根本上提升其中的质量。这样的技术是充分人性化的，完全有能力解决人居环境被“机械复制”的问题，使人的生活从单一走向多元，也呼唤着与技术网络时代相适应，更具有人类学意义的城市美学理论的诞生。

世博会不仅是一次高新技术的盛宴，也是一次展示21世纪城市走向的舞台，更以生动的形式丰富着我们对城市美学的理解。世博会的经验告诉我们，务实的技术只有与美学结合，才可能在一个比较高的境界上解决城市建设中出现的问题，使城市从生存型走向宜居型，从粗犷型走向景观型，从方便型走向质量型。比较而言，技术对城市建设的影响直接而快捷，容易产生立竿见影的效果，美学对城市建设的研究由于专业局限，不仅成果较少，研究得深度也远远达不到形势的需要。因此，在一定程度上说，我国城市化过程中出现的起点不高、定位不准、建筑寿命过短等问题，绝不能全部归罪技术本身，也与美学的缺位有关。在未来城市建设中如何引导技术与美学联姻，创造氛围，构建平台，共同为中国城市的可持续发展出谋划策，是后世博时代中国城市建设策划者们应该深思的问题。

41　榆林古城印象

我曾经多次去过榆林，或是讲课，或是答辩，或是与官员一起进行专项工作检查，每次都是去得急，回得快，留下的印象也仅仅停留在像说话口音、饮食习惯、身段体型等方面，极为表象但很牢固。渐渐地，我的脑海中榆林就是一个大碗喝酒、大块吃肉的地方，人也因此而高大魁伟、豪爽粗犷。

暑期的榆林之行是带研究生实地考察，焦点集中在古遗址和新农村两个方面。要想得到比较全面的材料，需要住下来细细地体会，走马看花显然是不行的。于是，这次到榆林，在市政府的安排下，当地文物局的同志接待了我们，先是座谈，下来又陪我们在榆林老城里由北到南，依次看了鼓楼、凯歌楼、星明楼、万佛楼、文昌楼五个城楼，还专门上星明楼看魏忠贤的铜像，上万佛楼体验金佛围身的感受，最后在南门停了下来（图 41-1）。

图 41-1　榆林古城

回望整条街道，绿树掩映之间露出排排的仿古建筑，一色的青砖灰瓦，一色的木格门窗，加上隔不远就挺立着的高楼和牌坊，一路走来的老街道依次给我留下了这样的印象：

老。榆林地处陕西北部，属于黄土高原与蒙古草原接壤的地区，是当年的农耕民族为防御游牧民族侵扰而构筑起来的，春秋时期属于晋国，战国以后又归属了魏国，秦统一六国后因为地理位置重要而封为上郡，成了直属朝廷的特别行政区。东晋时期匈奴人在榆林西部建立了大夏国，都城就是今天靖边县内的统万城。汉唐时期榆林因地广人稀，水草丰美而成为皇家的御用马场。宋朝时榆林被北宋、西夏和金国反复争夺占领，成了地地道道的生灵涂炭之地，城池也在战乱中时毁时修。现在看到的榆林城大体上是明代建筑师的作品（1486—1602 年）。据记载，那时的榆林城东有两座门，即威宁门、振武门；南城有镇远门；西城有门四座，即广榆门、宣武门、龙德门、新乐门；城北与毛乌素沙漠接壤，为避风沙没修城门。城中建有镇北楼、星明楼、万佛楼、文昌楼，城中的楼台与城墙四边上的角楼遥相呼应，共有城楼 14 座，是一座典型的以楼台著称的古城。如今，由于城墙坍塌，楼台的数量已远不如前。近年来，城中的楼阁有所修缮，恢复了“六楼骑一街”的景象，在南北贯通的街道上举目望去，还能再现当年古楼高耸、遥相呼应的景象（图 41-2）。

图 41-2　城中楼阁

榆林城的古老还体现在主街四周的巷道里。古代的城池除了用于作战，还有大量的居民们住所，尤其是那些达官显宦，在城里修建的宅院往往规模宏大，建造讲究，也是城中一景。榆林城中也是这样，大街两侧的巷道里分布着许多百年以上的古院落。在文物局的同志带领下，我们先后来到了豆腐巷里窑洞修筑的四合院，米粮市 5 号的崔家大院，最后是大有道巷 4 号的一处院落。这里原是一处总兵府，讲究的垂花门虽然已显破旧，但是门上面的雀替造型与门里的青砖照壁相呼应，仍然可以显示出设计上的讲究与格局的不同凡响（图 41-3）。这里给人的第一印象是破败。院落虽在，但是院落的格局以及构成这种格局的建筑已经今非昔比。墙体上的裂缝，木柱上的朽蚀还属于细部，院子当中竟然还修了一处临时建筑：水泥抹墙，木椽上盖石棉瓦，已经开裂的粗木门窗歪歪扭扭。整个建筑既没有质量，也没有形式，与周边的古建筑形成极大反差（图 41-4）。与主街道上建筑相比，街巷里古院落的状况可凄惨多了。

图 41-3　总兵府

新。榆林城的新首先体现在城区内无处不在的新建筑上。站在高处俯瞰全城，高、大、尖的楼房几乎无处不在，甚至在被当地人称之为“龙脉”的南北中轴线上也有高层建筑，房顶上还架着发射铁塔，身边的古建筑反差之下显得矮了不少，宾主难分（图 41-5）。

图 41-4　院中的水泥房子

图 41-5　高层建筑与古街区

榆林城的新还体现在古建筑的用料上。看得出，主街道上的建筑全是新修的，新油漆、新砖瓦、新门窗，甚至连街道上的灯柱、垃圾桶、隔离墩这样一些辅助性的设施也都是崭新的。站在“老街”上举目四眺，楼台、房屋、街道、门面……四周的一切都给人仿造感，而且并不精细。

榆林城的新集中体现在专门辟出地方修建的高新产业开发区。这里离老城有一段距离，要想照相只有用上望远镜头才行。由于是新区，建筑的体量格局完全按照现代化的标准来建造，20 层以上的建筑拔地而起，排排而立，与周边宽阔的路面，敞亮的广场相呼应，形成一道别样的景观。远远望去，使人很难相信这是一个地处沙漠，新世纪以后才成为地级的城市（图 41-6）。

图 41-6　高层建筑群

富。榆林的富裕是出了名的。到目前为止，整个地区已发现了 8 大类 48 种矿产资源，尤其是煤炭、石油、天然气和岩盐，分别占到陕西全省总量的 86.2%、43.4%、99.9% 和 100%。按照榆林占地面积计算，平均每平方公里地下蕴藏着 622 万吨煤、1.4 万吨石油、1 亿立方米天然气、1.4 亿吨岩盐，属于地球上最富有的地区之一，享有中国的“科威特”之美誉。脚踩聚宝盆的榆林人也懂得资源变财富的道理，没有几年工夫就完成了从原材料输出到深加工的积累过程，放弃了面朝黄土背朝天的生活方式，进入了工业化时代。

连续十几年，榆林的国民生产总值以两位数的速度增长，到2009年，市区的人均收入已经实际超过了西安，在煤炭集中地区还出现了全民免费医疗的事情，不仅在陕西首屈一指，也在全国开了先河。在陕西的地级市中，榆林的城区规划面积最大，街道最宽，楼房最多，其楼市价格也与西部的省会城市不相上下。

这样的情况肯定会反映到老百姓的生活上。走在市区的大街上，给人的第一感觉就是车多。从普通的富康、捷达、吉利、奇瑞，到本田、奥迪、奔驰、劳斯莱斯，可以说各个层次的车辆在这里应有尽有，远远超出了普通地级市的消费层次。据送我们去佳县的司机讲，市区里一家养几辆车，买几套房的情况已经不是新鲜事。像他这样有点工龄的司机一年的收入也要在十万左右，更何况那些通过各种渠道，与能源老板搭上关系，入上点股份的人家，其富裕程度更是一般人难以想象的。

犹如天上掉下来个林妹妹曾让才子失魂落魄一样，突然得到的财富也让榆林人有些不知所措，在没弄明白富人的生活应该是什么样的时候就先成了富人，自然也会做出一些不伦不类的事情来，让人难以辨别一些人到底是穷还是富。

穷。这里所说的“穷”不是指两极分化中的另一极，而仍是指那些大鱼大肉、出入有车的腰缠万贯者。几天的时间不可能与这些人有近距离接触，只能是在街道上，在酒店里，在各种公共场合一次次擦身而过留下的印象。

先看街道上。榆林市区的街道一般都是双向六到八车道，上下班时间，尤其是傍晚时分，整个街道上车流穿梭，拥挤但并不会阻塞。如果大家都按部就班，依次而行，做到秩序井然并不困难。但是，车流中总会有些急不择路者，时而超车，时而变道，喇叭声声，响成一片。再有，这里的车辆是不知道让行人的，哪怕是在人行横道上，在人群里，仍然是按着喇叭硬闯。尤其是不少司机是一边打着电话一边开车，说话的声音比汽车喇叭声还大，仿佛是在告诉路人，他不但有汽车，还有手机！

再看酒店里。我们住的酒店并不属于高档，但是也铺着地毯，装着空调，卫浴齐全，整体环境安静而舒适。这里除了住着像我们这样的外地人，也住着一些当地人。不过，到底是外地的还是当地的，既可以从嗓门和口音上区分出来，更可以从生活习惯上进行区分：在这样的地方，环境多少都会给人一种约束，形成这样的常识，比如不能大声喧哗，不随地丢垃圾，更不会随地吐痰。但是，深夜里满楼道里喊服务员，走廊地毯上的口香糖纸，大堂地面上明显的痰迹都证明了这样一个事实：这里的住客们并不是都知道这些常识。

公共场合很多，这里还是选择老街比较合适——这里是榆林的心脏地带，居住着地道的城里人，也最能反映当地人的生活习惯。说到老街，我不由得想到了云南的丽江，黄山的黟县和江浙一带的古镇子……那里不但有老街，还有与老街相匹配的气氛，比如丽江老街上的民族乐器葫芦丝，低回婉转，让人回肠荡气；黄山脚下老街上的马头墙，高低错落，催人遐想；江浙一带的老街，依水而建，船行其中，是水乡独有的美景……行走在榆林的老街上，几乎每家店铺前都停着车辆——尽管街道两头设有阻挡车辆隔离墩，更有甚者，有人竟然将汽车停在了城门洞里（图41-7）；为了招揽生意，一些商店不惜用上了高音喇叭，有的播放摇滚，有的播放着打击乐，很是刺激；这里好像也属于步行街，但是高速行驶的摩托随时都会从行人身边疾驰而过，很是吓人……

中国古代有“衣食足然后知礼仪”的总结，说的是真正衣食丰足的人便开始修养自己的言行举止，讲究礼仪、追求自律，懂得在礼仪和自律中获得人们的尊重，得到相应的社会声誉，进而达到提升社会地位的目的。依照这样的标准来衡量，榆林人显然还没有富裕到这样的程度。

榆林是一座充满矛盾的城市，而且矛盾双方都显露的那样充分，对比鲜明。应该说，这种情况在当下的中国并不少见。我们用三十年的时间走完了西方几十年甚至上百年走完的路子，并一直以此为骄傲，却并不知道，速生的东西因为没有岁月的锤炼，其内在质量上的缺陷也肯定少不了。现如今，不少人有了汽车洋房，住进了大城市，开始以富人自居，却因为不知道礼仪规矩，习俗风尚而在生活中张冠李戴、捉襟见肘，越发地让人嫌弃就是这种缺陷的集中表现。与西方人彬彬有礼、按部就班的生活相比，速生出来的一切因为缺乏精神内涵而显得轻浮，显得毛糙。就犹如一个未成年人，追求高远却实力不足，精力旺盛却无的放矢，因为修养不足还会时不时地

图 41-7 城门

干些损人利己的事情来。因此，尽管未成年人活力四射，但是也只能在别人的宽容与忍让中存在，随着岁月的积累慢慢度过这段充满矛盾而自认美好的人生阶段。

下篇　传统村落——中华优秀文化的大成之地

谁也说不清中华民族到底拥有多少种优秀文化，说不清这些优秀文化为什么能够绵延不绝。作为学者当然习惯从经史子集中寻找答案。但是，随着接触传统村落次数的增多，感受也在发生着微妙的变化——接触到几十个村落时，得到的是视觉上的新鲜；接触到几百个村落时，产生的是心灵上的触动；当接触到上千个村落时，整个精神才会有所感悟，有所升华，有所敬畏！看来，只有在数量积累到一定程度的时候，认识才可能产生质的飞跃，发出传统村落才是中华优秀文化大成之地的由衷之言。

42 古村落与哥德巴赫猜想

古村落与哥德巴赫猜想（图 42-1），一个是中国的传统聚落，一个是 18 世纪德国人提出的科学假说；一个旨在解决生存问题，一个旨在解决数理问题。一个平易得如下里巴人，一个高雅得如阳春白雪，两者之间并没有什么明显联系。然而，在中国文化的语境中，“器亦道，道亦器”，事物之间总会有一些相通之处，关键在于人的理解和发现。

图 42-1　哥德巴赫猜想

由于当时的大知识分子欧拉的介入，哥德巴赫猜想从德国走向了欧洲，引发了世界的关注，对整个数学领域都产生了重要影响。跨世纪前后古村落也引起了中国知识界的关注。与政策制定者的宏观指导、设计施工人员的动手操作不同，知识界对古村落的研究更具有学理色彩，容易避免政策性研究的宽泛，实用性研究的细碎，在注入文化精神的同时增加着学术含量，使古村落研究同样具备了升华出“假说”的可能。

在历史悠久的中国，古村落肯定要比城市来得早。在一定程度上说，华夏文明的孕育并走向成熟，每一步都在古村落中留下了深深的烙印。中国的人居环境建设需要华夏智慧，领悟祖先留下的生存智慧，提升人居环境建设的中国特色，古村落不能不说是一个重要的参照，因为这里的许多存在都让人魂牵梦绕，同样能够唤起我们的悠远遐想——

比如说，古村落到底是以什么躲过了无数的自然灾害，与自然共生共荣到了今天。从本人所掌握的资料看，目前一些使用着的古村落，其历史可以追溯到唐末，意味着这里的房屋、道路和植被有些已经走过了千余年的历史。我无意去追究建造技术方面的问题，因为任何技术都会有时代的局限，不太可能成为永恒，而更感兴趣于当时人们对自然的基本态度：“天与人交相胜。”“相胜”就是今天所说的“双赢”，是人与自然的和谐相处。如果今天我们仍然以这样的态度来建造家园，就会充分考虑自然的承受能力，而不会对身边的良田沃土、地下蕴藏和江河湖海巧取豪夺，以至造成环境污染、能源紧缺和人口爆炸等危机，使得像呼吸新鲜空气、引用清洁水源这样的起码需求都成了奢望！

比如说，古村落到底是以什么避免了无数的人为灾难，与历史共生共荣到了今天。在我看来，同宗同亲固然是古村落形成巨大凝聚力的首要因素，但是，讲究人伦关系，传授家训礼仪，营造浓浓的文化氛围无疑也是一条重要经验。荀子所说的“宫室不可得而居也，不可少顷舍礼义之谓也”，就是在强调文化对人的管理作用。如果今天我们能够依照这样的观念来管理家园，以传统的礼义廉耻教化民心，而不是以钱权辨贵贱、以成败论英雄、以利益定亲疏，那将会避免多少因不平等而导致社会阶层的分化和人与人关系的紧张，最终营造出礼仪之邦所拥有的真正和谐。

每一次天灾和人祸都足以将古村落彻底摧毁，然而，古村落却走过了漫长的岁月，安然地保存到了今天。面对古村落，我们不仅要靠测量来推算古人的种种技法，更要靠“猜想”来揣摩古人处理自然和人伦关系的种种智慧。技法属于操作层面的东西，可以过时；智慧属于精神层面的东西，足以永恒。

马克思当年在分析古希腊艺术时，将产生这种艺术的时代“永远不能复返”视为一个重要原因。的确，我们所以对祖先留下的一切都拥有探究兴趣，与那个时代的一去不返有极大的关系。遗存是智慧形成的结晶，时代是孕育智慧的背景。随着时代的一去不返，智慧也因此不可再生，于是也越发地珍贵，越发的迷人，足以构成超越时空的永恒魅力。西方的古希腊艺术是这样，中国的古村落同样也是这样。

然而，同样的文物属性却走出了截然不同的路径与结果。希腊艺术尽管也遭到过罗马帝国尤其是中世纪的戕害，几近灭绝，但是在一代代仁人志士的捍卫中不仅没有退出历史舞台，还从欧洲走向了世界，最终成为人类的共同财富；中国的古村落同样也走过了漫长的历史，尽管也有人从技术的层面研究过其中的营造法式，却很少有人从更深的层次挖掘其中的生存智慧，提升到文化的高度，更没有出现过西方人对希腊艺术那样的痴迷。于是，当新的技术与材料产生之后，尤其是在与国际接轨的大背景下，面对源源而来的现代生活方式，古村落和传统文化一样，很快就成为落后的象征，逐渐淡出了国人的视野。

与封存在图书馆里的文献资料、博物馆中的各种文物、城市周边的古迹遗址比较，古村落是集大者。所不同的是，凝聚在古村落中的各种文化基因，没有图书馆里的深奥难懂，没有博物馆里的贵不可及，更不像古迹遗址那样藏而不露，而是以最为平易近人的方式将这一切昭示出来——那些站立了几百年仍然挺拔的墙柱梁架，体现着前人建造的高超水平；那养育过几代人口却依然苍翠鲜亮的大地山水，显示着古人对自然的治理能力；曾经有过的大量垃圾却能被自然消化得了无踪迹的事实，说明这里的人们早就掌握并成功利用了自然循环规律；时至今日，古村落以不高的成本造就了比城里人更长寿的生存事实，更引发了世人的无限向往……

凡此种种，是古村落所以生生不息的智慧所在。将这些智慧升华成理论，使其成为中华文化的重要组成而走向世界，是历史赋予当代中国知识界的一个重要使命。

43　城镇化浪潮袭来　古村落价值几许

中国的城镇化需要科学技术，更需要传统的营造智慧。古村落的价值由形式和内容两部分构成。形式可以供人观赏，内容可以开启思路。古村落中的营造智慧，可以为当下城镇化提供历史、生态和标准方面的参照，也是古村落深层的价值之所在。

在众多关于古村落价值的认定中，最有代表性的是将其比喻为“中华文化的活化石”，形象生动而又寓意深刻。按照这种思路，古村落的价值起码有这样几个特点：具有明显的文物的属性，却与博物馆里的展品大相径庭，可以直接供人使用，平易得近乎于日常生活场所；不管是建筑还是环境上都拥有浓厚的艺术气息，却与艺术馆里的作品截然不同，是建筑及其周边环境的构成部分，完全可以和普通建材混而为一；景致十分丰富，但与经典意义上的园林比较，却有着明确的居住功能，不是园林胜似园林（图 43-1）。在一定程度上说，经过年深日久的积淀，古村落的文化价值具有得天独厚的丰富性，特别是那些浓缩其中的营造经验，足以给当下的城镇化建设提供参照。

1）历史参照

根据国际惯例和国家有关法律法规，我们可以将“凡是清朝以前建造起来，主要依靠自给自足的方式进行农业生产，以血缘关系为家族纽带的聚落组织视为古村落。”我国的传统文化主要形成于农耕时期，以物质的和非物质的形式记录着中华民族在与自然往来中生存、发展和壮大的基本过程。其实，这种情况在世界范围内普遍存在，例如在英文里，农业（agriculture）就是田

图 43-1　风景秀丽的古村落

野（agri）和文化（culture）的合成体，反映了英语系国家与农业活动之间的早期关系，记录了各个民族曾经在大地上创造文明的历史事实。也就是说，世界上几乎没有不经历农业而直接进入工业文明的文化区域。

进入工业文明以后，人类与自然的关系越来越远。因为农业时代的一去不返，承载那个时代生活情况的古村落也越发显得珍贵。首先，这里有那一时期留下的物质形态，包括建筑、道路、水系、植被及其所形成的大环境，也包括农具、家具、生活器具、祭祀礼器、土特产品、手工艺品等实际用品。其次，这里有那一时期留下的礼仪制度，包括由人制定并在村落中约定俗成的各种规范，以文字或习惯的形式来呈现，主要作用是调整人与人之间的关系和约束人们的行为，包括家族制度、教育传统、宗教信仰等内容，也包括历史上形成的经济分配、财产权属、组织机构等方面。再次，这里有那一时期留下的风俗，包括人们共同创造，共同遵守的规范，以民风民俗的形态来表现，并以衣食起居、节庆礼仪、婚丧嫁娶、方言俗语、娱乐表演、口头文学、民间艺术等方式表现出来，是决定古村落生活方式的关键性因素。

今天，这些东西已经成为十分稀缺的文化资源，属于一个地区的文脉之所在，理当成为城镇化建设过程中遵循的历史依据。比如在规划布局中，遵循前人在建筑、道路、水系、植被等空间环境上的讲究，以保持城镇环境的历史格局；在重要历史建筑物周边避免开发性建设，以体现对历史的尊重；在具有展示功能的区域，注意从民间俚语和信仰中收集经典，唤起人们对传统生活理念的重视；在重要的民族节日，弘扬传统，展示民间艺术的魅力等。凡此种种，能从不同角度凸显城镇规划建设的文化含量，既可以增加城镇的历史感，也有助于保留城镇的民族特色。

2）生态参照

古村落是传统生态保存最为完好的地方，从中分析古人在天人关系方面的智慧，不仅有助于保护当地的物质和非物质文化遗产，也有助于我们对华夏文明的理解与传承，使建设出来的城镇空间具有中国特色。正如学者所言："古村落所包孕的文化精神和人格理想是与现代人的心灵相通的。许多的古村落其创始人往往不满于现实政治的黑暗，希望寄情山水，避居于偏远，在青山绿水中求得一份心灵的安宁与超脱。我们说，这是一种生活理想也是一种审美理想，即使在今天，人类在物质需求越来越满足的同时，我们仍然需要这种超脱的文化精神和人格理想，需要一些宁静致远的精神境界和与亲近自然山水的心态。"那么，古村落中有哪些生态经验值得我们借鉴呢。

依生态而建的营造意识。"生态"一词最早来源于德国生物学家恩斯特·海克尔创造的 Ecologic 一词。从词根组合上来看，Ecology 的意思是"关于住所和周围环境的学问"。要求建筑规划、设计和建造方法应该依据自然条件，考虑人、建筑与环境的关系。作为一个长期在大地上讨生活的民族，对自身与自然之间的关系必然有着更多的关注，更精微的体验。董仲舒的"天地人，万物之本也。天生之，地养之，人成之"就是古人生态经验的哲学总结。古村落所以在山清水秀中选址，依大地走势营造，以土木石料为材，用手工精雕细刻，无不体现着这一原则，最终达到了与自然和谐相处的目的（图 43-2）。

生命相通的理念。古村落之所以能在一些地区长久存在，除了与当地的生态环境和谐共生，还与人们对家园环境的理解有关。仔细观察古村落的人居环境，不管是周边的大空间，还是家园以内建筑所用的材料、结构和布局，无不体现着人们对万物感应，生命相通规律的理解。从大的方面说，这是古

图 43-2　依山傍水的古村落

老的“人法地，地法天，天法道，道法自然”思想在人居环境上的具体表现；从小的方面说，这是中华祖先在与大自然的交往中形成的“交感思维”在人居环境上的反映。在古人看来，各种生命都是一个统一体，人的命运发展、福祸安乐与其他生命之间有着密不可分的联系。这样看来，那些地处偏远的古村落其实是在大自然的和谐相处中才生生不息地延续至今。

就地取材的智慧。绝大多数的古村落都采取就地取材的办法来建设，而很少依赖外地建材来营造自己的家园。这里当然有交通不便，成本太高的问题，其实，如果顺着生态意识、生命相通的思路来仔细分析，我们还能从中发现与生态有关的另一种智慧：一方水土养一方人，也能够养一方建筑。依照这种思路，盖房子犹如培育生命，使用当地的材料，等于提高了建筑与当地水土相吻合的水平，构成融通共生关系，进而增强建筑物抵抗自然灾害的能力，也就延长了建筑的使用寿命。当然，当地材料的使用，还是培育建筑空间地域特色的最好途径，这也是古村落没有千村一面的重要原因（图 43-3）。

由此不难看出，我国历史上虽然没有“生态”一词，但是并不意味着就没有人与自然关系方面的经验总结。所不同的是：中华祖先的生态意识，是在适应自然环境并深受其益中形成的自觉行动；西方则是在工业文明带来环境恶化后得出的教训。前者来得自然而然，后者则是受到惩罚后反省的结果。

图 43-3　就地取材的陕北黄土窑洞

当下的城镇环境所以污染严重，表面上看，与高楼大厦的阻挡、大面积的硬覆盖、旷日持久的地面施工等因素有关。深层次上看，这样的建设，阻断了人与自然的关系，也直接改变了城市生态，从根本上背离了祖先的营造经验。

3）标准参照

古村落顽强的生命力来自于哪里的问题，早已被各界学人所关注，并形成了不同的答案：建筑学家着眼于古村落的建筑本身，从材料、结构、布局等方面寻找技术方面的原因；环境学家着眼于古村落所处的地理条件，从山势水流、气候温湿、地质物产等方面寻找生存方面的原因；历史学家着眼于古村落的历史发展，从朝代更迭、社会治乱、经济丰啬等方面寻找其中可能给古村落提供的生存机遇……这些都为找出古村落得以存在的原因提供了思路，但还属于从外部找原因。在中国文化的语境中，古村落本身就是一种生命现象，存留时间长短还取决于人的因素。环境循环、生命相通规律的发现和认定，以及在此基础上萌生的就地取材的营造理念，反映了村民们对居住与自然关系的细致观察，也见证出村民们运用规律解决生存问题的巧妙。因而，从建筑文化的角度看问题，古村落之所以生生不息地保存到今天，从根本上说，是住民们巧妙地利用这些规律，进而达到了“天与人交相胜”的结果。这是一种建造境界，也是一种很高的质量意识，无疑可以给今天的城镇建设提供重要的参照。

前一段的城镇化是与 GDP 紧密相连的——建设带动地产，地产带动建材、能源、运输等行业，进而带动金融、证券和保险。这种按照资本在流通中增值思路展开的城镇化，毫无疑问地会以速度见长，也带来了城市性质的质变：从绿色变成了水泥色，从家园变成了市场，城市的地域特点和历史色彩日益消退，环境污染成了普遍现象。与现代人通常喜欢的人造空间不同，古人则更加看重村落的家园属性，所谓“阴阳之枢纽，人伦之轨模”，是天地自然与人际伦理的结合体。依照这样的标准，古人从事建造活动时，既要考虑自然因素，也要考虑伦理因素，试图让建造的家园既有自然界的盎然生机，也有人伦关系的鲜明特点。事实证明，这样的做法顺乎自然，合于人性，与大投资、高耗能的现代建设形成鲜明的对照：一个需要耗费大量的人力物力，一个则借助自然之力；一个在建设中脱离自然，一个在适应中亲和自然；一个显示着欲望与贪婪，不惜透支子孙后代的生路，一个则小心翼翼，唯恐违背了“生生之谓易”的千年遗训……同样的效果，不同的代价，其中所显示的智慧，所深藏的奥妙，增加了古村落的神奇色彩，也延续着古村落的使用寿命。

这样看来，古村落的价值可以是形式上的展示，也可以是内容上的挖掘。前者可以使古村落成为观赏之地，产生旅游价值；后者则可以使其中的营造智慧发扬光大，为新型城镇化建设提供经验。在新的历史条件下，后者的意义显然要比前者来的重要，来的迫切。当然，前人的经验有其特定的历史环境，未必都适合今天的情况。但是，他们从事建造活动时的出发点，对天人关系的基本态度，尤其是他们对人居环境建设的高标准，其合理性都在年深日久中得到了验证，并以空间的形式保留到了今天。这些，无疑能够对当下的城镇化建设起到重要的参照作用。

44　传统村落可持续发展之我见
——以闽北地区为例

传统村落保护工作由住建部等国家七部委牵头实施。随着工作的深入开展，如何使传统村落在新的社会条件下获得可持续发展的可能越发显得紧迫而重要。本文以福建省南平地区为例，针对当地的自然和历史情况，将当地的传统村落分为以历史悠久见长、以民间教育见长和以自然环境见长的三大类，并由此衍生出以历史文化、民间教育和生态休闲为主体的产业发展设想。保护针对文化，发展延伸文化，使传统村落保护与发展不再是矛盾，而是在文化的基础上获得新的统一。

截止 2016 年，国家已分四次在全国范围内评出 4153 个传统村落。这是一项由国家组织的村落保护工程，涉及的部门多，区域遍布全国，产生的社会反响也十分巨大。不仅有效地遏制住了对旧村庄的肆意破坏，还引发了全社会对传统村落保护问题的关注，极大提高了传统村落的社会影响，也使居住在这里的人们开始重视村落的价值，重新审视身边的那些老房子。

1）喜忧参半的现实情况

今年是传统村落保护工作的第五个年头，如何让这些评选出来的村子可持续地发展下去，成为了社会各界关注的焦点。首先，国家拿出了专项经费作为保护的启动资金，截止 2016 年，评选出的传统村落已经有一千多个获得了中央财政支持。其次，像福建、浙江等经济发达地区的政府还拿出相应的配套资金，激励传统村落的发展。再次，像贵州那样传统村落密集的省份还成立了“联盟”，为传统村落的抱团发展提供社会保障。同时，一些民间力量也纷纷进入传统村落，或制定保护发展规划，或投资建设产业，或与企业联合开发，出现了不少以旅游、餐饮、民宿为内容的新产业。凡此种种，确实为传统村落注入了新的基因和活力，但与此同时也出现了建筑修复上的彼此雷同、景观设计上的竞相模仿、业态方面的相互照搬等问题，使村落的传统风貌乃至生产和生活方式都在发生着变化，难免使人产生了这样的担心：这种“输血式”的帮助，在改变村落外在环境的同时，会不会改变了村落的传统，使村子在文化上发生“基因”突变。

这种担心是有道理的。传统村落是农耕文明的产物，周边环境、房屋营造、道路铺装，尤其是生产和生活方式都与农耕文明有着千丝万缕的联系。假如我们不深入研究这些基本要素，挖掘出其中的合理性，而是按照城市生活的样态来改造，村子的名字还在，但是原有的历史环境以及所承载的文化内涵很可能在盲目开发中被置换掉了，那些以餐饮、娱乐、民宿为盈利点的村庄改造，那些以招揽生意为目的仿造出来的村落，那些模仿照搬来的各种业态，都是这种情况的具体表现，将村落原有的田园风光、古宅老屋乃至“日出而作、日末而息”的生活方式都改变了味道（图44-1）。

图44-1 人头攒动的村落游

2）造成原因的深度分析

然结合中国国情与村落保护的现状，我们认为，村落的变味发展现状又有因可循：

首先，传统村落的保护是在中国城乡巨大差异的社会背景下展开的。差异是一种正常存在，从自然界千差万别的生态环境，到社会生活中丰富多彩的人文环境，差异使得我们的生活在多样中色彩纷呈。人类正是在这样的环境中形成不同的民族性和地域性，形成与环境相适应的不同生活方式。不过，如果差异性超过了人们的适应程度，趋利避害的天性也会使人们否定自己的现状，去追求更好的生活。据国家统计局2015年的数字，我国城市人口的人均收入是乡村人口的2.8倍，加之医疗、教育、公共服务设施配套水平，城乡之间的差异之大恐怕要远远大于2.8倍！在这样社会环境下，传统村落的人们急于开辟新的生产和生活方式是可以理解的。经济收入、居住环境、社会服务等方面巨大的不对等，使居住在老屋旧房里的人们将传统村落保护与提高自己的生活水平相结合，自然有着不可否定的必然性。

其次，传统村落保护是在新的社会环境中展开的。任何社会活动都会打上时代的烙印，传统村落保护当然也是如此。跨世纪前后的中国发生了诸如加入世贸组织、举办奥运会等一系列重大事件，对国家的发展和国民的思想意识都产生了深刻影响。在这样的背景上，看齐国际社会，注重经济发展，成为国人思考各种问题的基本参照，也影响着人们对传统村落保护和发展的认识。在这段时间里，中国的GDP出现了连续10年超过8%的高速增长，中国的城市化率也从20世纪90年代的30.42%，达到2015年的56.1%，提升了26个百分点（图44-2）！在这样社会环境下，出现不顾村落的自身条件，急于向大城市看齐，盲目地去模仿那里的建筑形态、克隆那里的景观设计、照搬那里的各种业态，模仿城市来设计农民家园的情况，实在也是在所难免。

再次，传统村落研究并没有太在意前人的经验。随着保护工作的深入，传统村落研究也在全面展开，形成了以政府为主导，以高校为主体研究格局的同时，也形成了与“三农问题”相结合，与“留住乡愁”相衔接的基本思

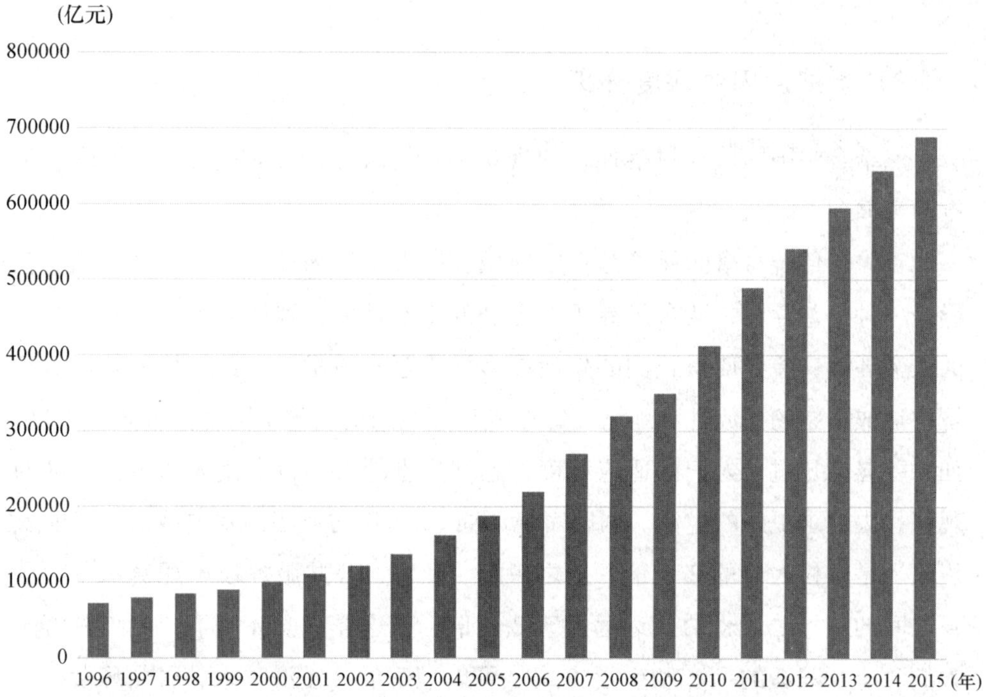

图44-2　近20年国内生产总值（GDP）

路。这种情况，在给传统村落保护研究带来鲜明时代特色的同时，也给人一种感觉，似乎传统村落保护是近几年才提到议程上来的新事物！其实，早在清朝末年，河北定县就出现了米迪刚、米鉴三兄弟，提出了“乡村建设”的主张；1924年，晏阳初在河北保定的22个村落推行平民教育，成立“平民教育实验室”；1927年，陶行知在南京成立了“中华教育改造社”；1931年，梁漱溟在山东成立了“乡村建设研究院”……他们在倡导多种经营来复苏农村经济的同时，还兴办农村水利、改良耕作、修整公厕、营造环境、建设道路、改善农舍、保护名胜，努力涉及农村生产和生活的方方面面。尽管头绪很多，但是，尊重民族传统，以教育为核心，以启发“民智”为切入点的宗旨贯穿始终。比较起来，今天的传统村落研究，显然没有太在意前人的经验，而是根据当下的形势需要而动，更加集中于村落的旧貌换新颜上。

巨大的城乡差异，引发着人们趋利避害的本能，促使传统村落的人们弃乡投城；鲜明的新旧对比，让人们更加喜新厌旧，自然会急于改变现状；当城市成为村落建设的目标，前人的研究成果自然也就因为久远而被束之高阁了起来。

了解这些，有助于我们发现当下在传统村落保护方面出现问题的原因，也有助于我们对那些居住在老屋旧房中的村民们给予更多的理解，更会促使我们去深刻反思，如何利用国家对传统村落的保护政策，制定出既适合传统村落的实际，又可以持续的发展思路与办法。这样的归纳，有助于我们以换位思考的方式来考虑传统村落的保护与发展问题。处在城市化十分强势的社会阶段，为了避免将城市建设的惯性思维转移到传统村落，急需专家学者们从更高的层面上，多学科地去发掘传统村落的自身优势，确立传统村落保护和发展的核心价值，并在此基础上形成传统村落独有的文化竞争力。

3）南平地区的传统村落

传统村落是古人根据自然环境和历史沿革建造出来的。因此，传统村落的价值主要体现在自然环境的美好与历史积淀的深厚两个方面，而这两点恰恰是农耕文明的核心价值。尽管我们已经进入了21世纪，但是，我们的生活习惯和思想方式中依然保存着传统文化的基因，自觉或不自觉地在民族文化的根脉上有所继承、有所发展。这是我们的民族文化得以延续的基本保障。在这样的层面上来思考传统村落，我们就不能只着眼于这里以绿水青山、古树老屋为标志的外在风光，还应该看到这里经过的历史以及文化方面的蕴藏，发现与中华民族生生不息有直接关系的各种遗存。下面，我们以福建南平地区的传统村落为例，试着分析一下其中的文化蕴藏与价值。

南平市位于福建省北部，东北与浙江省相邻，西北与江西省接壤，是闽、浙、赣三省交界处（图44-3）。在2.63万平方公里的区域里，低山广布，河谷纵横，盆地相连，著名的“世界自然与文化遗产地”武夷山就坐落在这里。南平境内雨量充沛，竹木森森，植被繁多，是福建省重要的鱼米之乡，森林覆盖率达74.75%，是著名的“杉木之乡”“毛竹之乡”，有中国“南方林海”的美誉。

南平在福建历史上具有重要地位。东汉时期，南平、建瓯、浦城等地方

图 44-3　南平区位图

便设立县衙；魏晋时期，南平是“衣冠南渡、八姓入闽”的重要地区，是闽越文化、朱子文化、武夷文化、太极文化的发源地；宋代是北方文化大举入闽的又一个高潮，数量众多的饱学之士不仅给南平地区的官学注入了中坚力量，还在民间创办了大量书院，出现了“城乡处处书声琅琅，家家户户诗书相伴”的社会景象。据《闽北教育志》载：有宋一代福建全省中进士 7048 人，而“闽北的建州、南剑、邵武三州共中进士 2073 人”占到了全省的七分之二！

优美的自然环境与深厚的文化积淀，使南平也是传统村落较为集中的地区，截止 2015 年，经福建省住建厅评审通过的省级传统村落共有 339 个，南平就有 85 个；截止 2016 年，福建省入选国家传统村落 229 个，南平就有 34 个，两项指标皆居福建省前列（图 44-4）。应该看到，南平地区的传统村落，不仅数量多，而且质量高。从历史角度看，南平的传统村落最早的建于唐宋时期，多数建于明清，承载了千余年的历史；从文化角度看，历史上的南平传统村落人才辈出，村庄中多建有书院和祠堂，留下了以程朱理学为主体的崇文重教之风、以名门望族为代表的精美建筑群落；从自然环境看，南平的传统村落多分布在山清水秀的环境里，风景如画，天人合一……总之，南平的传统村落以空间的形态承载着闽北地区的自然和历史风情，是这一地区又一份地域特色鲜明的珍贵遗存。

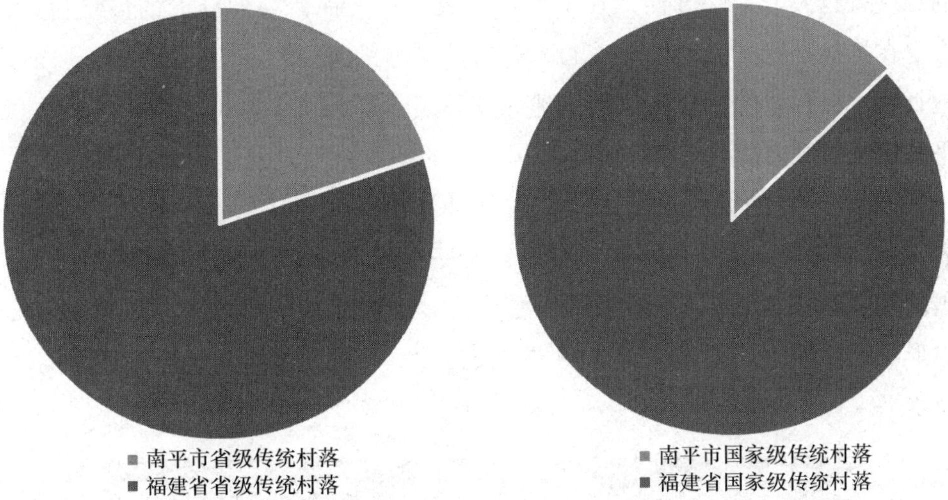

图 44-4　南平传统村落数据

4）南平传统村落的当下之用

城市的建设靠经济，传统村落的保护同样离不开经济。所不同的是，城市，尤其是一些大城市，可以将政治、经济和文化作为建设的核心，将凸显政治地位和经济实力作为空间布局和建筑形态设计的追求。而传统村落则是自然和历史孕育出来的，在很大程度上带有文物的性质。如果将城市作为效法的榜样，也去通过建门楼、修广场来搞形象工程，通过招商引资和规模产业来改变村落的经济格局，通过大拆大建和“涂脂抹粉”来让村庄旧貌换新颜。那么，传统村落自身的优势不但得不到发扬，反而会在模仿中发生质变，让“建设性破坏”的悲剧在这里重演。传统村落是仍然使用着的文物，文化才是其中的核心价值，只有将文化作为保护的核心，将村落中的自然和历史优势发掘出来，才可能使传统村落的真正魅力得到发扬光大。

下面，我们将南平地区传统村落做一个大致分类，谈谈这一地区村落的价值与利用：

（1）以历史悠久见长的传统村落：历史是传统村落的核心价值，也是传统村落得以存留的最大难点。在很大程度上说，历史越久远，村落留存下来的难度就越大。另一方面，凡是经过无数天灾人祸留存到今天的传统村落，肯定在抵御自然灾害和凝聚人心方面有着丰富的经验，并且行之有效，是当地百姓生存智慧的活化石。南平地区就不乏这样的村落。比如，邵武县的和平镇以及镇域内的砍头村、政和县杨源镇的杨源村都始建于唐代，距离武夷山只有 20 公里的城村建于宋代。尤其是依山傍水而建的和平镇，古城堡、古街道、古书院、古民居整齐有序，是一处全国罕见的城堡式大村镇。这里的传统建筑群，以空间的形式展示了闽北地区千余年的建筑发展过程，也形象地反映着当地能工巧匠在选址选材、营造工艺和装饰美化方面的高超水平（图 44-5）。

图 44-5　杨源村

这些村落早已成为历史的见证，能够存留下来本身就是奇迹。在这样的村子里，不管是建筑、街道、田地、河渠等人工场所，还是山体、树木、河流等自然要素，都打上了深深的时间烙印，凝聚着自唐代以来千余年岁月演变的沧海桑田。这样的村落，如果把保护与发展的重点放到历史要素方面，其优势恐怕是其他村落难以匹敌的。一般来说，最能够承载历史的首选建筑，尤其是和平古镇，是五代后唐工部侍郎黄峭的故里。在古代，工部为管理工程事务的机关，具体包括土木工程、渠堰疏浚、器物打造等工作。和平古镇之所以能够建造得如此坚固，抵御了千百年间无数的天灾人祸，与黄峭丰富的建造经验以及后人对这些经验的遵循肯定有直接关系。如果能由专业人员对唐代以来遗留下来的各种历史痕迹进行发掘整理，并且按照年代进行归类和修缮，凸显出唐、宋、元、明、清不同历史时期的美学风貌，古镇将成为福建乃至全国首屈一指的古代建筑博物馆，不仅具有唯一性，而且具有重要的观赏性（图 44-6）。

图 44-6　和平古镇

（2）以民间教育见长的传统村落：在农业社会，土地是养育人口的基础，教育则是家族和村落后继有人、光耀门楣的重要保证。因此，在满足了生计问题之后，古人不仅会不竭余力地兴办教育，形成了“尊师重教”之风，还形成了“万般皆下品，唯有读书高”的社会共识。北方一直是古代中国的政治、经济、文化的核心区，盛代帝王的都城与孔孟鸿儒均出自这里。然而，魏晋南北朝时期的社会动乱导致的“八姓入闽”，有宋一代江山分裂导致的政权南迁，不仅给闽北地区增加了人口，还使这里云集了不少饱读诗书的贤达人士。据有关资料统计，宋代的闽北地区涌现出了大批书院。如建瓯境内就有朱熹父亲创建的“环溪精舍”等3家，建阳地区有朱熹建的“考亭书院”、蔡沉建的“庐峰书院”等8家，崇安地区有朱熹建的“武夷书院”、陈仰斋建的“希贺书院”等9家，浦城地区有真德秀创办的“西山精舍”“梦笔山房”等5家……

不管在什么年代，教育都可以反映一个地区物质和精神文明所达到的水平。如此众多的书院，不仅能够反映历史上南平地区重教之风的兴盛，还可以证明当时社会的安定与百姓生活的富足，所谓“仓廪实知礼节”。这些拥有书院的村落，应该把保护与发展的重点放到书院教育资源的发掘与弘扬方面，由专业人员对这些书院遗留下来各种教育信息进行归类整理，比如，这里有以程朱理学为代表的哲理思想，也有《朱子家训》那样的做人箴言，所谓“阳春白雪”与“下里巴人”水乳交融，构成了雅与俗的思想宝库。如果能将这些保存下来的书院进行整合，构成“南平书院群”，再根据当地情况，或者与国内高校结合，开展各种学术研究活动；或者与当地中小学结合，开展传统文化的普及工作；或者聘请国内有建树的学者以及团队进驻书院，开展学术活动。这样一来，古老的书院就不再是一些空间上的摆设，而是一处处隐藏在古老村落中的思想田园。在古建利用方面是一个大胆尝试，对当地传统教育资源的发掘利用是一个提升，更为重要的是，可以大幅度地提升南平地区在全国的文化影响力。

（3）以自然环境见长的传统村落：南平市境内有武夷山、杉岭、仙霞岭、鹫峰山四大山脉，组成福建省北部的重要山系（图44-7）。陡峭的山峰与奇特裂谷相勾连，在这一地区构成了奇特地貌。南平市常年平均气温17.9～21.2℃无霜期247～339天，年降雨量1430～2032毫米。境内河流源于降水，受地形和气候的影响，福建省第一大江——闽江就发源于这里。南平市林业用地面积占全市土地总面积的83%。全市森林覆盖率达到74.75%。森林蓄积量为1.58亿立方米。建瓯、武夷山、顺昌是“中国竹子之乡”，建瓯、建阳、政和是“中国锥栗之乡”，顺昌是全国唯一的“中国杉木之乡”，全市有省级以上自然保护区5个。茂盛的森林为各类名贵花木提供了生活场所，全市有植物1790多种，也为茶叶、水果、中草药以及等众多奇花异草的生长区。气候温和、水质清澈、山体嶙峋，加之树木花草的如荫如盖，在南平地区构成了如画卷般的自然风景。

图 44-7　南平山水

在“天人合一”的传统文化语境中，人的生命不过是自然生命的一部分，自然环境与人类生命之间存在着相互的交融关系。用庄子的话说：“天地与我并生，万物与我为一”。用现代的话说：人类虽然有自己的生存方式，但是，同样属于生态圈中的一分子，与其他的生命现象紧密相连，大自然才是老子所说的“天下母”。纵观古人留下的传统村落，无不讲究“相其阴阳之和，尝其水泉之味，审其土地之宜，观其草木之饶”，尽量从大自然中获得滋养。

根据南平市民政局统计，截止 2016 年底，全市户籍总人口 321. 26 万人，其中 80 岁及以上老人 8. 99 万人，占总人口的 2. 80%；90 周岁及以上老年人口 1. 15 万人，占总人口的 0. 36%。百岁及以上老人 103 人，占总人口数的万分之 3. 2。其中，男性百岁老人 35 人，女性百岁老人 68 人（图 44-8）。全市年龄最大的是建瓯市南雅镇梅村吴墩自然村的陈秀兰老人，出生于 1906 年 2 月，2017 年 1 月去世，享年 111 岁。全市百岁老人数量排名第一的是延平区，有 20 人；第二的是建瓯市，有 18 人；第三的是邵武市，有 14 人。由这些数字不难看出，美好的自然环境给南平人民带来的最大福祉是健康长寿！无疑也是大自然赋予南平的又一种珍贵资源。如果能将这份资源进行分类，再有针对性地进行规划，比如在山清水秀的传统村落里设计出养老场所，在自然环境纯净的传统村落里种养殖一些生态产品，在一些风景奇特的传统村落开展民居住宿活动等，均可以为当地带来新的经济增长点。

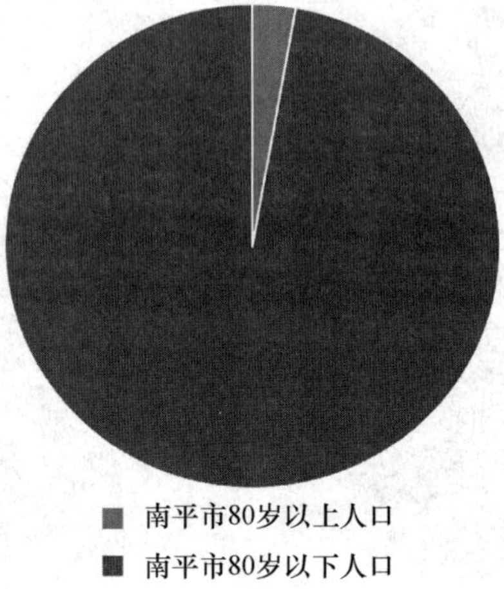

图 44-8 南平市长寿人口比例

5）小结

这样看来，凸显特色是传统村落发展的重要方面。模仿抄袭别人的做法尽管来的快捷，但是由于缺乏根基、内涵不足也不会有多少吸引力，更谈不上可持续地发展。传统村落的特色体现在自然和人文两个方面，需要有一定人文修养的专业人士认真发掘研究，才可能有所发现并在环境设计、建筑维护、业态延伸方面做出准确的选择。与追求刀下见菜的急功近利比较，走个性化发展之路，不是急于对村落形态上的翻新，而是意在寻找地域文化的魅力进行复兴；与以城市为榜样的乡村建设比较，走个性化发展之路，不是急于给村落里引进外来产业，而是意在寻找传统生产与现代生活之间的最佳衔接点；与全方位开展旅游的做法比较，走个性化发展之路，不是以游客数量多少来衡量，而是以村民获得了多少实惠为旨归。这样的保护是立足村落实际的保护，这样的发展是立足村落实际的发展，进而使传统村落的地域文化特色更加鲜明，产生一种“桃李不言，下自成蹊”的社会效果。

45　传统人居智慧的当下意义
——以古村落为例

传统人居智慧是中华民族从事建造活动的经验总结，不仅为祖先创造过适宜的居住空间，其中许多做法还可以为美化今天的生态环境提供思路。古村落是传统人居智慧最为集中的地方。适度发展、生命相通、自然循环等理念在这里以空间的形式得以表现，经受住了历史的考验。用这些智慧指导我们今天的建设，既可以避免重蹈先污染、后治理的覆辙，也能使我们的城市在紧凑中更加方便，在畅通中提升效率，在循环中更加环保，走出一条具有中国特色的城市化建设之路。

1）社会转型对古村落的影响

古村落有着悠久的历史，但是，在不同的社会阶段人们对古村落的价值认定却不一样。从近几十年的情况看，在贫困时期，人们为了解决温饱问题更加看重古村落是否能满足使用的需要，几乎不顾其中的文物价值，在天灾人祸的年代里，古村落甚至成为落后的代名词，随时都会被淘汰。在相对富裕的社会阶段，衣食无忧的人们将古村落视为游玩的场所，在探古寻幽中体会前人的生活方式，古村落的文化属性开始进入人们的视野，如何利用好这些文物创造价值的问题也提到议程。

这种情况也曾经出现在国外。20 世纪 60 年代，韩国是一个典型的农业国，农业产值占国民生产总值的 43%，城市化程度是 37%，人均 GDP 只有 82 美元，农民收入不到城里人的 70%，“住草房、点油灯、吃两餐”是当时农民生活的真实写照。拆除茅草房，盖砖瓦房是当时村民的最大愿望。开始于20世纪70年代的“新村运动”也首先是从包括“草屋顶改造”在内的农村基础设施建设开始的，而不太考虑旧有村落建造于什么年代，承载着怎样的历史信息。到了1977年，曾经被视为贫穷标志的“草屋顶”基本上全被更换为彩钢和陶瓦，道路设施也发生了根本性变化，此时的农民收入也达到了城市人收入的95.8%，城乡生活已经没有太大的差别（图45-1）。富裕起来的人们开始考虑旧有生活方式的当代意义和价值，提出了旧村保护计划。在得到政府正式承认之后，由民间集资，先后在那些有历史底蕴的地区建造了水原、牙山，大长今、全州、济州岛五个民俗村（图45-2）。村内的大小建筑物是从四处迁来的古旧民宅、寺院、市场、官厅等，所有建筑的造型、材料、环境都保持着旧有的样子，加之3万多件不同风格的民间日常用品，很好地再现了历史上农村生活的特有面貌，与“新村建设”形成了反差。到了21世纪，韩国的城市化率已经突破90%，当年创建的“民俗村”所具有的前瞻性开始显现出来——数量少使得这些村落犹如凤毛麟角，越显珍

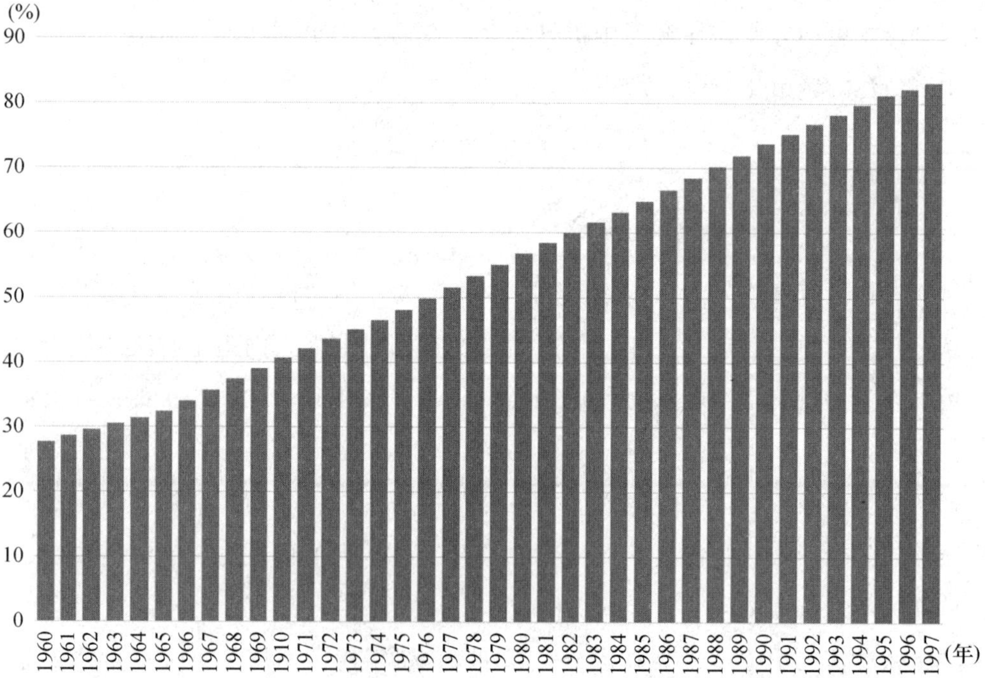

图45-1　20世纪韩国城市化率

贵；古老的环境与现代生活之间的巨大反差，很能让城里人耳目一新。“民俗村”的文化价值得到彰显，不仅成为本国人民旅游观光、追溯民族传统的重要场所，也成为外国人士切身体验韩国历史样态的绝好去处。随着旅游业的兴盛，“民俗村”也同其他创意文化产业一样走向了市场，取得了效益。

图 45-2　大长今民俗村

中国的古村落走的也是这样的路子。随着城乡差距的缩小，富裕起来的农村人不再盲目地羡慕城里人，城里人也因为知道了生态环境的重要而开始向往乡下的自然风光。这种转变，为农村，尤其是为古村落将传统文化转化为资本提供了机遇。现代人所以关注古村落，首先是硬件方面的，那里的山水风光能够健康身体，也因为留在那里的古迹遗物可以唤起对历史的回忆。其实，古村落为我们留下的财富不仅仅有硬件方面的，更有软件方面的——在营造家园环境过程中总结出来的生存智慧，包括人与自然和谐相处的法则，人与人之间共生共存的道理，更有使生存空间保持文化个性的种种讲究。也就是说，在年深日久中积淀起来的人居智慧，既是古村落获得强大生命力的重要保障，也是中华建筑文化的组成部分，当样也是一笔重要的财富，同样可以为当今城市生态环境的可持续发展提供经验。

2）城市的可持续发展期待东方智慧

据国家统计局发布的消息，截至2015年底，中国城镇人口占总人口比重为56.1%。人口带动房产，大面积的建设扩大着城市规模，同时也改变着城市的自然和人文环境。建筑是地地道道的“复合型”产业，可以带动钢铁、化工、运输、机械、电力等多种行业，因此，建筑对社会经济的贡献率是巨大的。同时，建筑又是占用和消耗资源种类最多、维持时间最长的产业，给城市生态环境的影响也是巨大的。高耗能意味着高污染。随着城市的快速发展，建筑能耗的所占比重也越来越大，成为温室气体的重要排放源。建筑产生的污染不是一次性的，还包括材料生产、施工过程和后期使用。据统计，每建1平方米的房子，将向大气中排放574千克CO_2。中国大陆现在每年新增建筑面积约为20亿平方米，建筑能耗占全社会终端能耗比率已从1978年的10%发展到现在的27.5%，若综合建材生产和建造过程，建筑业相关能耗比例已经超过了40%。在人类活动产生的各种垃圾中，建筑垃圾占总量的45%。而且，不可降解性决定了建筑垃圾的长期性，其中所含的金属、水泥和各种化学合成材料，还会在阳光和雨水的风化下带来二次污染，给所在地区的土壤和水源造成危害。

“摊大饼式”的建设让中国城市已经难以摆脱耗能、污染和拥堵的困扰（图45-3）。面对越来越严峻的生态形势，城市人在为健康和明天担忧的同时，也逐渐意识到了现代科技的两面性：既可以让城市更美好，也可以给城市带来各种麻烦。反之，古村落的青山绿水与和谐的共生的生活态度，尤其是其中蕴藏着的可以持续发展的智慧，越来越显示出极强的现实意义。因为，不管是“世外桃源”般的居住环境，还是“纳千顷之汪洋，收四时之浪漫”的大空间，都是传统营造智慧的结晶，给当时的人们带来过幸福时光，也因为美不胜收而享誉千年，其中高超的内在质量与美学效果足以成为今人榜样。于是，通过古人的营造活动分析其中的经验，总结前人处理天人关系的智慧就不仅仅具有学术意义，同时也具有重要的现实意义。

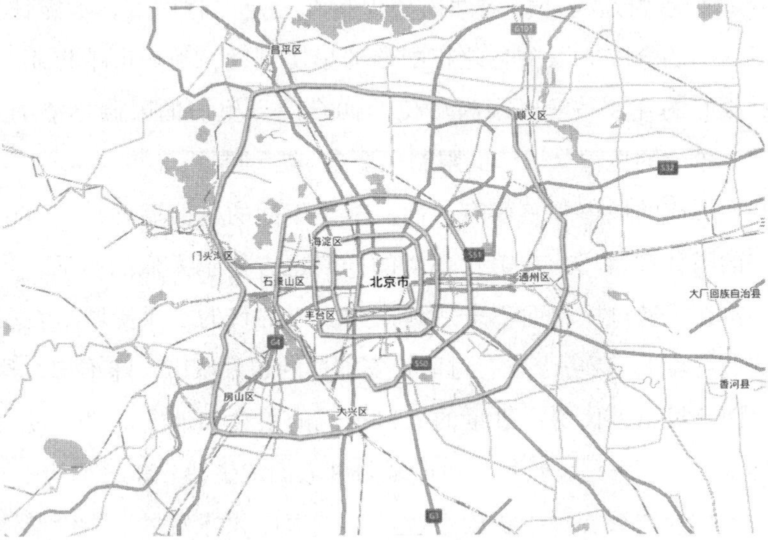

图 45-3　“摊大饼式”

现代意义的城市化源于西方，决定了西方早于我们遭遇到了城市生态危急，也早于我们发现了东方人居智慧在环境保护方面的积极作用。美国环境学者霍尔姆斯·罗尔斯顿（Holmes Rolston）甚至提出了这样的观点：“西方人也许应当到东方去寻求人与自然协调发展的模式……”国内也有学者提出了“该中国哲学登场了”的主张。我们有理由相信，中国城市的可持续发展不仅需要借助现代技术，更需要借助传统智慧。因为，正是因为有了这些智慧，中国的古村落才在与自然的和谐相处中获得了超长的生命力。

3）传统人居智慧的基本内容

传统人居智慧见之于典籍，更以古建遗址的形式遍布大江南北。尤其是那些久经沧桑却风韵依然的古村落，在基址选择、房屋布局、材料使用、内外装饰等方面无不是古人深思熟虑的结果。中国历史上也有过不少大规模的建造活动，出现过各式各样的大城市，但是从来没有对环境造成过威胁。这里当然有生产力水平的限制，但是，适应自然而动的理念不能不说也是一个重要原因。

首先，适度发展。“山林虽近，草木虽美，宫室必有度。”这里所说的“度”，是指聚落营造与环境之间需要保持在一定的程度上，不能任其发展。出现于汉代的四合院落以及与此相配合的里坊制度，为城市中控制人口的密度起到过很好的作用——以家为单位的四合院受里坊的限制不能随意扩大，以四合院为单位的里坊受城墙的限制也要有一定的制约（图45-4）。于是，在层层制约中形成的城市规整而有层次。为了不同的生活需要，城市中还会设置大面积的园林和市场，在美化环境的同时也方便了人们的生活。当然，这样做的根本在于通过控制面积来达到控制人口的目的，保持城市发展与环境承载之间的“度”。历史上也有过唐长安那样的超大城市，殊不知，这座巨大的城池也因此付出了代价：过量的人口造成的粮食和治安危机，过大的版图造成的排水不畅等问题，每年都可能威胁到人们的生活。在《旧唐书》《唐会要》等古书中就记载着关于积雨造成“京城垣屋颓坏殆尽，物价暴涨，人多乏食”，甚至还出现过“京师人相食”的事情。由于管理上的鞭长莫及，光天化日之下欺行霸市，造成“名为宫市，而实夺之”的事情也频频出现在史书上。可能正是汲取了长安城的教训，后来的朝代不乏盛世，但是在京城的规模大小、人口容量方面一直都很慎重，再也没有出现过像长安那样的超大城市。

其次，生命相通。天人合一的古老命题也影响着祖先对生命之源的理解，这方面最经典的总结莫过于庄子的“天地与我并生，万物与我为一”，暗示出古人已经发现了无机物衍生有机物，有机物衍生人类的自然规律。而这种认识恰恰就是生命互相依赖、有机统一的生态学思想。人类虽然有自己的生存方式，创造出了各式各样的人文世界，但是，同样属于生态圈中的一分子，与其他的生命现象密切相连，大自然才是老子所说的“天下母”。古村落就是依照这样的理念营造的——在选址的时候，“法天地，象四时”，寻找人与环境共生共荣的风水宝地；在选材用料上，因地制宜，就地取材，使材料的自然属性更好地为人服务；在造型上，注重房屋方位的向阳避风，以获取更多的自然庇护，设计出与大自然相亲和的布局；在环境方面，讲究“相其阴阳之和，尝其水泉之味，审其土地之宜，观其草木之饶，然后营邑立城，制里割宅，正阡陌之界。”追求人居环境与自然环境的休戚与共。

图 45-4　唐长安城的里坊制度

再次，自然循环。当代美国环境生态学者巴里·康芒纳（Barry Commoner）提出将人类的行为纳入自然生物圈的观点。其实，中国最早的哲学著作《周易》中就有："夫大人者，与天地合其德，与日月合其明，与四时合其序，与鬼神合其吉凶。先天而天弗违，后天而奉天时"的思想。将人与天地视为一个统一的整体。在这个整体中，人不过是其中的一分子，任何行为都要符合自然的秩序。"先天而天弗违，后天而奉天时"，指出了人的任何行为都应该遵奉自然，顺应规律。在这种思想指导下，后人还提出了"因天材，就地利"的营造主张。前者是说，使用当地所产的材料营造居所，才可能最大限度地适应当地的自然环境，适合当地人的居住习惯；后者是说，环境的容量是有限的，要根据土地承载力来决定人口数量，绝不能无限扩张。更为重要的是，这样营造出来的建筑，与自然界中其他事物之间存在着某种内在的联系，来于自然，归于自然，从建造到毁灭的每一次循环，既不会给环境造成危害，也不会给后人留下麻烦。

4）传统人居智慧的现实意义

城市的高速发展，使人们在享受现代科技带来方便的同时，也从激增的人口与有限资源的矛盾中感到了危机。为了提高城市的容积率，农田变成了道路，绿地变成了高楼。这样的城市以人口众多和高楼林立为标志，同时，也不可避免地出现了资源的日渐稀缺和废弃物对环境的污染（图 45-5）。如果说，过去的城市是大自然培育出来的一棵树，参与自然循环并最终归于自然；现在的城市则是大工业生产出来的“钢筋混凝土森林”，是阻隔在人与自然之间的一堵墙，而传统人居智慧恰恰可以为我们冲破这堵高墙提供一些思路——

图 45-5　犬牙交错的天际线

首先，从适度发展到建造紧凑型城市。在生产力水平有限的历史时期，城市只能适度发展，这是古人的自然选择；在资源已近枯竭，环境开始威胁人类生存的今天，提高城市运转效率，降低城市能源消耗则是今人的无奈选择。尽管两者之间存在着质的差别，在适应中求生存的目的却是一致的。紧凑型城市就是根据这种情况提出来的一种建设理念。要知道，“摊大饼”式的城市扩张，不仅增加着城市的运行成本，所付出的环境代价也越来越大。于是，为了降低运行成本，城市中各种功能区应当相对集中，区域内的办公、居住、商务、生活设施相互配套。这样才可能减少人们在出行、居住、能耗方面的成本，也为城市绿化提供了空间。扩张型城市中的人们之所以幸福指数不高，说到底是因为太大的面积使城市的各种设施相互脱节，在耗费人们经济的同时，也挤占了人们享受生活的时间和精力，给市民工作生活造成了不便。

其次，从生命相通到快速交通网络建设。古人所说的生命相通主要是关注人与大自然的关系，尽管带有农业社会的粗放，却揭示了万物一体、相互依存的基本规律。工业文明使人类拥有了创造“第二自然”的能力，却因为过于关注利益而忽视了过程的重要。城市环境如何，与城市的运行过程有直接关系。过程不畅，不仅会造成拥堵和混乱，也是城市污染的重要原因。建设快速交通网络无疑是解决问题的关键。这里包括这样几层意思：首先，城市中各种功能区域之间应当设有以公共交通为主的快速干线，提高城市各区域之间的疏导能力。其次，小区规划要根据交通网络情况来建设，避免高密度小区建设，尽量缩短人们乘坐交通工具的距离。再次，各功能区建立足够的休闲娱乐空间，为人们提供相互交流的活动平台，为人际关系的和谐发展创造条件。

再次，从自然循环到建造可回收城市。过去的营造之所以不会对环境造成太大的污染，关键是因为产生的所有废弃物都可以回归自然，被自然消化；现代城市之所以会带来污染，关键是大部分废弃物不能被降解，成了大自然的负担。尤其是在城市无序扩张的时期，不仅造成的废弃物会迅猛增长，出现垃圾包围城市的局面，用各种合成材料浇注起来的城市本身就是一部不会被降解的机器，成为大自然永远的痛。要想使我们的城市参与到自然循环之中，运用绿色材料是唯一的选择。这样才可能使我们生活中使用的一切来于自然，归于自然。

因为功能致上，我们的城市化所以能够高速发展。为了保持城市化的高速度，我们确实更加关注西方当年的一些建设方法，而忽视了本民族的建筑传统。由于几乎是全盘引进西方的城市建设做法，我们的城市建设既没有了中国特色，也没有了中国智慧。于是，西方当年遇到过的各种社会和环境方面的问题也接踵而至，使我们的城市化也走入了先污染、后治理的误区。在这样的背景下，传统人居环境中适度发展、生命相通、自然循环等智慧就越发显得重要。在新的历史条件下认真研究这些智慧，可以帮助我们重新确认现代城市与自然的关系，在与自然的和谐相处中获得可持续的发展。

中国的城市建设绝不可以没有中国人的智慧参与，研究古村落的人居环境，无疑是获取这种智慧的一种重要途径。

46　古村落保护性开发的路径分析

对古村落进行保护性开发是新农村建设过程中不能回避的问题，需要专业性的研究。人与自然的和谐关系、人与人的融洽与亲和、与环境相适应的人居智慧是古村落的特有价值，也是华夏民族历史的保存与再现。通过内外兼修、典主雅辅、凝聚内涵的方法来培育古村落的旅游功能，满足日益旺盛的旅游需求，从而使古村落在新的历史条件下获得新的活力。

1）古村落的价值

1986 年，国务院批转了城乡建设和文化部联合发布的《关于公布第二批国家历史文化名城名单报告的通知》，其中的第四条中指出："对一些比较集中，或能较完整地体现出某一历史时期的传统风貌和民族地方特色的街区、建筑群、小镇、村寨等，也应予以保护"，意味着中国的文物古迹保护范围开始由大中城市向村镇延伸，古村落如何加以保护的问题被提到了议程。截至 2010 年，住房和城乡建设部与国家文物局根据《中国历史文化名镇（村）评选办法》，先后公布了五批历史文化名镇名村的名单，至此，我国共有国家级历史文化名镇名村 350 个，其中名镇 181 个，名村 169 个，分布范围覆盖了全国 31 个省、自治区和直辖市（图 46-1）。

保护古村落不仅仅是为了扩大文物古迹的保护范围，更重要的是为了深入发掘整理中国传统文化的民间资源，提升国家对传统文化保护的水平。与博物馆里的文物不同，古村落一般都远离城市，散布在广大的山区、田野和草原之间，其中不少至今还状态良好，能够使用，是当地住民的家园。在这

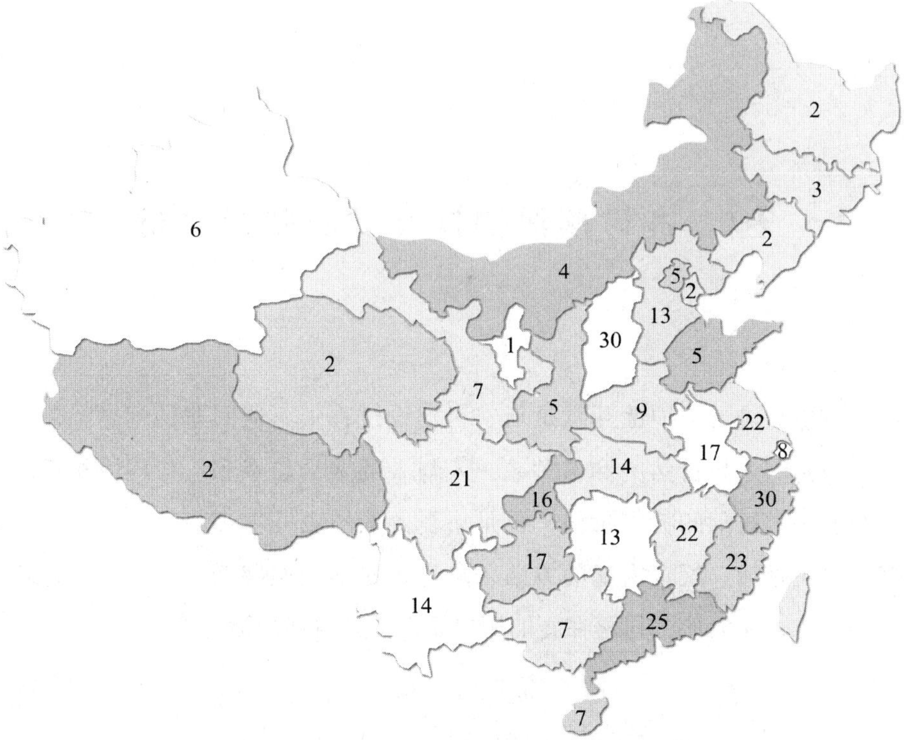

图 46-1　1 ~5 批历史文化名镇名村分布

里，不仅保留着清纯朴实的自然环境，还保留着与此相匹配的居住习惯、民俗民风、亲情关系，真实地再现着中华民族的历史生活场景。与博物馆里的文物比较，古村落更能全面、系统地反映华夏民族的生存方式和价值观念，反映着华夏民族历史上在家园营造、水土保持、聚族养生等方面的智慧。在一定程度上说，古村落是活着的历史，是中华民族的文化根脉之所在。对久居大城市，只能从博物馆和教科书上认识历史的人们来说，古村落是亲切的，因为这里是保留祖先生活方式的地方；同时，古村落又是神秘的，因为这里的一切又是那样遥远而古老。原真性地再现历史，是古村落独有的价值与魅力。

2）古村落的现状

然而，从全国的情况看，对古村落这份资源的保护和利用并不平衡。江浙、徽赣、云贵等偏远地区的古村落保护和利用并重，形成了良性循环，步上了良性发展的路子；沿黄河中下游的秦、晋、豫、冀、鲁历来是政治、经济、文化的积聚地，也是古代都城密集分布的地区，历史上的征战破坏与当下的建设，使这一地区的古村落遭受的破坏也最为严重，时至今日，那里不少的古村落已经被新建筑取代，名存实亡；至于分布在东三省丛山密林之中、西北荒漠戈壁之上、西南峡谷江河之间更加广大地区的古村落，基本上处于“躲在深山人未识”的原始状态，只有少数探险者才会偶尔光顾。也就是说，同是古村落，由于所处地区不同，保护和利用程度的差异也很大。

随着经济的发展和人们生活水平的提高，旅游已成为人们普遍喜欢的一种休闲方式。2010年“十一”黄金周期间，全国出游的人数超过了2.9亿，按照游览花费时间、游客好评程度、可能形成的影响力几项指标，像北京、杭州、上海等传统的城市旅游景点是当之无愧的热点地区，人气旺盛。与此同时，以古村落为主体的村落游也势头强劲。游客还自发地将凤凰古镇、元阳梯田、婺源、青海湖、泰顺、西塘、束河等十个以古村镇为主体的景点作了热力推荐，冠以“中国十大之美，让人魂不守舍”的美名（图46-2）。这种情况说明，随着社会的进步，人们的旅游需求正在发生着根本性变化——从单纯的游走观看，向体验探寻转化，由感官满足，向精神满足提升。有资

图46-2　束河古镇

料显示，那些年接待量达到 280 万人以上的旅游热点地区，往往都具有鲜明的文化特点，例如北京的明清古迹，南京的秦淮遗风，杭州的南宋情怀，西安的汉风唐韵等。同样，以古村落为主体的旅游热点地区往往也具有鲜明的文化特点，例如云、贵、青、藏这样一些边远省份，少数民族聚集地区的旅游热度，要远远高于那些纯粹以山水景观为主的地方。环境因为人的存在而变成了人的环境，山水因为人的存在而变成了人的山水，而给山水环境增色的恰恰是当地人创造的聚落。这样看来，就古村落而言，其中最为重要的是自身特有的历史、风俗和生活方式，以及由此构成的各种物质或非物质的文化遗产。

3）古村落的保护性开发

集自然之美与人文之美于一身，使古村落很能满足现代人借自然之美愉悦性情、健康身体，借人文意蕴增长知识、营养精神的需要。这便决定了在古村落发展旅游，决不能不顾当地的自然和人文环境。

首先，在内外兼修中有所区别。这里所说的“内”，是指村落中建筑内部一切与人的生活密切相关的东西；这里所说的“外”，是指村落中视觉所及的东西。前者涉及饮食、起居、冷暖、卫生，主要满足人们的生理需要，直接关系到住户的生活水平；后者包括建筑外观、公共设施、环境情况，主要影响人们的视觉感受，直接关系人们对村落形象的判断。从国内外古村落旅游搞得比较好的地区来看，通常的做法是：村内的建筑以及公共场所的外观尽量保持旧有的风貌，即使是对建筑的加固维修，原来使用砖石材料的地方仍然使用砖石材料，原来使用木质材料的地方仍然使用木质材料，原来没有油漆的地方仍然不用油漆……总之，这些场所历史上是什么样子，现在仍然要尽量保持原来的样子，在旧貌依旧中古色古香。

古建筑的内部分两种情况：一种是供游客参观，一种是供游客住宿。前者的布置也要与外在环境相匹配，旧时的家具、陈设以至于饮食起居等尽量保持原汁原味，使人们原真性地感到过去的生活。后者的布置完全可以现代化，与宾馆饭店没有什么两样，追求与现代生活水平的接轨，使游客在这种环境中找到“宾馆”般舒适的感觉。

经过这样的设计，古村落的外在与内在各得其所，各有魅力，在相互整合中形成了特有的基调。在一定程度上说，古村落成为旅游景点绝不是简单的照猫画虎，而是一种对传统文化的再创造，是一种文化工程，旧的保留与新的引进，绝不是简单从事就能够达到的。这便决定了，在古村落成为旅游景点的过程中，需要对传统文化的深入理解，更需要运用现代技术来再现历史的多种智慧。

其次，以典为主，以雅为辅。在现实生活中，“典”与“雅”相辅相成，难分彼此，完全可以共同构成一种美学效果。但是，仔细体会，同是建筑，古村落给人的感觉决不会等同于一座普通的家居小院。我们认为，那些能够给人以沧桑感，令人肃然起敬的建筑之美就是“典”；那些外表灵巧，给人以时尚感的建筑之美就是“雅”。显然，古村落的美一般应该以“典”为主而不太适宜“雅”。当然，我们并不否认古村落中有许多精美的木、石、砖雕体现出来的就是一种高雅之美，也承认那些小桥流水、柳暗花明、翘檐回廊、雀替花窗的优雅。但是，这些仅仅是总体效果中的点缀，古村落是岁月的产物，其文化基因中更多的是历史遗存，不管是艰苦奋斗的精神，还是比比皆是的营造智慧，质朴厚道的民风民情，给人们留下的应该是思接千载的遐想，而不是飘忽不定的观看。正如有的学者所言：“历史的厚重也增强着现在的厚重，如同作用力等于反作用力”。

内外兼修有助于保存古村落的基本文化格调，“典”主“雅”辅属于古村落的美学定位，这里都会涉及古村落的硬件建设问题，也是古村落成为旅游景点的重要步骤。要想使古村落活起来，升华出“典”的效果，让人流连忘返，恢复一些具有代表性的民间活动是必不可少的。可以说，凡是历史悠久的地方，为了愉悦身心，团结乡里，交流感情，人们总会通过一些活动将四面八方的乡亲们聚拢到一起，或载歌载舞，或集会比武，或表演游行，形成了秧歌、腰鼓、赶集、庙会等项目。与现代的娱乐活动比较，这些流传于民间的活动少了些技术上的渲染，多了些乡土方面的味道；少了些花里胡哨，多了些直截了当；少了些矫揉造作，多了些真情实感。因而，更能反映这些地区人们心灵中的纯朴与厚道，同样属于古村落中别有魅力的一种景观。

再次，立足长远而不是刀下见菜。旅游景点是从聚集人气开始的。对古村落而言，聚集人气当然也应该作为首要的任务来对待。但是，这里的情况到底不同于一般村落，为了使村子的古风不受影响，在以什么聚集，怎样聚集上也要有所考虑。在实际考察中我们看到了两种做法：一种是凭借外力，力求速成；一种是保持传统，平稳起步。从效果上看，前一种情况显然是想刀下见菜，后一种情况虽然也有所作为，但是并不急于求成。两者形成的效果也截然不同。在陕西商洛地区就有一处古镇。这里是秦岭腹地，四面环山，交通不便。因此，在很长的历史时间里，这里的人们以大山为伴，以小溪为邻，以土地为生，过着“久居桃花源”的闭塞日子。然而，经过一番商业开发，古镇里最显眼的地方建起了门面房，一派农贸市场的景象，而老街上则狭窄而破旧，一派萧条。显然，曾经有过的资金并没有用在这些老屋的修缮加固上，而是用来盖了市场。“皮之不存，毛将焉附”，这种本末倒置的做法不但没有提升这里的可游性，反而使古镇的原有氛围遭到了破坏。与此不同的是，渭北高原上也有一处以旧村改建而著名的村落。新世纪伊始，村里人将发展村落旅游作为经济增长点，在村子里专门辟出地方修建了一条仿古街道，名为“关中印象体验地”。虽然不是古遗址，但是，由于突出了当地特色，恢复出来的街道同样古味十足——除了青砖灰瓦、老式门窗，还保留着磨坊、织布、酿酒等场所，容纳着关中地区古老的生产和生活方式，游人可以参与其中，体验乡村中才有的生产和生活方式，自然流连忘返。

同是古村落，同样都做了前期投入，按理说前者应该比后者更有优势。但是，实际情况却截然相反：一个由于定位不准几乎被现代开发压垮了；一个由于活化了农村生活，以特色迎来了八方游客。事实说明，对古村落而言，要想培育出引人入胜的看点，仅靠经济的投入是远远不够的。古村落的优势在文化，只有把当地的文化优势发掘出来，才可能以长补短，焕发活力，而文化活力的发掘培养，所采取的措施本身就应当具有一定的文化底蕴，绝不是靠生意场上的投机取巧、急功近利就能一蹴而就的。

这样看来，古村落尽管不能走进博物馆，但是，优美的自然环境，古老的生存智慧，尤其是所具有的文物属性，同样具有多种魅力。所不同的是，散布于民间的实际处境，使得古村落必须面对更多的挑战。尤其在社会快速发展的今天，各种利益相互交织，浮躁的人们很难有耐心去发掘其中的蕴藏，体会其中的文化精神，也难免因为急功近利而干出一些南辕北辙的事情来。不过，我们也应该看到，随着社会整体文明程度的提高，人们的消费需求也将从粗犷走向精细，从游山玩水走向探究古今，越来越带有文化色彩。这为古村落在新的历史条件下获得发展带来了机遇，也是古村落成为旅游资源的根本优势所在。这也提示我们，在古村落发展旅游经济，需要资金的注入，更重要的还要有善于抓住古村落文化特点，具有专业素质的设计人才。势必，凝聚村子固有的文化气质，培育村落的赢人之处，提取古老的生存智慧，都带有很强专业性，需要专门的研究与发掘。

47 古村落人居智慧的当代价值

古村落是我国重要的历史文化遗产，蕴含着丰富的历史信息。在文化的语境中，古村落不仅是一种空间形态，更是前人营造智慧的载体。对这些智慧进行发掘，是古村落保护的重要组成部分，也可以为新型城镇化获得可持续发展提供重要保障。

1）社会转型对古村落的影响

古村落有着悠久的历史，但是，不同社会阶段人们对古村落的价值认定却不一样。贫困时期，人们从实际利益上看问题，古村落几乎一钱不值。在急于发展经济的年代，古村落甚至成为落后的代名词，大量地被铲除。在相对富裕的社会，人们将古村落视为游玩的场所，在探古寻幽中体会前人的生活方式，文化的魅力开始进入人们的视野，如何利用好这些价值的问题也提到议程。

随着城乡差距的缩小，农村人不再盲目地羡慕城里人，城里人也因为知道了生态环境的重要而开始向往乡下风光。当然，人们的关注点主要集中在硬件方面，山水风光的秀丽，古迹遗物的沧桑，使人们在返璞归真中放松身心，获得愉悦。其实，古村落留下的还有一些精神层面的东西——人与自然和谐相处的法则，共生共存的道理，更有使生存空间保持文化个性的种种讲究。这些都是前人在年深日久中总结出来的生存智慧，既是古村落得以存留的保障，也是古村落生命力之所在，理当成为中华文化的重要组成部分，为当下的城乡建设提供一种新的参照。

截至 2014 年，我国的城市化率已达到 52. 57%，而各地的古村落却在极速减少。据有关方面统计，2000 年，国内共有 371 万个自然村，到 2010 年只剩下了 263 万个，十年消失了 108 万个，平均每天消失近 300 个。这其中绝大部分是古村落。这一方面反映出古村落处境的危急，一方面也说明，当下的现代化建设对传统文化造成的破坏有多么严重（图 47-1）！

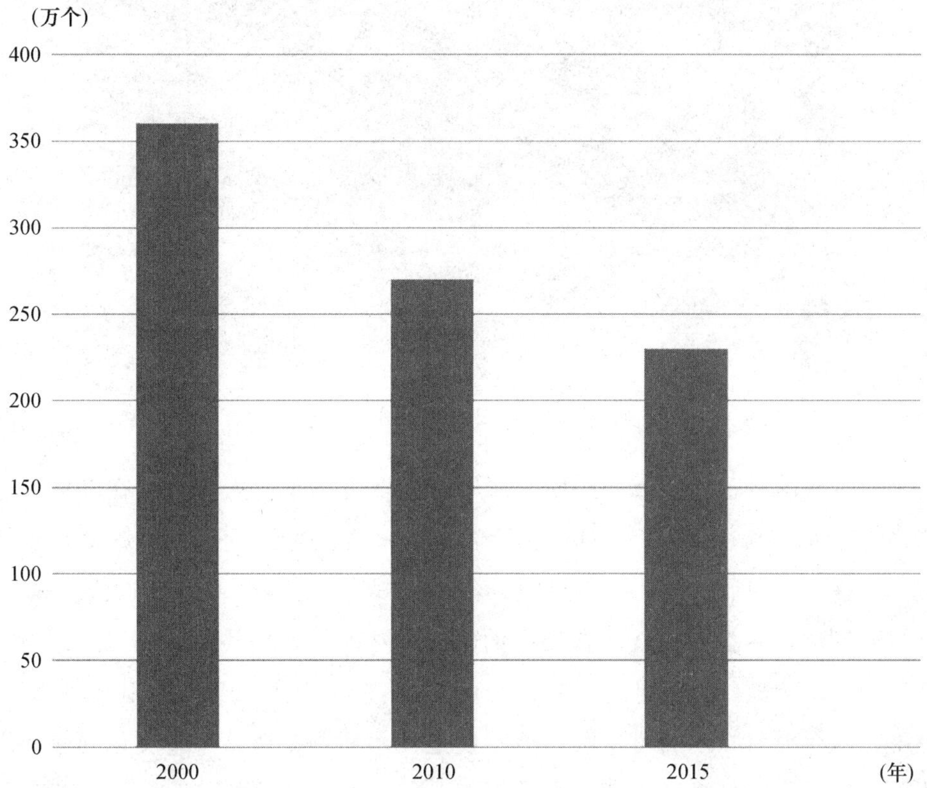

图 47-1　自然村数量变化

人口带动房产，大面积的建设扩大着城市规模，同时也改变着城市的自然和人文环境。“摊大饼式”的建设让中国城市日新月异，同时，也陷入了能源危机、环境污染和交通拥堵的困扰。严峻的生态形势警示人们，这样的发展显然是不可持续的。“城市让生活更美好”从理想变为现实，除了依靠现代科技，传统营造中的各种智慧同样具有极强的现实意义。因为，不管是有“世外桃源”美誉的古村落本身，还是“纳千顷之汪洋，收四时之浪漫”的古村落环境，都是传统营造智慧的结晶（图 47-2）。在很大程度上说，恰恰是这些营造智慧，才使得古村落抵御了无数的天灾人祸，经受了岁月的考验。

图 47-2　青木川

西方城市早于我们遭遇到生态问题，也发现了东方人居智慧在环境保护方面的巨大价值。被称为“环境伦理学之父”的美国学者罗尔斯顿 20 世纪就提出了这样的观点：“西方人也许应当到东方去寻求人与自然协调发展的模式……”国内也有学者预言“在生态话语成了一种世界性共同话语之际，中国传统的文化精神显然将得到更多的尊重，并将产生更为切实的效用”。我们有理由相信，中国城乡的可持续发展不仅是技术问题，也是一个文化问题。因为，中华文化所以绵延不断，本身就蕴含着许多可持续的经验。古村落就是中华民族在人居建设方面可持续智慧的最好载体。

2）传统人居智慧的基本内容

传统人居智慧见之于典籍，更以古建遗址的形式遍布大江南北，尤其是那些至今仍在使用着的古村落。智慧属于精神范畴，是前人在各种营造活动中深思熟虑的结果，并通过基址选择、房屋布局、材料使用、内外环境等方面显示出来。今天，我们仍然可以通过古村落的物质空间情况，分析出前人的良苦用心。

首先，适度发展。大江南北的古村落，建筑有差异，环境各不同，但是规模都不是很大。“山林虽近，草木虽美，宫室必有度。”这里所说的“度”，是指聚落营造与环境之间需要保持在一定的程度上，不能任其发展。雏形于西周的四合院落以及后来出现的里坊，为控制人口的密度起到过很好的作用——以家为单位的四合院受里坊的限制不能随意扩大，以四合院为单位的里坊受村落外墙的限制也要有一定的制约。于是，在层层制约中形成的村落规整而有层次。当然，这样做的根本在于通过控制面积来达到控制人口的目的，保持村落与环境承载之间的“度”。

古代城市显然也遵循着这样的传统，保持城市的适度发展。历史上也有过唐长安那样的超大城市，殊不知，过量的人口造成的粮食和治安危机，过大的版图造成的排水不畅等问题，每年都可能威胁到人们的生活。在《旧唐书》《唐会要》等古书中就记载着关于积雨造成“京城垣屋颓坏殆尽，物价暴涨，人多乏食”，甚至还出现过“京师人相食”的事情。由于管理上的鞭长莫及，光天化日之下欺行霸市，造成“名为宫市，而实夺之”的事情也频频出现在史书上。可能正是吸取了长安城的教训，后来的朝代不乏盛世，但是在京城的规模大小、人口容量方面一直都很慎重，再也没有出现过像长安那样的超大城市。

其次，生命相通。“绿树村边合，青山郭外斜”是古人对村落环境的经典描述，也揭示出人居与植物水乳交融的关系，是“天人合一”思想的具象化（图47-3）。庄子的“天地与我并生，万物与我为一”的总结，暗示出古人已经发现了无机物衍生有机物，有机物衍生人类的自然规律。而这种认识恰恰就是生命互相依赖、有机统一的生态学思想。人类虽然有自己的生存方式，但是，同样属于生态圈中的一分子，与其他的生命现象紧密相连，大自然才是老子所说的“天下母”。

古村落就是依照这样的理念营造的——在选址的时候，“法天地，象四时”，寻找人与环境共生共荣的风水宝地；在选材用料上，因地制宜，就地取材，使材料的自然属性更好地为人服务；在造型上，注重房屋方位的向阳避风，以获取更多的自然庇护，设计出与大自然相亲和的布局；在环境方面，讲究“相其阴阳之和，尝其水泉之味，审其土地之宜，观其草木之饶，”道出了人居环境与自然环境休戚与共的营造宗旨（图47-4）。

图47-3 古树

图47-4 水居

再次，自然循环。顺天地自然而动是古村落营造的又一原则。这里包括两层意思：一是指建造活动与季节相顺应，一是指建筑材料的循环使用。前者表现为选择适宜的季节从事建造活动，以保障建筑的最佳质量；后者表现为所有建筑材料重复使用并最终被降解。“因天材，就地利”，是这种做法的实践总结；“与天地合其德，与日月合其明，与四时合其序，与鬼神合其吉凶”是这种做法的理论依据。这样的营造，从选材到布局，从维修到重建，每一个环节都依自然而动，既不会给自然造成危害，也不会给后人留下麻烦，达到与天地共存，与四季轮回的大境界。

3）古村落的当代价值

城市的高速发展，使人们在享受现代生活的同时，也从激增的人口与有限资源的矛盾中感到了危机。这样的城市以人口众多和高楼林立为标志，同时，也不可避免地出现了资源的日渐匮乏和废弃物对环境的污染。如果说，古村落是大自然培育出来的一棵棵树木，在自然的庇护下获得了强大的生命；现在的城市则是大工业生产出来的“水泥森林”（图47-5），是阻隔在人与自然之间的一堵墙。如何冲破这堵墙，古村落中的营造智慧可以为我们提供一些思路——

首先，在建造大城市的同时，重视紧凑型小城镇建设。历史上遗留下来的古村落规模都不很大，却是一个个生产和生活的结合体，在自给自足中演化出强大的生命力。当然，这种情况，与生产力水平有关，适度发展是古人的选择；在城市环境日益恶化的今天，缩小城市规模，是提升城市质量的必然。要知道，“摊大饼”是城市粗犷发展阶段的产物，看重城市形象，忽视自然环境；看重运行成本，忽视生活成本，是这种城市的主要特征，也是造成城市大而乱，人们幸福指数不高的根本原因。紧凑型城市可以弥补这方面的不足。为了降低生活成本，城市中各种功能区相对集中，相互配套，以方便人们的工作和生活；为了提高运行效率，公共交通和物联网将成为城市运行的主体，减少无序流动；为了给绿化提供更多空间，城市中的建筑用地将受到严格控制，保障环境的绝对地位。

其次，在常规建设的同时，注重绿色城市建设。古人所说的生命相通尽管带有农业文明的粗放，却揭示了万物一体、相互依存的客观规律。工业文明使人类拥有了创造“第二空间”的能力，却忽略了这个“空间”与自然的关系，使得不少城市的空间里只有建筑，没有绿色，热岛效应明显。古村落给我们的启示是，首先，绿色不能只是城市中的点缀，而是城市中的主体，不仅要有公园和林带，凡是有人活动的区域都要有绿色覆盖；其次，小区规

图 47-5 城市高层建筑

划要重点考虑绿化，在有条件的小区实施立体绿化，做到“无绿不成区”；再次，科学有序地推行家庭绿化，让人们切身体会到绿色带来的清新与舒适。

再次，建造可回收城市，让城市参与自然循环。过去的营造之所以不会对环境造成污染，关键是因为产生的废弃物大都可以被降解；现代建设之所以会带来污染，关键是各种化学合成材料构筑起来的空间，本身就带有一定的污染性，根本无法进入大自然的循环系统。这种局面不改变，垃圾围城、雾霾压顶的景象就难以彻底改观！现代科技已经研制出可降解的各种新型建筑材料，依照前人的经验，恢复城市的自然属性，改变完全使用钢筋水泥铸造城市的局面，让城市回归自然。这样，才可能从根本上增强城市活力，提升城市的品质（图 47-6）。

紧凑型城市建设，可以分解大城市的人口压力，让更多的人不改变地域同样可以享受现代化生活；绿色城市建设，可以从根本上提升城市的环境质量，这是建设高质量城市的根本；让城市参与自然循环，等于让城市重新回到大自然的怀抱，在吐故纳新中生生不息。总之，研究传统人居智慧，不是要复辟旧时代的生活，而是对当下的人居建设从理念到实践都提出了更高的要求——让中国的城乡建设在回归传统中更加适合中国国情，告别粗放走向宜居，在与自然的和谐相处中获得可持续发展的保障。

缺乏民族传统的指导，让我们的城市规划失去了的文化根基；以工程技术的思路规划城市，很难让历史的厚重与艺术之美成为城市规划建设的指导

图 47-6　曼哈顿中央公园

思想。回顾半个多世纪我国城市的发展轨迹，50 年代的仿效苏联，60、70 年代的突出政治，80、90 年代的彰显经济，跨世纪以后的贪大求洋，城市建设的定位始终处于一种游移不定的状态，没有形成自己的主心骨。近 30 年来，我们的城市空间扩大了二三倍，城镇化率也达到了 52.6%，但是，城市建筑的平均寿命却只有 30 年。不要说 50、60 年代的建筑已经难寻踪迹，80、90 年代的建筑也成为昨日黄花。大拆大建除了造成严重的浪费与污染，更重要的是：割断了城市的成长过程，淡化着城市的历史感；打乱了城市的稳定祥和，也改变着城市的家园属性。中国的城乡建设不能没有中国人的智慧参与，研究古村落的人居环境，无疑是获取这种智慧的重要途径。

48 坚守与渐进

——再谈传统村落的保护与发展

传统村落是当今的一个热词，或出现在国家部委出台的各种文件里，或成为科研院所设置的课题项目，或来自企业的开发报告，或印刷在为游客设计的旅游策划书上。粗略上看，家家都有保护传统的名头，但是仔细体察，还是能发现各自的侧重与用心：国家的立意在文化传承，科研院所的专攻在形态存留，企业的眼光集中在寻找商机，游客的注意力集中在饱饱眼福。

这种状况，说明了传统村落积淀的厚重与内涵的丰富，使得人们可以从不同的角度去认定；这种状况，也说明了传统村落的无力与无耐，明明历经沧桑，身份不凡，却要任凭后人的摆布，成了任人打扮的小女孩。

处理好保护与发展的关系，是当今传统村落面临的最大问题。这是从理论的角度上看问题，各界人士都给予认可，而且高度统一。保护什么？怎样发展？这是从实际的角度看问题，人们的关注点不同，做出的解答也不同——

政府的用心是要留住“乡愁”，将传统村落的存留与民族文化的延续紧密相连，立意在根本。为了将目标落地，政府还投入了大量的人力和物力。截至2014年，住建部已经评选出了2555个村子，遍布全国（图48-1）。到2015年，有1500个符合条件的村子得到了国家的资助。科研机构的回答主要集中在技术层面，按照惯常的规范将传统村落划分出重点控制区、过渡区和发展区，制定出各种老建筑在结构和外立面上的维护方案。企业的关注点主要集中在短平快地获取利益上，制作“保护性规划”的数量和速度都很惊人，文本中克隆照搬而导致的千篇一律也时有发生。游客喜欢的是休闲娱乐，村落给予的感官效果如何是评判村子价值高低的重要标准。于是，一些地方顺势而为，将传统村落变成了吃喝玩乐的休闲场所。

图 48-1　全国传统村落分布

从理论层面看，上述种种都在围绕传统村落的保护与发展上做文章，但是，从实际效果看，传统村落由文化符号向市场渐变的趋向十分明显。理论是宏观的，不会涉及具体问题；实践是具体的，实际地决定着传统村落的保护过程，更决定着传统村落的保护效果。于是，理论与实践之间的差异性，给人们对传统村落保护与发展的多重理解提供了可能，也给人们在怎样做这个节点上留出了空间。

为了做出准确的判断，了解传统村落的实际状况就显得十分重要。那么，目前传统村落到底处在怎样的境域之中呢？

受住建部门的委托，我们刚刚对陕西的传统村落进行了一次大盘查。为了掌握第一手资料，我们没有采取开座谈会，查阅资料的老办法，而是直奔现场，身临其境，实际看到了那些躲在大山深处、或被古树环抱、或被黄土覆盖的传统村落，也真切地看到了下面的三种情况——

一是发展。传统村落多地处偏远，交通不便，那里的人们至今还过着“日出而作，日入而息”的生活，悠闲自在，无忧无虑。村子里除了祠堂、庙宇等场所的道路稍宽一些，户与户之间紧密相连，道路相通，没有水泥硬化，更谈不上夜间照明。近年来，由国家投入建设，不少村子的路面得到了硬化，水电线路也给这里带来了自来水、照明和电视节目。村落的古老面貌依然如故，而人们的生活方式却在不知不觉中发生着变化，提升着水平（图 48-2）。

图 48-2　通电通水的院落

二是开发。传统村落多山环水绕，古迹遍野，一派“暖暖远人村，依依墟里烟”的景象，风光如画，人文荟萃。为了发展经济，近年来，一些地方的政府与企业联合，试图在传统村落中找到商机，给这里谋划出新的财路。依据这样的思路，各种包装手段也接踵而至——为了加大通行量，将老的石子路拓宽并换成水泥路；为了增加了美观度，在斑驳不堪的墙面贴上仿古瓷片；对那些破旧的老建筑则采用新的材料和工艺，按照现代施工习惯使其焕然一新。经过这样的再造，村名依旧，但是面貌全新（图 48-3）。

三是偷盗。由于历史悠久，传统村落存留了很多老物件，尤其是那些名门大户，从祖上遗存的金银细软到整栋房子，从字画匾额到砖木石雕，从日常用具到建筑构件，用“中贵多黄金，连云开甲宅”来形容一点也不为过。于是，一些文物贩子也将偷盗之手伸向了这里，留下了累累劣迹——我们既见到过古庙里被砸掉头的古代佛像，也见到了旧庙里被盗窃得七零八落的塔林现场（图 48-4 ~ 图 48-6）；既见到过被拆卸掉雀替装饰的空门窗，也见到过挖掉砖雕后变成空洞的墙体；尤其让人气愤的是，为了将木柱下面的柱础盗走，偷盗者竟然用千斤顶将柱子顶起，再用碎石代替柱础……遭此劫难的传统村落已经千疮百孔，岌岌可危（图 48-7）。

图 48-3　改造后的墙体与道路

图 48-4　被砸掉头的佛像

图 48-5　七零八落的塔林

图 48-6　没有钟的钟楼

这里尽管只谈到了陕西，但是，对于全国传统村落的现状也可以起到窥斑知豹的作用。在很大程度上说，在现代化的大背景下，传统村落面临着“继续前行”“接受改造”和“粉身碎骨”三种情况。

在我们看来，传统村落是一种至今仍在使用着的民间文物。这里有两层

图 48-7　传统村落中的残垣断壁

意思需要澄清：一是“仍在使用”。使用的主体是人，人的生存肯定会与时俱进，这便决定了传统村落在每个时代都会有所变化，打上新的时代烙印；二是“民间文物”。文物是古人留存下来的遗产，是某段历史的见证，这又决定了传统村落与一般村落的不同，必须要有所坚守——

比如说，传统村落是农耕文明的产物，那个时期涌现出来的各种生产和生活方面的智慧就应该有所坚守。以建筑为例，传统村落中的建筑一般都有着百年的历史，生命力超长，无数的天灾人祸所以没有将这里的建筑毁灭，与选址的巧妙有关，与选材的合理有关，与营造的精致有关，与天人合一的建筑理念有关……这些看似平常的东西，恰恰是祖先用汗水甚至是生命总结出来的，是经验，又高于经验，最终凝聚成为了传统村落可持续的发展动力。这是传统村落不同于一般村落的根本，也是传统村落不同于现代生活的魅力所在。将传统村落进行商业化开发，以“农家乐”或“客栈”的方式进行经营，甚至将传统村落改造成了高级宾馆等做法，彻底改变了村落中农耕文明的底色，也从根本上改变着传统村落的性质，对村落的原本风貌无异于伤筋动骨（图 48-8）。

比如说，传统村落是祖先营造理念的结晶。这里存留下来的各种空间所以能经受住无数的风吹雨打、匪患劫难，隐含着祖先在尊重自然的前提下搭建成型的良苦用心，也倾注着祖先对家园的无比热爱与希望，最终达到了“天作之合”的大境界。仔细观察这些建筑，合院式布局中的阴阳五行思想，大小木作上的卯榫咬合工艺，土木石材搭配的辩证方法，正房为主厢房为辅的伦理关系……在很大程度上说，传统村落就是一部部承载祖先营造智慧的教科书，无处不体现着祖先将建筑与家道的兴衰相结合、与事业的兴亡相联系的深刻理解。那些将传统村落中的建筑、道路、给排水系统进行现代化改造，用现代的材料、工艺和装饰取代历史遗存的做法，不管冠以什么样的理由，都有可能改变村落中原有的生活信息，损伤到村落历史的原真性（图 48-9）。

图 48-8　改造成经营场所的农家院落

图 48-9　袁家村

比如说，传统村落是地域文化的浓缩体。千姿百态的地理地貌，丰富多样的气候条件，在疆域广大的中国形成了不同的生活方式和习惯，所谓“百里不同风，千里不同俗”。这一点在传统村落中至今仍保存得非常完好，村中的一切都与当地自然环境和人文习俗有关，而最能体现当地自然和人文气息的还是建筑。以吊脚楼为代表的干栏式建筑所以出现在南方，就与当地多雨的气候条件有关；在黄土高原地区，当地民众则利用黄土的直立性特点打造窑洞，构筑出具有冬暖夏凉特性的居住地；出现在冀晋陕地区的四合院，显然与当地悠久的正统文化影响有直接关系……可以说，传统村落中的建筑都是优胜劣汰的结果，经过千百年的磨合才形成了今天的样子。那些按照现代格调修整出来的“酒吧”、“沙龙”，按照城市人“夜生活”习惯打造出来的灯红酒绿，不管冠以什么样的理由，都有可能用城市文化取代了乡村文化，削减了传统文化的魅力。（图 48-10）

传统村落的村民生活水平确实需要提升，但是不能以高耗能的城市生活为榜样。要知道，正是因为这里的生活是绿色的，才凝聚了生生不息的生命力，也唤起了不少城市人的向往。传统村落确实需要现代科学技术的进入，但是不能将城市的做法照搬到这里。要知道，传统村落自身就有一套吐故纳新的循环系统，而且在大自然庇护下运行了千百年，新技术新材料的强行进入，很可能将这套系统破坏殆尽。传统村落确实需要与新文化交流，但是，任何照搬西方的做法都有可能改变其文化基因。要知道，作为存留中华文化的活态基因库，传统村落正是因为保存着纯真的民族文化，才显得越发珍贵。

图 48-10　村落中的酒吧

这样看来，传统村落的保护与发展不仅是一个系统工程，更是一个文化工程。与兵马俑、紫禁城比较，传统村落确实没有那么高的知名度，但是，在中国历史上，不管是帝王将相还是才子佳人，不管是经史子集还是民间传说，不管是四大发明还是古圣先贤，哪一个不与传统村落有着千丝万缕的联系！在一定程度上说，是传统村落孕育出了中华民族物质和非物质的一切财富，最有资格多角度、多层次、立体地展现中华文化的博大与精深。

如何给传统村落留条生路已经刻不容缓，需要调动多种力量，采取切实可行的措施。为此，针对以前做法中的一些不足，我们特提出以下三点建议——

以前，我们是将传统村落保护工作由住建部门下设的村镇机构来管理。传统村落是村镇，但是村镇的范围远远大于传统村落。这样的机构设置，决定了传统村落保护不过是众多村镇工作中的一部分，而且是很小的一部分，做与不做，做到什么程度，不会从根本上影响村镇工作的大局。因而，传统村落保护与发展问题很容易被边缘化。于是，设立独立的传统村落保护机构，是改变这种粗放式管理的首要措施。

以前，我们主要通过政策法规，通过制定相应条件，由政府部门主持评选，将符合条件的传统村落列入国家、省市等级别的保护单位。这样做的优势是具有一定权威性，但是，评选只是手段，更好地保护才是目的。而富有成效的保护则会更加复杂与专业，往往让专业人员短缺的基层单位难以应对。从全国的情况看，国家层面的高水平评审与基层专业力量不足之间的矛盾十分突出。被列为保护单位的传统村落在后期修护中改变建筑用途，更新空间形态，选用新工艺、新材料施工等行为，就是这种现象的具体表现。因此，由地方政府牵头，组建由专业院校为主体的专家团队，对传统村落保护和发展施行专家负责制，既可以保障基层单位对国家政策把握的准确，也可以弥补基层单位专业人手短缺之不足。

以前，我们将主要注意力放在传统村落硬件存留的完好程度方面，对传统村落与当地历史的渊源、所承载的文化信息、与当今社会生活的关系等方面的研究明显不足。这种只知其表、不知其里的认识水平，直接导致了传统村落保护工作的表面化——只要形式完好就行。近年来发生在传统村落的各种急功近利的做法，一些被拆被盗的事件引不起充分重视，就是这种肤浅认识的直接后果。设置传统村落的专门研究机构，在有条件的专业院校开设传统村落的研究方向，以政府的名义制定专门针对传统村落的法规条例，都是传统村落保护工作由浅入深的有效步骤。

中华文明的主体是在农业时代完成的，每一个构成要素都与农村有着千丝万缕的联系。在一定程度上说，传统村落就是中华文明的源头活水。我们应当像保护水源地一样保护传统村落。专门机构的设立，大专院校的进入，建立专业研究队伍，是传统村落保护从粗放走向细致、从形式走向内容、从表面走向深入的重要步骤。只有在各种价值得到充分挖掘的时候，传统村落的社会地位才会得到真正提升，社会各界对传统村落的重视才会真正得到落到实处，中华文明的根脉才可能在我们这代人手里安然无恙！

在祖先留下来的众多文化遗产中，传统村落的数量最多，内涵也最为丰富，其中的不少内容与我们今天的生活密切相关，是后人认识传统文化价值，体会其中意义，发现传统与现代关系的活教材。将传统村落的意义与中华民族的演变结合起来，我们才能看到传统村落与兵马俑、紫禁城之间存在着的渊源关系，发现其中蕴含着的深层价值。这样，我们的保护才会多一些尊重，多一些谨慎，才可能对得起前人留下的这份珍贵遗产！

49 古镇古村古堡中自然与人文价值的当下意义
——以福建闽北地区为例

利用自然和人文资源发展乡村产业，为当地经济发展培育增长点，是传统村落保护进入可持续发展的重要步骤，也是城市化发展到一定阶段的必然。福建北部地区有着风景如画的自然山水，源远流长的人文历史，形成了一道道独具魅力的景观线。本文以这一地区的 8 个村落为例，在充分肯定已取得成绩的前提下，又分别提出了养生、养老、特色种养殖和传统文化教育基地等项目，为这些村落经济发展提出了一些新的契机。

古镇古村古堡不是闽北地区的独有，但是，独特的自然环境和历史经历，使这一地区的古镇古村古堡不仅形成了独特的建造风格，还形成了独特的历史经历，构成了闽北地区独具一格的人居环境。在新型城镇化的大背景上审视这里的古镇古村古堡，其中自然生态方面的魅力，人文精神方面的积淀，无不给予我们提升生境界方面的冲动和启迪，让我们从这些古镇古村古堡中，体会闽北地区千百年中积累起来的生存智慧，寻找这些智慧与新型城镇化之间的关系。

1） 区域情况

闽北地区临近北回归线，属中亚热带季风湿润气候区，四季较分明，年平均气温 17.9℃，气候宜人。在距今约 6500 万年前，受构造运动的影响，这一地区的地面产生许多断层和节理，后来又受到喜马拉雅运动影响，这一地区的南北地面逐渐抬升，形成了武夷和玳瑁两大山脉，局部地区还形成了由红色砂砾岩组成的丹霞地貌。充沛的雨量，适宜的气温，使这一地区形成了茂密的植被，是我国东南现存面积最大、保留最为完整的中亚热带森林生态系统，至今仍保持着雄浑、古朴、俊秀的原始景色，有“中国绿都”“中国南方生态乐园”的美号。

闽北地区历史遗迹也十分丰富。《山海经》记载“闽在海中，其西北有山”，准确地描述了福建的地理方位和特征，也指出了闽北地区的地理环境。从远古到战国时，古闽族便从滨海江口沿江内迁到这里，打鱼捕猎，聚族而居，开始接受中原文化，建立了附庸于周王室的“古闽国”。“筑六城以拒汉”的历史遗留，证明着当年闽文化的强大；汉代的皇帝加强了对闽地的统治，一面派遣使者在闽北地区的大王峰南麓设坛，用乾鱼祭祀“武夷山君”，一面采取将闽越移民到“江淮间”的政策。魏晋开启了“衣冠南渡”“八姓入闽”的移民大潮，闽汉文化进入高度融合时期。唐天宝年间，朝廷“天下名山”的册封，更确立了武夷山的正统地位。宋代，以理学家朱熹为代表的鸿学大儒曾在这里著书立说，聚徒讲学，奠定了这一地区重视耕读的民风。

2015 年 3 月，由中国民间艺术家协会组织的“全国知名村落文化专家闽北行”考察的下梅村、闽北地区邵武县和平古镇、泰宁县杉城镇胜一村、泰宁县新桥乡大源村、建宁县溪源乡上坪村、永安县槐南镇洋头村、沙县凤岗街道水美村、尤溪县洋中镇桂峰村，就坐落在这样一块土地上（图 49-1）。尽管考察的时间有限，所到之处也很难遍览全貌，但是，8 个村镇特有的自然风光，浓郁的文化遗存，以及由此汇集而成的村容村貌，让人难忘，催人联想。

图 49-1　区位情况

2）村镇情况

8 个村镇主要分布在闽北地区的西北和东南部，武夷山和玳瑁山构成了这里的丘陵地貌；沙溪、金溪、尤溪、大源溪等闽江支流给这里带来了充沛的水源，在滋养了丰沛植被的同时，也为村民休养生息提供了良好地自然环境，像沙县凤岗街道的水美村，森林覆盖率达到 74%；建宁县溪源乡的上坪村的森林覆盖率高达 84%。从天空上看，这是一块绿色的土地。

值得注意的是，这些村镇多有着悠久的历史，不仅有像泰宁县新桥镇大原村那样被列为了"国家历史文化名镇名村"，还有像泰宁县杉城镇胜一村的"尚书第"、永安县槐南镇洋头村的"安贞堡"等国家重点文物保护点位。由此不难看出，这 8 个村子虽然在闽北地区村镇总量中很不起眼，却是福建省民协精心挑选的结果，是典型的自然与人文景观的荟萃之地！对我们这些初来乍到者来说，一方面可以窥斑知豹，另一方面也可以结合各自的专业背景有所发现，有所思考。

下面，结合自己的专业谈谈考察中发现的问题与对策。

3）问题与对策

首先应该肯定，作为福建省区域性中心城市，闽北地区的社会发展和经济建设已经取得了不错的成绩，截止 2013 年，国民生产总值连续 9 年保持两位数的增长，第三产业所占比例达到 32%。不过，仅就第三产业而言，闽北地区的发展空间还很大。得出这样的结论不仅是因为区域内有自然遗产、地质公园两个世界级旅游品牌，有永安石林、将乐玉华洞两个国家 4A 级自然风景区，还因为有尤溪县的宋代理学家朱熹诞生地遗址，泰宁杉城镇胜一村的国保单位明尚书第，永安县槐南镇洋头村的清安贞堡等人文景观，更因为这里优美的自然风光、适宜的居住环境和遍布山野的竹、木、菇、笋、莲、橘、猕猴桃等土特产品。下面就本次考察所到的 8 个村镇，从建筑文化与旅游产业关系的角度，谈谈这些地方还有哪些可以进一步开发的空间。

（1）武夷山市下梅村。村落距离武夷山风景区仅 8 公里，因处在梅溪水系的下游而得名。这座村子历史十分悠久，商周时期就有先民在这里活动，整村建于隋，兴于宋，尤其是在清康熙、乾隆年间，下梅村曾是武夷山的茶市，兴盛一时，直到现在，村中仍留有清代古民居 30 多座。远眺下梅村，清水穿村，房屋相对；鳞次栉比，人来人往，加上远山相衬托，一副水光天色的淳朴景象（图 49-2）。

图 49-2　下梅村

下梅村的房屋所以能使用到今天，与材料和结构有很大关系：这里的房屋主体或夯土，或砖砌，厚度一般都在 60 公分左右，坚固结实。房屋多为上下两层，全木结构，前后通透，具有很好的通透性。房屋临河的一面出檐很大，既扩大了屋子的空间，也可以作为廊道，晴天遮阳，雨天挡雨，方便出行。

另外，这里的民居多合围而建，形成套院。院子中间是“天井”。天井既具有采光、集雨、通风的实用功能，四周摆设的花草盆景，更为主人提供了一处观赏之地。

砖雕、石雕、木雕为下梅民居增加了艺术气息。每户的大门上的石鼓、门柱无一例外地用石雕装饰，门楣上方和大门两侧是精美的砖雕，在浑然一体中体现着主人的生活理念。邹氏家祠是村中集大成的地方。这里的雕刻以浮雕为主，也有镂空雕。内容多取自历史人物、神话传说、民间吉祥风物花卉等，精雕细刻，造型逼真，展现了丰富的文化韵味。

下梅村目前已经在开展旅游，但仅停留在“绕村一看”的水平上，留不住游客。造成这种情况的主要原因是村子里缺乏体验性的活动。组织村民开发具有当地特色的家庭产业，是改变这种情况的重要途径。比如：在饮茶基础上开发以“茶”为主的饮食产品，使游客能在这里吃到别样的美味；开发以木砖石为主体的雕刻产品，使游客能在这里买到别致的旅游纪念品；利用保存较完好的院落，对内部进行装修，在保持乡土特色的基础上体现舒适性，为有意体验水乡生活的游客提供居住之所。

（2）邵武县和平古镇。和平镇位于邵武县南部，是一座有四千多年历史的古镇，据考古发现，新石器时期的古越先民就开始在这里繁衍生息。有文字记载的历史始于唐代。和平古称“禾坪”意为地势平坦，盛产粮食。是古代邵武通往江西、泰宁、建宁的咽喉要道，福建出省三道之一的“愁思岭”隘道就在和平境内，历代为兵家必争之地。自唐代以来，这里先后设立过乡、里、分县，自然留下了不少文物古迹，不仅有城堡、谯楼、分县衙门，还有明末著名军事家、民族英雄袁崇焕题写塔名的“聚奎塔”，闽北历史上最早的书院（图 49-3），还有许多庵庙宫观、祠堂义仓，更有近 300 余幢明清民居建筑，仅建筑技艺雕饰精美、结构完好的“大夫第”就有 5 座，是我国保留最好，最具特色的古民居建筑群之一。600 多米的古街造于唐代，鹅卵石的光滑与青石板的严整，印证着历史的沧桑，素有“福建第一街”之称（图 49-4）。和平古镇素有读书求学的传统，文风炽盛，人才辈出。两宋至清，和平出了进士 137 名，其中上官家族就有进士 70 余名，还有一名“榜眼”，素有“进士之乡”的美誉。当地特产武夷岩茶、香菇、蛇宴、蛇酒、武夷冬笋、武夷薏米、武夷香蕈、桐木香榧、野生红菇、天然花菇、冬笋炒底、菊花鱼、双钱蛋茹、豆浆粉等都很有历史。其中最富传奇色彩的是“碎铜茶”（图 49-5）。近年来，和平古镇已经有所修复并开始涉足旅游业，除了对村落的护墙和门楼进行了整修，还专门设立了村博物馆。但是，在旅游业态上还急需进一步挖掘。比如：利用“和平书院”的空间环境召开一些学术会议，扩大书院的社会影响力；与省市县域内的学校及科研院所联系，建立相应的“实习基地”，弘扬古镇的重学之风；另外，可以对“碎铜茶”做进一步研究，寻找其中的科学道理，并开展与养生美容有关的业态设计——这将是一项非常有潜力的事情。

图 49-3　书院

图 49-4　和平古镇上的老街

（3）泰宁县杉城镇胜一村。泰宁县是世界地质公园所在地，有着得天独厚的自然旅游资源。境内有千姿百态的丹霞地貌与浩瀚湖水完美结合，有“天为山欺、水求石放”的上清溪大峡谷，福建境内第二高峰金铙山以及被誉为“峡谷大观园”的金龙谷等。胜一村位于泰宁县杉城镇，是典型的“城中村”，面积 34.3 平方公里，现全村人口 1520 人，400 户，全村规划全部按现

图 49-5　碎铜茶

代化建设，条条街道实现水泥路面硬化。该村现有耕地面积 1230 亩，林地 2200 亩，村民大多将自己土地租赁给别人，同时在本县做各种生意，以家庭宾馆、土特产经营、服装饮食和物流运输为主。客观地说，胜一村的生产方式、居住环境已经完全融入了城镇。耕读持家、重学入世曾是胜一村的传统。"一门四进士，隔河两状元，一巷九举人"曾是胜一村的骄傲。尚书第建筑群、江日彩进士门楼、欧阳租屋、梁家祖屋、别驾第等古建筑群，已经有 500 年的历史。尚书第建筑群达 1.3 万平方米，不仅建筑的主体保存完好，木砖石雕也十分精美，已列为国家重点文物保护单位，并已对外开放。由于缺乏吸引游客的内容，来尚书第参观的游客停留时间很短；紧邻的仿古街道出售的商品也多是当地哪儿都能买到土特产品，与尚书第，尤其是当地耕读传家、重学入世的传统没有多少关系。与这里的自然资源比较，泰宁的书院文化以及书院文化在当地的历史影响，并没有受到应有的重视。

福建文明的起源在闽北山区。就儒学而言，闽北儒学的兴起，始于唐中叶，宋代达到高潮。宋代闽北境内建有书院 38 所，前所未有。整个宋代，福建中进士者 7000 多人，闽北仅建宁县进士就达 994 人。儒学的普及对闽北人的思想观念产生了深刻影响。今天，闽北地区成为国宝单位的书院仅胜一村一处，是开展人文旅游的重要场所。发掘当地耕读持家、重学入世方面的资料，在尚书第中或展览、或塑像、或讲坛，都是吸引中外游客的重要途径。

（4）泰宁县新桥乡大源村。大源村位于新桥乡东北部，处闽赣交界，北接江西黎川县，距乡政府所在地 8 公里，总人口 693 人；耕地面积 1090 亩，林地 14215 亩，生态公益林 2265 亩。

大源村建于北宋，历史悠久，文物古迹丰富，村中的戴氏、严氏 2 座宗祠已有 280 余年的历史，石拱桥群、戴氏官厅一并被纳入县级文物保护单位；文昌阁、南溪圣殿、州司马第、茶花隘、古驿道及清乾隆、道光年间修建的“永安殿”“隆兴社”等古迹至今保存完好；有历史活化石之称的“傩舞”及“赤膊龙灯”是福建省非物质文化遗产。2010 年大源村被国家命名为“中国历史文化名村”，成为闽北地区唯一拥有两项省级非物质文化遗产的中国历史文化名村。

大源村山清水秀，原始植被保存完好（图 49-6）。为了进一步美化家乡，村子里新建了镇安桥、鹿林 2 个休闲公园，并对村民的房前屋后、古建筑旁的环境进行绿化。目前，全村森林及绿化面积达 1. 43 余万亩，森林覆盖率达 90%，成了名副其实的绿色家园，也是一处非常适宜生存的环境。鉴于此，由住建和民政部门牵头，利用这里的自然环境发展养老产业，无疑是一件既利国利民，又惠及当地的好事情。

图 49-6　大源村

（5）建宁县溪源乡上坪村。上坪村位于建宁县西北部，武夷山脉中段，海拔 760 米，四面环山，植被茂盛，森林覆盖率达 84%，距县城 30 公里，西与江西省黎川县交界。上坪村有155户，635口人，村域面积16786亩，耕地面积1646亩。现存的古建筑有七叶衍祥牌坊、杨氏宗祠、大夫第、司马地、赵公庙、得水源、古香园等。上坪村多以“客家民居”为主，就地取材，土木结构。由于地广人稀，民居多单独择地而建，背山面水，植物环绕（图49-7）。这里的主要以农业生产为主，重要的产品有莲子、明笋、红菇、米酒和油茶，至今仍维持着“日出而作，日落而息”的生活节律，经济比较落后。

图49-7　上坪村

地广人稀、山清水秀、四季分明是上坪村的突出特点。鉴于此，可以在这里开展一些适合当地环境的特种养殖行业，供应城市餐饮。形成一定规模后，可以招商引资，建设深加工企业，将产品推向全国。另外，作为第一批入选“中国传统村落”的上坪村，可以利用国家专项资金对村域内的古建筑、古园林进行维修，形成一定的接待规模，开展旅游。

（6）永安县槐南镇洋头村。洋头村距槐南镇政府6公里。这里以丘陵地貌为主，境内的红色土壤十分肥沃，加之年平均18.7°的温度和1688毫米的降水，使这里的粮食作物可以一年两熟，水果和蔬菜的品种也很多，是个富庶的地方。境域内植被茂盛，嘉禾遍野，林木覆盖率达85%。当然，洋头村最为著名的还不是这些，而是安贞堡（图49-8）。

图 49-8　安贞堡

安贞堡建于清末光绪年间，当时匪患四起，乡绅池家父子建此土堡以抵御土匪，历时十四年完工。据说池家父子建堡前曾多次进京观摩皇城的建筑风格，回来后有所借鉴，亲自设计了这个巨大的工程。此堡坐西朝东，前部呈方形，后部为半圆，依山而建，逐次增高，远远望去层次分明，气势不凡，称其为城堡毫不夸张。

安贞堡墙厚宅深，外墙用厚石垒砌加土夯制；堡前有一块可容数千人的露天练兵场；堡正面两侧有凸出 5 米的角楼，内墙四壁布有 180 个射击孔和 90 个眺望窗；正门则有木板门和铁门前后两重，顶上设有两处灌水孔，防范火攻。几近完美的防御设计使这座建筑在当时固若金汤。堡正面用巨石砌成丈余高拱形大门，上有“安贞堡”三个大字，两旁书有楹联：“安于未雨绸缪固，贞观沐风谧静多”，体现了主人未雨绸缪，居安思危的人生观。堡内为二进，左右对称，随地势逐次升高，远眺其屋顶层层叠叠，错落有致（图 49-9）。这里的房屋分为上下两层，每层有内走廊，厅、堂、卧室、书房、粮库、厨房、厕所齐全，还有水井和下水道，可容千余人居住。安贞堡内还有华丽的装饰，雕刻、彩绘、泥塑和壁画随处可见。堡内石阶梯层级皆为单数，被视为阳数；楼梯和窗棂条数目必为“九”的倍数；堡内前天井大、后天井小，两者相合，似“昌”字，象征“昌盛”；在主楼天井中部的出水处，有螃蟹形状的滤水饰件，寓意守住宅院“财气”……

图 49-9　安贞堡内景

总之，安贞堡很好地将坚守防御与雅致生活完美地统一在了一起，是闽北地区最为经典的传统建筑样式，足以代表这一地区历史建筑的最高水平。古堡是三明地区特有的一种建筑遗存，主要分布在三元、梅列、沙县、永安、大田、清流 6 个县，曾经有明清建造的土堡（土楼）约 2000 余座。由于年久失修和人为破坏，境域内现存的土堡（土楼）只剩下 41 座，其中保存较好的 15 座，一般的 21 座，空壳的（只剩墙体）5 座。鉴于此，当地政府可以组织省内外从事历史、建筑、民俗方面的专家，开展以安贞堡为代表的堡式建筑研究和成果发布活动，既有利于引起国家对这种濒危建筑样式保护的重视，也有利于社会各界人士对堡式建筑的关注，等于为三明地区培育了一处具有鲜明地域特点的人文景观。

（7）沙县凤岗街道水美村。水美村坐落于闽江支流沙溪的西北岸和东溪的东、西两岸之间的盆地里，因水多而得名。村子平均海拔 203 米，土地总面积约 7.77 平方公里。其中林地 10240 亩，包括经济林 591 亩，毛竹林 2375 亩，森林覆盖率 73.2%。501 亩的耕地中水田占 96.28%。水美村现有 121 户，415 人，85% 是张姓后裔，是乾隆三十九年从安溪县蓬莱镇岭美村迁来落户的。水美村于嘉庆十四年、清同治元年、清咸丰八年分别建有三座土堡，其中“双元”“双兴”两土堡规模较大仍保存较好，分别占地 17 亩和 13 亩，外以高厚土墙护卫，气势较宏伟，结构也较独特，是省重点文物保护单位。隔田相望，双吉堡和双兴堡内似乎已无人居住，残破围墙使古堡多了几分韵味，拱门、石雕、彩绘和满地青砖，彰显着古堡的百年风采。双兴堡大门石匾上刻有“永建乃家”，语出《尚书·盘庚》“往哉生生！今予将试以汝迁，永建乃家”。双元堡，是保存最完好、面积最大、最年轻的土堡，占地约 6000 平方米，始建于 1862 年，历时 13 年竣工。

双元堡的外墙正门一侧呈方形，边上依地势而建成圆形。四周围墙高达 18 米，底层由 4 米多高的砖石砌成，外墙的正面大门和左右两侧小门均是由花岗岩砌成的圆形拱门。堡内建有三厝，厅堂居室共 99 间，大小厅堂 12 个，天井 8 个，设有客厅、起居室、书房、厨房、储藏室等。据记载，堡内住户最多时达到 50 户，共 300 多人。堡内只要储足粮食，居住的人可以几个月都不出堡。

三大古堡是祖先留给水美村的珍贵遗产，将古堡申报国家文保单位，将水美村申报由住建部、文化部、国家文物局和财政部主持的历史文化名镇名村或传统村落，是今后一段时间当地政府应该重点做的事情。另外，利用当地山清水秀、气候宜人的自然条件，开展以养生养老为主题的产业活动，也是一件很有潜力的事情。

（8）尤溪县洋中镇桂峰村。桂峰村建于北宋，是一个地道的古村。桂峰村海拔 550 米，地处半高山谷地，四周群山环抱，云雾萦绕，山清水秀，气候宜人，历史上曾被誉为“山中理窟”（图 49-10）。村口处是全村的建设重点：“石印三桥”，以扼水口，形成了典型的藏风聚气、负阴抱阳的格局。建筑是历史的镜子，即使是人去楼空，乃至毁为废墟遗址，也会把历史的影子常留在人间。村内现存明清代建筑 39 处，其中“祖厝”和“宗祠”保存的比较完好。蔡氏是桂峰村的大户，历史悠久，至今已在桂峰繁衍 34 代。蔡氏宗祠是村中保存最完好的建筑，建于康熙八年，正房为二进式单檐歇山顶，是进行祭祀活动的重要场所。蔡氏承祖训以耕读传家，尤其崇文尚学，历代儒风不衰。现存明清时期的书斋有“玉泉斋”“泮月斋”和“后门山书斋”等。墙上张贴的许多科举捷报，至今仍依稀可见。30 几座不同风格、不同年代的古建筑中，有一条则是相同的，那就是突出亦儒亦官亦商的文化品格，对后世进行着潜移默化的教育，影响深远。据记载，桂峰村明清两代中进士3名，中举人12名，中秀才412名。这些历史文化名人，为当地留下了丰厚的文化积淀，也传下了崇文尚学的精神财富。

图49-10 桂峰村

人杰地灵是桂峰村的主要特点，目前已经开展了旅游活动并形成一定影响。如何扩大规模、提升接待水平是桂峰村亟待解决的问题。在这方面，利用村周边的自然地理环境是一个重要步骤。“云霞仙境”是大自然对桂峰村的赐予，在此基础上将传统农业改造为景观农业，引进一些具有观赏价值的树木花草，设计出各种艺术造型，既为村落环境提升了美学水平，也为游客提供了新的观赏处所，无疑是一个两全其美的选择！

4）结论

闽北地区的自然和历史资源十分丰富，为当地因地制宜地发展特色产业打下了良好基础。传统的以自然风光和人文景观为主导的旅游业已经在这一地区取得了良好发展。在此基础上，结合老龄化的国情和人们对健康生活的渴望，利用当地优美的自然环境，无公害的有机农业，发展养老、养生的新型产业；发扬当地重学重教的优良传统，利用书院、祠堂、祖屋，发展以地域文化为内容的讲坛活动，在弘扬地域文化的同时，也为游客增加了新的看点。这些，都将为闽北地区第三产业的发展，拓展新的空间，提升新的水平。

50 解读“空心村”

“空心村”是指那些大量房屋空置，长期无人居住的村落（图50-1）。这些地方或偏远、或分散、或零碎，与日新月异的大城市形成鲜明对比。被边缘化的处境，使“空心村”在当地的社会生活中几乎没有什么影响，也引不起世人的关注，只能在悄无声息中自生自灭。近年来，随着古村落保护意识的深入人心，“空心村”的问题也被提到了国家层面。

图50-1 空心村

“空心村”是个笼统的称呼，现实中因地域和社会条件不同，“空心”的形式和原因也有所不同：

首先，因政策导向造成的“空心村”。为了追求城市化率，一些地区制定了低价购房、户口迁移等政策，吸引农民进城。这种近乎于“连根拔起”的做法，使村民必须在短期内凑齐几万元才能住到城里。对于在土地上讨生活的农民来说，要凑齐这样一笔巨款，除了要东拼西凑，还要变卖一切可以变卖的东西，甚至包括老房子上的各种构建。这样造城的“空心村”留下的只有残垣断壁。

其次，因外出务工造成的“空心村”。在城市优先发展的大背景下，日新月异的建设必然产生大量的用工需求；而仍然保持“日出而作，日落而息”的农村显然做不到这一点。于是，大量农村劳动力涌向了城市。率先进城并能够在城市里生存下来的村民具有很强的示范作用，反过头来吸引着更多有工作能力的村民去效法。于是，随着青壮年乃至有一定工作能力人群的纷纷离开，村落也就自然而然地陷入了凋敝。

再次，因为得到补偿制造出来的“空心村”。这种情况主要出现在城乡结合部。消灭农村是粗犷发展时期城市化的通常做法，失去土地的农民尽管能得到一时的经济补偿，但也没有了可持续的生活保障。于是，在被迫上楼成为市民之前，将原有住宅进行大规模扩建，制造出更多的补偿面积，成为城市周边一些村落的普遍做法。这里的建筑没有任何质量可言，从设计到施工，从材料到结构全部因陋就简，不仅施工过程屡有房倒屋塌的事故发生，完工后也是摆在那里，无人敢住，是地地道道的人造“空心村”。

此外还有为了得到“保护费”而形成的“空心村”。为了将那些具有历史价值并仍在使用中的古村落纳入保护范围，国家从 2012 年在全国范围内进行筛选，并对符合条件的村落给以资金支持，用以维护那里的老建筑。我们在现场看到情况是，有些村子另选基址建了新村，有些村子在外围建了大量新房，而那些空置的老房子却无人问津，成了待保护的“空心村”。

进行了以上回顾不难发现，“空心村”的形成绝不是偶然的，而是“城市化”过程中各种矛盾的集中体现。就事论事地看，这里确实有地方政府在城市化过程中急于求成的问题，也有农民们为了获得利益而做出的短期行为。但是，追求政绩是政府的职责，改善生活是百姓的本能，理由都很充分，难以从根本上否定，更难采取一些硬性措施加以制止。这可能也是“空心村”问题长期存在，而又长期得不到解决的根本原因。

假如我们不是就事论事，而是借鉴“他山之石”来审视“空心村”问题，比较中可能会得出另一种答案。

如果说，城市化是人类社会发展之必然，城市的扩张与农村的萎缩无疑也会成为一种必然。由此可见，“空心村”不是中国独有，而是世界各国在城市化过程中都曾面临，并必须给予解决的问题。这里我们不妨以韩国为例试作比较。

历史上韩国也经历过农业社会向工业社会的转型，从20世纪70年代到跨世纪，韩国的城市化率分别是55.3%、71.6%、81.4%和91.2%，在此同时，城乡的经济活动并没有出现“一边倒”的局面，城乡居民的收入不但没有拉开距离，而是越来越接近，分别是75%、95.8%、97.4%和83.6%。也就是说，在韩国城市化的过程中，农村人不必迁移到城市，同样可以得到发展的机会，过上与城里人相当的生活。20世纪70年代，我国的城市化率只有17.9%，1990年至2001年之间有了一个跨越，达到37.7%；根据2010年第六次人口普查报告，我国的城市人口达到了49.68%。值得注意的是，在此期间，城乡居民的收入差距却越来越大。据国家统计局公布的数字，70年代，我国城市居民的收入是乡村的2.9倍，80年代是2.4倍，90年代是3.5倍，2008年是3.6倍（图50-2）。由此可见，要想过上与城里人相当的生活，中国农民最立竿见影的方法是利用一切机会，或离开农村，或弄虚作假，寻找各种可能获利的空间。

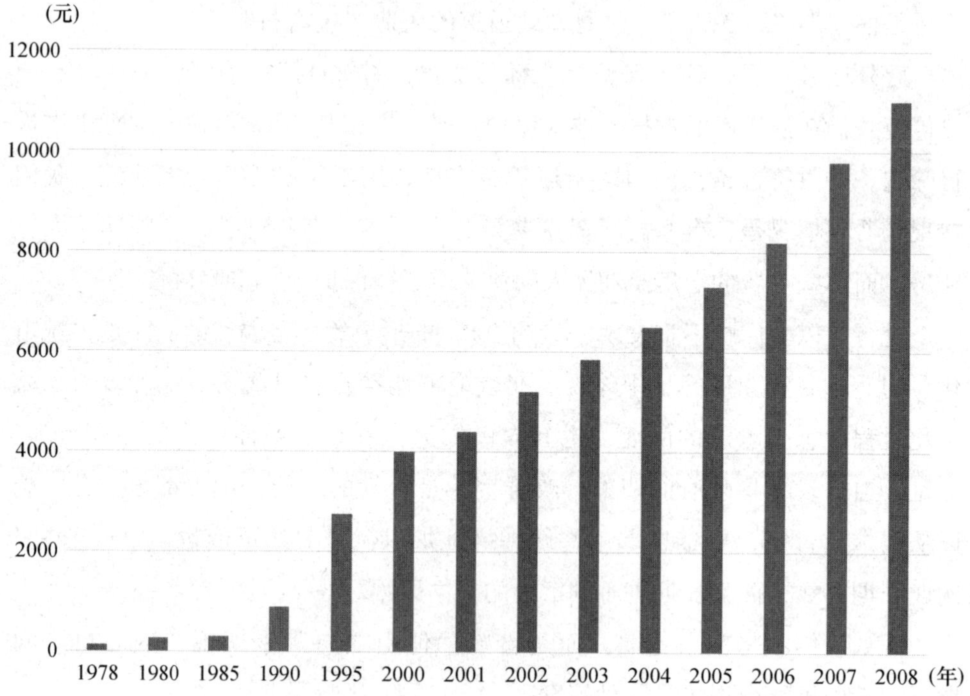

图50-2 城乡居民收入差异

趋利避害是人之天性。假如我们在城市化的过程中，不是只在城市里培育经济增长点，而同时也帮助农民在当地寻找适合自己的发展空间；不是将各种资源一股脑地往城市里集中，而同时在教育、医疗和养老上制定优惠政策，帮助农民享有与城里人相当的待遇。此时，城乡的差距才会缩小，农民才可能把注意力转移到自己的家园建设上，不会再靠背井离乡或弄虚作假去获得利益。

这，可能才是解决“空心村”问题的根本办法吧。

51 古村大智慧

——党家村管窥

古村落是中华文化的源头活水。这里是百姓休养生息的地方，浓缩着与百姓有关的所有信息；这里还是传统社会稳定发展的保障，社会发展必需的物质和精神财富均出自这里。在一定程度上说，一处古村落就是一个地区民间文化的活化石，是我们寻找祖先生存智慧，体会中华文化博大精深的活教材。

党家村是韩城地区的古村落（图 51-1），是国家重点文物保护单位，村落中的文化信息十分丰富——

一是选址方面的智慧。党家村位于黄土沟壑地区，左右有土塬，远处有山脉，是一个相对低洼的地方。关中的降雨多集中在夏天，而且容易出现暴雨，600 多年的时间过去了，地处低洼的党家村并没有被雨水或山洪冲毁。说明党家村内有一套天然形成、并长期有效的排水系统。

二是院落的布局。四合院在我国十分普遍，北方地区有，南方地区也有，党家村的四合院做得很巧妙。北京的四合院讲究开阔，院子里正房、两厢、倒座房呈正方形状分布。比较起来，党家村的四合院则是狭长的。正房居中，左右厢房相对而立，院子的进深很大，但宽度并不大，使得整个院落成矩形分布。这是党家村的一个特点，这样的布局，可以少占用耕地，提高院落的保温性，拉近人与人的关系，很适合渭北高原地区的生存环境。

三是整个村子的布局。从高处鸟瞰党家村，会发现整个村子有层次、有主题，有很讲究的规划。比如说，村子里最高的房子是祠堂。在农业社会，村子往往是血缘宗亲的聚集地，祠堂是供奉祖先的地方。有祠堂就有祖先，

图 51-1　党家村

有祖先就有根脉，有根脉就有生机。因此，将祠堂建在村子的核心部位，体现了党家家族的兴旺。党家村布局上还有一个很妙的地方，就是村子的道路是弯曲的。按照现在人的考虑，直线距离短，最便捷。显然，党家人并没有这样想，而是按照“龙不走直路”的古训规划着村庄里的路径。与现代人比较，党家人的考虑显然更有文化味道。

以上是从大的方面来体会党家村的文化内涵，其实，作为一个几百年生生不息的村落，还离不开通过细微之处对人的潜移默化。

党家村的“惜字炉”。在党家村的一些巷道的显著位置，你会看到小房子样的空间：一米见方，上面有坡顶，四面用砖垒砌，正立面上有一个小洞，下面写着两个字：惜字。“耕读持家”是党家人历史上的一种生活方式，“耕”为获得衣食之源，“读”为了出人头地。这里的“读”不仅是读书，还要习字。在习字过程中难免会出现写错、写坏的情况。对初学者来说，往往从临摹大家开始。这种有字之纸不能随便乱丢，更不能踩踏或扔进垃圾箱，而是要把它们放到“惜字炉”里烧掉。这个细节不仅反映了党家人严谨的学习态度，还反映了党家人对文化的尊重。

党家村的“家训”。所谓“家训”就是祖上给后人留下来的经验之谈，是人生之经典，足以成为后人安身立命的“座右铭”。党家村的家训主要集中在两个地方，一是大门上，以匾额的形式出现，如“耕读”“大夫第”“耕读第”等，昭示家庭的生活准则；二是墙体上，以砖雕的形式将凝练的文字镶嵌在墙上，面积更大，内容更多。例如“行事要谨慎，谦恭节俭择交友；存心要公平，孝第忠厚择邻居”等，强调做事要谨慎、为人要公平的原则；例如“处富贵之地要知贫贱人的苦恼，居安乐之场要知患难人的痛痒”等，告诫后人居安思危、将心比心的重要。门额上的文字是一种提示，告诫家人要时时以此为本；墙体上的文字是一种教诲，使人们在把玩之中得到启示。从这里不难看出党家村当年以家育人的传统。

52　黔东南传统村落保护发展的基本构想

黔东南州独特的自然环境和历史积淀，使这一地区的传统村落不仅数量多，还形成了独特的民族风格，构成了别具一格的传统村落集中区。完好的自然生态和浓重的人文精神，与被工业文明异化的城市环境形成鲜明对比，在唤起人们对传统文明无限遐想的同时，更能启迪人们对自身生存环境美好化的渴望。如何保护这些传统村落，并在保护的前提下让这些村落跟上时代步伐，成为人类的共同的财富，是本文的基本内容。

由住建部牵头的传统村落评选到今天已经进入第四个年头，三次共评选出 2555 个传统村落。为了解决传统村落中老房子的维修问题，财政部对这些村落注入了一定的资金支持，有些地方政府还提供了配套资金，不少企业也顺势而动，在村落的保护规划、环境改造、建筑施工等方面开展了一系列工作。政府牵头，社会各界参与的势头已十分明显。在这样的形势下，如何处理保护与发展的关系，使传统村落不至于重蹈建设性破坏的覆辙，便成为一个带有普遍性的问题，而且迫在眉睫。黔东南州政府召开此次会议，立足当地实际挖掘传统村落的价值，探讨保护与发展的路径，对全国无疑具有很好的示范作用。

1）区位及自然历史情况

黔东南苗族侗族自治州位于贵州省东南部（图 52-1），与湘、桂接壤，区位优势明显，素有“贵州东南大门”之称，州内有 33 个民族，常住人口中少数民族人口占 78. 27%，是地地道道的少数民族聚居区。这里自然环境优美、民族文化丰富、历史源远流长，有“歌舞之州、森林之州、神奇之州、百节之乡、民间手工艺之乡”的美誉，原生态的民族文化极其丰富。

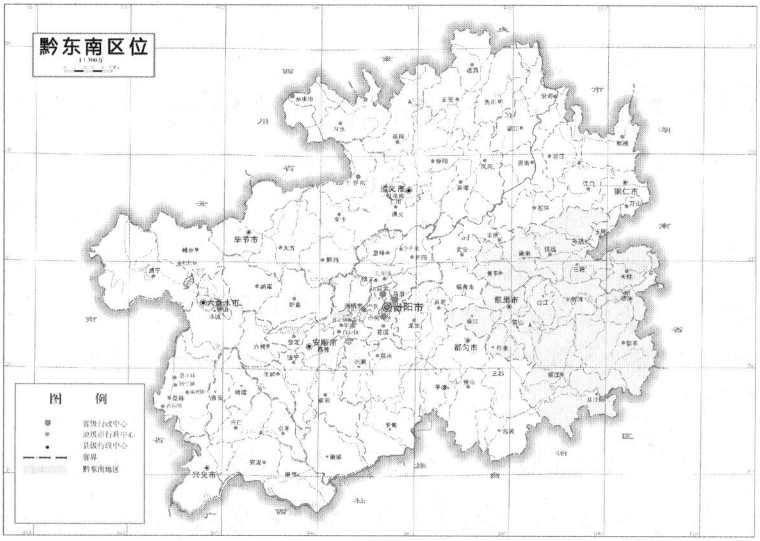

图 52-1　黔东南区位

黔东南地势西高东低，自西部向北、东、南三面倾斜，中部雷公山区和南部月亮山为中山地带，西部和西北部为丘陵状低中山区，东部和东南部为下低中山区，丘陵、盆地纵横。境内大部分地区海拔 500 ~ 1000 米。是国家 28 个重点林区之一，森林覆盖率高达 63% ，是世界十大“返璞归真、回归自然”旅游目的地之一。

黔东南的历史十分悠久，秦朝曾在这里设郡县，沿袭楚、汉文化，至今已有 2000 多年历史，先后有七座县城作为府城所在地，隋、唐、宋代也各有不同的分属；直到元代属四川行省播州宣慰司和湖广行省思州宣慰司，置有麻峡县、黄平府、镇远军民总管府及古州八万洞民总管府。现在的州政府所在地凯里就是历史上的且兰。据《辞海》载：“且兰，古县名。西晋改故且兰县置。治所在今贵州贵阳附近；一说在今凯里西北。”

2） 传统村落的特点

悠久的历史与相对偏僻的地理环境，使黔东南地区在远离中原文化的同时，也远离了王朝更迭的动荡和异族入侵的杀戮，成为众多少数民族安居乐业的地方。在与自然和谐相处中，不同民族之间也和平共处，在长治久安中休养生息，形成了数量众多的民族聚落，特色十分鲜明——

（1）数量居全国之首。截至2014年，黔东南州共有276个村落列入国家传统村落名录，占全国总数的10.8%，占贵州省的65%，位居全国第一。这些村落主要以苗、侗古寨为主，有少量的瑶族、壮族、水族、畲族、仫佬族和汉族的古村。不同民族有不同的历史，形成了不同的居住传统。苗族源于炎黄时代的蚩尤部落，曾居中原，后因战争而南迁，村落大多修建在易守难攻的山岭之上，具有"一山一岭一村落"的分布特点，民族语言和生活方式保存完好。侗族是一个多种崇拜共存的民族，自然界的古树、巨石、水井、桥梁均可以成为崇拜对象。于是，侗族村落多围绕山水而建。优美的自然环境不仅提供了健康，还培育了能歌善舞的民族特性。

这样的传统，使得黔东南地区的传统村落多分布在环境优美的山区。其中：苗族传统村落主要集中分布在雷山、台江、剑河的雷公山腹地；侗族传统村落主要分布在黎平、榕江、从江等山区。在交通不便的年代里，这种相对封闭的生存环境，使得黔东南地区传统村落长久地保持着本民族的生活习性，形成了多元文化共存的局面。

（2）物质和非物质文化遗产丰厚。地域环境不同，生活习惯迥异，使这里的每一个民族都形成了独特的建筑形态，夯土为主的土掌房，茅草盖顶的蘑菇房，木头支撑的千脚落地房，形态各异的干栏式建筑等，构成了黔东南少数民族建筑丰富多样的格局（图52-2）。

在绿水青山的衬托下，这些建筑既是风景，也是不同民族文化的空间表现。这里的非物质文化遗产也十分丰富，有开天辟地、洪水滔天等神话传说，有一月一节的众多节日，有芦笙、夜箫、唢呐等民间乐器，有多姿多彩的民间舞蹈，有色彩纷呈的民间手工艺制品，甚至起源于唐代的造纸工艺，至今仍然可以在这里看到……这些传统工艺不少已被列为国家级非物质文化遗产保护项目。尤其可贵的是，文斗寨内95%的农户家中都还珍藏着清代林业契约文书3万多件（图52-3）。这些文书中有林地买卖、佃山造林、青山买卖、林业分配、山林管护、山林纠纷、山林登记、乡规民约等，被国内外专家认为，是我国乃至世界现今保存最完整、最系统、最集中的林业契约文书，是我国继故宫博物院和安徽徽州契约后的第三大历史文书遗存，填补了中国经济史上林业契约的空白。

图 52-2　侗寨里的干栏式建筑

图 52-3　清代林业契约文书

（3）村落的自然环境保存完好。与汉民族一样，少数民族的祖先同样深谙“青山绿水”与“人杰地灵”的关系，保持着“乐山乐水”的传统。黔东南许多少数民族，以山自许，以水自喻，崇尚山的伟岸与坚强，喜欢水的温柔与浩瀚，在“天人感应”中追求“天人合一”的生存状态。在这种观念的作用下，爱护自然生态也成了当地人的一种传统。明清时期，黔东南是天然林广布之地，种类繁多的阔叶林，排山塞谷，遮天蔽日。据《黔南识略》记载：清乾隆年间，“郡内自清江以下至茅平二百里，两岸翼云承日，无隙土，无漏荫，栋梁木角之材，靡不具备。”民国时期，境内清水江、都柳江流域林木繁茂，二三十米高的杉树随处可见。时至今日，这里的不少村落仍是青山环抱，古树参天，四季常青，森林覆盖率高达80%左右，犹如陶渊明笔下的“世外桃源”（图52-4）。

图52-4　黔东南绿树掩映中的村落

（4）传统村落已经成为一个品牌。在一个总面积只有3万多平方公里的少数民族地区，有276个村落被列为国家级保护对象。这样的数字，已经使黔东南在贵州、在全国走到了传统村落保护的前列。这些村子，自然环境优美，历史遗存丰富，民俗民风淳朴，工艺制品精美，每一处都有令人陶醉的地方。这些村子，不少已经享有“中国景观村落”“百年环保第一村”“最具魅力民族村寨”等荣誉，不再是“躲在深闺人未识”山野村姑。我们可以肯定地说，这些村子，是黔东南的财富，是贵州省的财富，也是中国的财富！

3）保护与发展

（1）保护

通过以上分析，我们不难看出黔东南地区传统村落的不凡价值，领悟

"像保护耕地一样保护古村落"的重要。为此我们给当地政府提出如下建议——

a. 以"黔东南传统村落群"申报世界文化遗产。1972年，联合国教科文组织通过了《保护世界文化和自然遗产公约》确定，成员国可以将具有突出意义和普遍价值的文物古迹和自然遗产列入《世界遗产名录》，作为全人类共同的遗产加以保护。我们认为，黔东南地区的传统村落已经具备世界文化遗产的素质。因为，黔东南地区的传统村落中，拥有"具有突出、普遍价值的建筑物、雕刻和绘画，具有考古意义的成分或结构、铭文、洞穴、住区及各类文物的综合体"。这里的建筑，在"形式、同一性及其景观中的地位，具有突出、普遍价值"。这里的遗址，"具有突出、普遍价值的人造工程"，是"人与自然的共同杰作"。

总之，在教科文组织制定的《世界遗产名录》标准中，黔东南地区的传统村落群完全满足第二条，"能在一定时期内或世界某一文化区域内，对建筑艺术、纪念物艺术、城镇规划或景观设计方面的发展产生过重大影响"。第三条，"能为一种已消逝的文明或文化传统提供一种独特的或至少是特殊的见证"。第四条，"可作为一种建筑或建筑群或景观的杰出范例，展示人类历史上一个（或几个）重要阶段"。第五条，"可作为传统的人类居住地区或使用地的杰出范例，代表一种（或几种）文化，尤其在不可逆转之变化的影响下变得易于损坏"。按照《世界遗产名录》要求，具备6项标准中的一项便可列入，而黔东南地区的传统村落群符合其中的4项条件！

b. 成立专门机构，负责当地传统村落的申遗工作。在现代文明的冲击下，像黔东南地区这样大面积、多民族，并且仍在使用的传统村落已不多见，列入世界文化遗产是对这些历史遗存最高级别的保护，也是将我国传统村落保护工作与国际接轨的一个大胆尝试，其影响十分深远。由当地政府出面，组建黔东南地区传统村落的申遗组织机构，在国内选择有实力的建筑、历史、民俗方面的学者构成专家组，在对这些村落进行认真调查研究的基础上，制作传统村落群的综合保护规划，并在此基础上撰写申遗报告，尽快启动世界遗产的审定程序——提出申报名单，提交申请报告，具体包括本国语言文本、英文文本、图纸、幻灯片、录影带和相关资料。

（2）发展

a. 建立黔东南传统村落保护特区。从 20 世纪末的经济开发区，到 21 世纪的文化产业开发区，发展经济一直是建立特区的前提。严格地说，到目前为止，国内还没有一个以村落为背景，以保护村落传统文化为主题的特区。建立“黔东南传统村落保护特区”，一方面，对区域内的传统村落的历史、民俗、建筑形态、节庆进行汇总，建立档案，制定专门的保护措施，提升传统村落的保护水平，同时，对区域内传统村落的整体风貌进行保护，在修旧如旧中使各民族聚居区的特色更加鲜明。在改变国内只有经济特区，没有文化特区的同时，也可以为全国传统村落保护提供一个示范。

b. 建立黔东南养生基地。如果说“人满为患”是中国大中城市面临的第一个挑战，环境污染日益严重则是中国大中城市面临的第二个挑战（图 52-5）。中国作为世界上最大的发展中国家，在高速发展的同时，城乡的环境问题也越来越严峻。大气污染、水污染、土壤污染是大多数人每天都要面对的问题，人们的养生意识日益增强。养生，指通过各种方法颐养生命、增强体质、预防疾病，从而达到延年益寿的一种医事活动。养，即调养、保养、补养之意；生，即生命、生存、生长之意。现代意义的“养生”指的是根据人的生命规律，主动进行物质与精神方面的身心养护。

图 52-5　拥挤的老街

从历年黄金周人们最喜欢到达的那些旅游城市，如厦门、昆明、三亚、海口、桂林、张家界、成都、九寨沟可以看出，风景优美、空气清新的地区往往备受人们的喜爱。但是，这些地方尽管风景如画，对旅游者来说不过是短暂的瞬间，在山清水秀的地方有一个相对长久的居住地，被不少人梦寐以求。

c. 设立黔东南养老基地。根据联合国教科文组织的界定，一个国家或地区 60 岁以上的人口占其人口总数的 10% 或以上，或者 65 岁以上的人口占其人口总数的 7% 或以上，则表明该国家或地区已经进入了老龄化社会。据统计，截至 2014 年底，我国 60 岁以上老年人口已经达到 2. 12 亿，占总人口的 15. 5% ，已经进入老龄化国家（图 52-6）。如何养老，不仅关乎到千家万户，也关乎到社会生产结构的转型，因此受到社会各界的普遍关注。预计到 2050 年，我国老年人有可能增加到 4. 5 亿，届时中国每三个人中就有一个老年人。不少专家认为，发展老龄产业在我国应及早提到议程。

图 52-6　国家进入老龄化

但是，国内现有的养老条件远远不能满足老年人的需要，尤其是那些身体健康的老年人，不仅对饮食起居有一定的要求，对居住环境的质量情况也有要求。但是，现有的城市环境显然满足不了这些人的要求，“一方净土养天年”的渴望，在这些人群中非常强烈。黔东南地区有益于健康的山水环境，发达的第三产业，农村闲散劳力等，都为养老基地建设奠定了基础。可以说，在黔东南地区建立养老基地，既可以利用当地条件形成一个新的产业，也可以为环境美好地区如何创办环境产业树立榜样。

d. 在文化遗存较为集中的区域，建立露天遗址博物馆。随着社会文物意识的加强，博物馆已不再局限于馆内藏品的陈列展示，而是开始注重对外延的开发，博物馆的功能不再局限于科研、教育等方面，还具有了游戏、娱乐、休息的功能。以历史遗迹为依托，将那些环境优美、具有人文气息的地域经过保护性加工和科学建设，为人们提供游览、观光、休息和文化活动的场所，已经在国内有所展露。如西安的大雁塔广场（图 52-7），就将唐代的遗迹和展现关中民俗的雕塑、秦腔的脸谱相结合，建设成绿地景观，成为一处闹中取静的城市公园。以丹寨县南皋乡石桥村为例，可以建立类似大雁塔露天博物馆。石桥村位于南皋乡政府的西部，地处南皋河两岸，森林茂密、山清水秀，南皋河由东向西蜿蜒曲折绕着石桥村而过（图 52-8）。辖石桥街上、大簸箕、高寨、荒寨 4 个自然寨，苗、汉两个民族共同居住。有丰富的农产品，重要的木材和果树。据口传史记载，其祖籍原为都匀墨冲，后迁到石桥居住，并将古法造纸技艺带到这里传承发展。石桥村苗族文化风情浓厚，传统节日保存完整，素有民间文学之乡的美誉：民间乐器以及特色服饰都是该地区艺术独特的标签。在村子现有的位置，对环境进行功能分区，将建筑、街道、古树等容入雕塑、小品等元素，加入道路、绿化，营造出古色古香的氛围，使人们在身临其境中体验传统村落的文化。

图 52-7　大雁塔北广场

图 52-8　石桥村人居环境

4）结论

黔东南地区丰富的自然和历史资源是人类的共同财富，如何保护和发展不仅是当地政府的责任，也是学界的责任。为“黔东南传统村落群”申报世界文化遗产，是传统村落保护与国际接轨的大胆尝试；建立黔东南传统村落保护特区，有助于保护政策的落实和管理水平的提升；根据当地实际，因地制宜地发展养老养生方面的产业，既为当地第三产业提供了新项目，也为如何利用自然环境服务社会提供了示范。这些，都将为黔东南州的文化和经济发展拓展空间，提升水平。

53　特色小镇的来龙去脉

“特色小镇”是国家新型城镇化建设的一个重要步骤，涉及城市未来的建设走向，也关乎农村的未来发展，因而一经提出便引起了社会的广泛关注。

据国家发改委统计，截止2015年，中国的城市化率已达到56.1%，城市人口有7.7亿（图53-1）。据2014年的统计，中国共有661个城市，1.9万个镇，2.2万个乡，“镇”和“乡”的数量远远大于“市”。然而，从城市人口的分布情况看，即使进入到了新世纪，居住在“镇”里的城市人口也只占到27%。这意味着，中国的城市化，是以绝大多数人集中在大中城市为特点的，“镇”显然没有起到多大的作用。从这些年的实际情况看，这种情况直接导致了城乡两极分化的加剧：城市方面，人口的急剧膨胀，带来了房价高涨、交通拥堵、资源紧张等问题；乡镇方面，劳动力的大量流失，带来了空巢老人、留守儿童、土地荒废等问题。这样的城市化既不利于城乡的均衡发展，也直接影响着城乡居民实际生活水平的提高。

西方的城市化也曾经出现过类似的情况，像英国的曼彻斯特、德国的鲁尔；当年，都因为工商业的急剧扩张而吸引了大量的农村人口。很快，这种不均衡的发展便衍生出来了各种社会问题，各国都不得不下大气力化解过分集中的人口与资源，为城乡的均衡化发展创造条件，出现了在生产方式和生活环境上各具特点的“卫星城市”和“小城市”。

西方的“卫星城市”和“小城市”近乎于我国的“镇”，在后来的城市化过程中起着重要作用。比如，德国的城市化率已经高达97%，但是，其中有70%的人居住在小城市；美国的城市化率是84%，其中90%的人生活在5万人左右的小城市；英国的城市化率也很高，但是只有9%的人居住在城市的

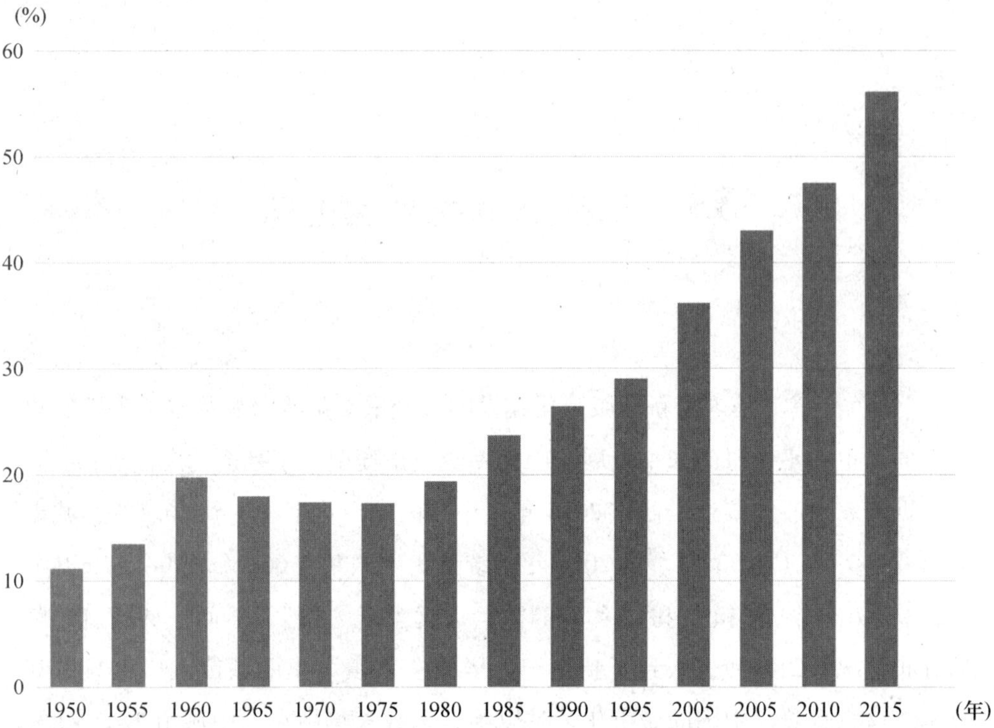

图 53-1 中国城市化率

核心区，86%的人居住在郊区或小城市。事实证明，小城市的现代化程度越高，越可以在城乡之间发挥积极作用——对城市而言，可以避免由于人口过于密集导致的过度建设，以有效地保护城市环境，降低住民的生活成本；对乡村而言，可以改善投资环境，增加就业机会。

这样看来，通过“特色小镇”建设，改变我国城乡发展之间的不平衡，无疑具有重要的现实意义。

2016年是我国“特色小镇”建设的里程碑，从住建部、发改委和财政部联合发布文件，到首批公布的127个“特色小镇”名录，“特色小镇”建设正式提到了国家层面。与前一段的城市化比较，“特色小镇”更加关注当地的自然和人文资源，培育具有当地特点的生态环境。归纳起来主要体现在以下三个方面：

首先要在产业上保持特色。这一点主要是针对镇子的经济环境而言。历史上，“镇”一般是作为传统经济的中心而出现的，基本形成于物产丰富、交通便利的地方，如太湖流域的水乡古镇群、川黔渝交界的古镇群、晋中南的古镇群、闽粤地区的古镇群等。这些地方的经济活动或以水产为主，或以贸易兴盛，或以手工艺著名，具有极其鲜明的地域性。结合新的时代需求，融入新理念、新技术，将各地的传统经济发扬光大，是“特色小镇”获得可持续发展的动力。

其次要在空间上保持特色。这一点主要是针对镇子的自然和人文环境而言。“天人合一”的理念，使传统营造十分讲究人与自然的和谐相处，村镇多建在山环水绕、绿树成荫的地方。从江浙到皖闽，从云贵川到晋察冀，留下了一个个风景如画的乡镇。“因地制宜”的理念，使这些地方的建筑从选材到工艺，从造型到格局都很有地方特点，马头墙、吊脚楼、四合院、窑洞群……形成了地域性极强的空间造型，与周围的自然景观形成了绝配。这些无疑是“特色小镇”建设的基本色，也是“特色小镇”人居环境建设保持魅力的所在。

再次要在文化上保持特色。镇与村本来就有着诸多的联系，不少镇子因为保持着耕读传家的传统，不仅在漫长的历史中人才辈出，还在营造、养生、教育、信仰等方面积淀了丰富的内容，构成了千姿百态的民间文化。这些，既包含着大自然的造化，也包含着当地百姓在生产和生活方面的经验，共同构成了华夏民族生存的大智慧，当然也是“特色小镇”建设应该保持的本质属性。

这样看来，“特色小镇”是新型城镇化的有益尝试。与追求规模扩张的城市化比较，“特色小镇”不是急于城市形态的复制，而是意在寻找地域文化的魅力进行复兴；与追求高速度的经济型城市比较，“特色小镇”不是以对 GDP 的贡献率为目标，而是意在寻找生产与生活之间的最佳平衡点；与追求高密度的紧凑型城市比较，“特色小镇”不是以人口数量多少来衡量，而是以百姓生活的方便舒适为旨归。

经过十几年的高速扩张，中国城市确实应该考虑质量提升的问题了。这不仅符合数量积累到质量飞跃的事物发展规律，也是世界城市发展共同走过的路径，更是建设具有中国特色“小康社会”的重要标志。

54 窑洞文化中风水观念的形成与启示

与钢筋水泥建筑比较，走进窑洞给人的最大体感是自然温润，冬暖夏凉，仿佛投入到了大地母亲的怀抱。这种感受是在其他任何建筑中所找不到的，因此也特别让人难忘。可以肯定地说，这种建筑形式所以会在历史上源远流长，历久不衰，正在于所具有的因地制宜、就地取材、便于施工和舒适温馨等诸多优点。

在地图上我们不难发现，窑洞主要分布在黄河中游的黄土高原地区。这里是中华文化的摇篮，华夏文明的诞生地，早期的营造活动也出现在这里（图 54-1）。

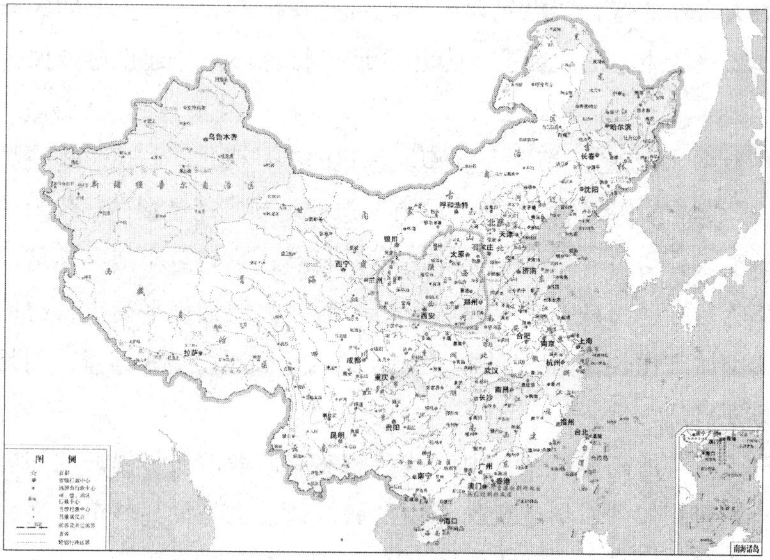

图 54-1　窑洞分布区位图

窑洞开启了以土为建筑材料的先河，对后世建筑的影响也十分深远。从建筑形态上看，不仅大江南北的生土建筑与窑洞有着扯不断的渊源关系，在一定程度上说，几乎所有地下或半地下的建筑都是从窑洞衍生出来的。尤其重要的是，精神活动往往与物质活动伴随而生。随着窑洞这种建筑活动的日益成熟，与此相适应的种种讲究也应运而生而生，其中，风水观念的形成与成熟最有代表性。

1）什么是风水

把风水问题上升到学术层面就比较复杂了，涉及历史、地理、民俗、心理等问题。如果从建筑层面看风水，问题则相对比较简单。因为，不管是紫禁城那样的皇家大院，还是民间百姓居住的古老民居；不管是平遥、丽江那样进入世界文化遗产名录的历史文化名城，还是遍布大江南北至今仍在使用着的古村落，格局的严整，环境的美好，都显示出非同一般的优势，不管是当时还是今天，都被世人众口一词地称之为“风水宝地”。

确实，历史上国人在进行各种营造活动前，必然地要有一番上观天文，下察地理的过程。春秋时期伍子胥“相土尝水，象天法地”，为吴国构筑姑苏城的故事一直在民间广为流传，史学家司马迁也曾对当时在民间大行其道的风水发出过“阴阳之术……使人拘而众忌讳，然其序四时之大顺，不可失也”的肯定。当然，从古到今，也有不少关于风水的争论，典型的是从性质或功能上来判定，比如风水到底是“迷信”还是“科学”？风水到底有什么用的问题就很有市场。说风水是否科学，有没有实际用处都需要证明，可能得出截然不同的结论。因为这是从“真”和“善”的角度看问题，涉及是非和功利，难免得出彼此对立的意见。唯独从美的角度看风水不会出现这种情况，因为，不管是紫禁城、平遥、丽江这些城市，还是城镇乡村中的民居老宅，你都会被那里美丽的自然风光所陶醉，恰到好处的艺术气氛而流连，对古人象天法地的选址智慧，顺四时而动的营造宗旨心悦诚服，进而对囊括这些思想的风水传统产生某种敬畏。的确，在没有航拍技术和任何探测工具的历史时期，我们的祖先不仅在大地上选出了最适宜居住的地方，还营造出了能够抵御各种天灾人祸的家园，其中的艰辛与智慧足以令后人顶礼膜拜。

关于风水的理论总结，比较完整的见解出自晋代郭璞所撰写的《葬经》一书："夫阴阳之气，噫而为风，升而为云，降而为雨，行乎地中为生气。气乘风则散，界水则止，古人聚之使不散，行之使有止，故谓之风水"。其大意为：人们的最佳居住地，应该是那些能够藏风得水的地方，基本格局是负阴抱阳，背山面水。所谓风水宝地，其实就是一个由山、水环绕起来的环抱空间，住在其中可以得到必要的光照和温度，也可以得到新鲜的空气和水源，给人提供健康生活的基本保障（图54-2）。同时，这个地方还要植被茂盛，水草丰美，显露出自然生命力的强大，使人既能从视觉上获得美感，更能够在心理上感到踏实。这样看来，古人在寻找风水宝地的时候，实际上是在寻找那些最容易得到大自然庇护的地方，寻找的过程就是处理人与自然关系的过程。从本质上说，风水就是中华民族的传统环境学，主要用于解释自然与生命之间的关系，其价值是帮助人们寻找到最佳的居住环境，获得健康的居住效果。

图54-2 风水宝地示意

2）窑洞与风水

春秋时期的墨子曾对前人的居住情况有所猜想，并且断定，中华祖先在很长的时间里是“穴而处”的。汉代文字学家许慎对“穴”的解释是：“土室也，”也就是我们今天所说的窑洞。这样看来，今天不起眼的“窑洞”，辈分却很高，足以成为北方古建筑的源头活水，其地位犹如建筑家族中的祖“爷爷”。

不要小看这个祖“爷爷”，后世的子孙可能比他尺度更大，外表更靓，数量更多，但是，不管怎样，血肉中总少不了“爷爷”的基因。

先看窑洞的朝向。走遍黄土高原，几乎所有住人的窑洞或者面南，或者朝东，原因很简单，这两个方向是一天当中朝向太阳时间最长的，也最助于光照和采暖。加之厚厚的黄土层天然具有的保温性能，使居住在窑洞里的人们在不用任何能源的情况下，仍然获得了冬暖夏凉的居住效果（图 54-3）。后来的人们即使不再居住窑洞了，但是，房间朝向与采光保温，以及和整个房间舒适度的关系却牢牢地铭记在心，成为建房选址时必须遵守的一项“基本原则”！也成为古老风水观念的核心内容。今天，我们仍然可以从面南背北的皇家建筑上，从“有钱不买东西房的”俗语里，看到窑洞时代总结出的建筑经验对后人的影响。

再看窑洞所用的材料。上下左右的黄土构成了窑洞的基本用材，窑脸上的门窗则是用木头制成的。当然，要用双手挖出三米多高、十余米深的大洞，没有脚手架的帮助是万万不行的，而在很长的历史中，挖窑洞的人们用作脚手架的也只能是木头。这种就地取材，绝不是偶然为之的无奈选择，而包含着很强的必然性——在广袤的黄土高原上，只有“土”和“木”是最为普遍、最易加工的建筑材料。这一方面为后来中华古建筑在选材用料方面打下了基础，形成了以土木为主的基本结构形式；也形成了以阴阳五行为代表的建筑理念。后来的人们由此受到了启发，运用在黄河、长江流域比比皆是的“土”和“木”两种材料，解决了建筑中最为常见的压、弯、剪、拉、扭几种受力问题，在实际生活中建起了茅堂村舍、四合院落、宫室大殿、城池壁

图 54-3　窑洞的朝向方位

垒等更大尺度的建筑形态，也在理论层面上升华出了以阴阳五行为核心内容的风水观念。

还要看窑洞的基本造型以及所包含的营造理念。乍看起来，窑洞的造型十分简单，上下一体，浑然完整，远没有现在建筑砌墙、上梁、盖瓦那么复杂。不过，如果拉开一定的距离，从整体上去审视，那依山而建、并排而立的窑洞造型还是很耐人寻味的：那下方上圆的整体造型，简直就是中国古代天圆地方哲学的形象体现；那洞与洞之间等距离保持的下面竖直、上面开放的立面，简直就是一颗颗敦实但枝繁叶茂大树；那由一个个拱券相连所形成的曲线顶，不由得会使人联想到罗马建筑的拱券结构，以及由这种结构建造出来的诸如由 240 个券洞组成的斗兽场、可以容纳千人的卡拉卡拉大浴场、由单体券洞组成的凯旋门等著名建筑，所不同的是，古罗马的拱券结构承载起来的仅仅是屋顶，成排窑洞形成的拱券承载起来的却是整座山体！

窑洞的最基本功能是居住，其舒适程度也是不能忽略的。在这方面，除了有众所周知的冬暖夏凉、进出方便以外，我以为，窑洞具有的最大魅力是能够满足中国人特有的归属感。女娲抟泥造人的古老传说，表现出国人对泥土的深厚情感以及泥土孕育生命的根本理解。来于泥土，归于泥土，从“来”

到“去”的整个过程，也都是在与泥土打交道中获得衣食温饱的。泥土对于国人的意义，犹如鱼和水，关系到生死，关系到兴衰，关系到活着的质量与长短，其意义怎样强调也不会过分。在很大程度上说，窑洞冬暖夏凉的居住效果给予人的不仅仅是生理满足，还有泥土包围之中特有心理上的归属感。犹如子宫中的生命，泥土中的种子，安全、温润、静谧，这才是人们在窑洞中获得的最为重要的感受。随着社会的发展，人们的居住范围也逐渐扩大，窑洞也不再是唯一的选择。但是，那种在泥土包围之中才会有的归属感却融化进了血肉，形成了潜意识，宿命般地伴随着人们，成为了中华民族进行各种营造活动中最基本的遵循。

民间勘察风水的具体步骤有所不同，但是“望龙”“察砂”“点穴”“观水”“择向”五个步骤却是最为基本的，统称为“地理五诀”。要想在广袤无垠的高天厚土之上，找到具备这五个要素的地方确实不是一件容易的事，在反映出古时勘察风水艰辛的同时，也多少带出一些神秘的色彩。今天，不管是通过绘画将这五个要素汇集成图纸，还是在实际勘测中面对那些具备这五个要素的地理环境，我们都不难得出这样的结论：被称之为“风水宝地”的地方，都是那些具备山环水绕、聚风藏气之地（图 54-4）。只有这样的地方，才可能达到古人“冲阳和阴，土厚水深，郁草茂林”的效果，成为适宜居住之所。在很大程

图 54-4　陕西韩城党家村

度上说，具备这些地貌条件的地方，仍然是一个放大了的“子宫”！人们煞费苦心所要得到的，仍然是那种类似泥土包围之中才会有的归属感。

3）风水观念的启示

2013 年 1 月公布的《中华人民共和国国家环境分析》报告称，中国 500 个大中城市，能达到世界卫生组织推荐空气质量标准的不到 1%，世界污染最严重的 10 个城市中，中国有 7 个。30 年高速扩张的中国城市，在环境方面也付出了高昂的代价。这样的城市化显然是不可持续的。严峻的环境形势警示我们，现代科技是一把“双刃剑”，在给我们带来舒适生活的同时，其负面影响也绝不能小觑。中华祖先在千百年人居环境建设中积累的各种经验，尤其是其中的风水观念，保障了当时人居环境的长治久安，也完全可以为今人治理城市环境提供思路。

“气通水润”是古人选择风水宝地的基本标准，“择吉而居”主要看气流走向和水流情况。而现在的城市建设讲的是容积率，追求的效益，“见缝插针”，基本上不考虑城市气流走向与疏散问题（图 54-5）。于是，杂乱无序的高大型建筑在城市中形成了另一种生态：一是城市中的静风地带，减弱了横向风对城市空气的净化作用；二是城市热岛效应，破坏了城市上下的空气对流层。这些都从根本上破坏了城市的自然降尘能力，也是造成城市雾霾的根本原因。

图 54-5　城市建筑群

在传统建筑退出历史之后，前人的建造经验也随之被抛弃。这在中国建筑界已经成为常态，窑洞当然也免不了这样的遭遇。殊不知，这种数典忘祖的做法不仅割断了我们城市的文脉，使我们的城市越来越没有了中国味道；同时也重蹈了西方当年城市化过程中先污染、再治理的覆辙。在城市自然环境日益环境恶化、人文环境日益异化的今天，重温前人的建造经验，将其中的营造智慧与科技手段相结合，进而指导现代建设，我们的城市才可能“看得见蓝天，看得见碧水，留得住乡愁”，获得可持续的发展。

那么，我们能从风水观念中获得哪些启示，来指导我们的城市建设呢？

首先，生命相通。“绿树村边合，青山郭外斜”是古人根据风水观念建造出来居住环境的经典描述，也是“内气萌生，外气成形；内外相乘，风水自成”思想的形象体现，揭示出人居与植物水乳交融的关系，也是“天人合一”思想的具象化，暗示出古人已经发现了无机物衍生有机物，有机物衍生人类的自然规律。根据这样思想建设出来的家园才是真正绿色的，肯定也是可持续的。

其次，自然循环。顺天地自然而动是风水观念中的又一原则。这里包括两层意思：一是指建造活动与季节相顺应，“春生夏长，秋收冬藏，此天地之大经也，”（司马迁语）日常生活要顺应自然，建造活动也只有在遵循自然节律中获得更好的使用寿命；二是指建筑材料的循环使用，即所谓“因天材，就地利”。所谓“因天材”，就是在营造时要充分考虑当地的自然条件，就地取材，使用当地所产的材料营造出来的居所，才可能最大限度地适应当地的自然环境，适合当地人的居住习惯；“就地利”是说，要根据土地的承载能力来设计人居环境，环境的容量是有限的，要根据土地承载力来决定人口数量，绝不能无限扩张。更为重要的是，“因天材，就地利”营造出来的建筑，与自然界中其他事物之间存在着某种内在的联系，来于自然，归于自然，从建造到毁灭，既不会给环境造成危害，也不会给后人留下麻烦。

总之，窑洞不仅为我们的祖先提供了安身立命之所，其中的营造智慧也足以为今天城市中的环境问题提供解决思路。应当承认，近 30 年的城市化是以排挤本民族建筑文化为前提的。在新鲜感逐渐平息，理智取代热情之后，面对“千城一面”的景象，我们才感到了问题的严重。更为糟糕的是，由于缺乏文化自信，我们几乎是将西方城市建设的做法全盘进行移植，在彻底改变城市文脉的同时，西方当年遇到过的各种社会的、环境的问题也接踵而至。在这样的背景下，传统人居环境中适度发展、生命相通、自然循环等讲究就越发显得重要——势必祖先遵循这样的原则走过了漫长的历史。在新的历史条件下认真研究这些经验，可以帮助我们重新确认现代城市与历史的关系，在保持与自然的和谐中继续走下去。

中国的城市建设绝不可以没有中国人的智慧参与，以敬畏的态度，在包括窑洞在内的各种古建中进行研究，无疑是获取这种智慧的最好途径。

55　由表及里：传统村落的价值再认定

新世纪以来，传统村落应当如何保护日益成为了紧迫问题。造成这种紧迫的原因很多，有新农村建设对传统村落形成的巨大压力，有因为年代久远使传统村落跟上时代步伐的艰难。从理论上说，人们普遍认同传统村落是我国传统文化的活化石，记录着民族发展的历史，是民族文化的博物馆和大观园。但是，在实际生活中，传统如何才能经受住现代的冲击，民族的如何才能够成为世界的，矛盾十分尖锐。在以发展速度论英雄的社会条件下，跟不上社会发展就意味着被淘汰。然而，面对高速发展出现在城市里的环境污染、交通拥堵、资源紧张等问题，传统村落中优美的自然环境、循环的生产理念、和谐的生活方式越来越受到人们关注，提示人们从可持续的角度对传统村落的价值进行再认定。

1）历史回顾

“传统村落”，截至目前还是一个比较模糊的概念。从国内的情况看，官方经常使用的“历史文化名镇名村”“古村落”，意思比较接近传统村落，强调这些地方在生产和生活方式上能够较完整地反映某一历史时期的传统风貌、地方特色和民族风情，具有较高的历史、文化、艺术和科学价值，能够维护历史文化遗产的真实性和完整性。

作为一个农业大国，中国对传统村落的认定和保护比较西方要晚得多。这一方面是由于长时间的闭关锁国，将工业文明抵挡于国门之外，延迟了工业文明对古老国度的影响，也给传统村落中的生产和生活方式争得了更多的存留机会；另一方面，内忧外患造成的积贫积弱，即使有像“米氏兄弟”、陶行知、晏阳初、梁漱溟、费孝通等精英搞“乡村建设”，也只能是个人行为，停留在有限的地区和有限的内容上，无力将传统村落价值认定提升到文化的层面，甚至于还将传统村落与落后相提并论，并试图加以拆除。

首次涉及传统村落保护的官方文件是1986年国务院《批转城乡建设环境保护部、文化部关于请公布第二批国家历史文化名城名单报告的通知》。《通知》在第四条中指出：“对一些文物古迹比较集中，或能较完整地体现出某一历史时期的传统风貌和地方特色的街区、建筑群、小镇、村寨等，也应予以保护。各省、自治区、直辖市或市、县人民政府可根据它们的历史、科学、艺术价值，核定公布为当地各级‘历史文化保护区’。”至此，中国的历史文化遗产保护工作，开始由城市转向农村，并把“街区、建筑群、小镇、村寨等”列入了范围。

2002年10月28日第九届全国人民代表大会常务委员会第三十次会议修订颁布的《中华人民共和国文物保护法》，明确提出：“保存文物特别丰富并且具有重大历史价值或者革命纪念意义的城镇、街道、村庄，由省市、自治区、直辖市人民政府核定公布为历史文化街区、村镇，并报国务院备案”，使我国农村古遗址保护开始纳入法制化的轨道的同时，也明确了各级政府对所辖地区的村落古遗址都负有保护责任。

2003年10月8日，建设部颁布了《中国历史文化名镇（村）评选办法》，明确了历史文化名镇（村）的评选条件是：“在一定历史时期内对推动全国或某一地区的社会经济发展起过重要作用，具有全国或地区范围的影响；或系当地水陆交通中心，成为闻名遐迩的客流、货流、物流集散地；在一定历史时期内建设过重大工程，并对保障当地人民生命财产安全、保护和改善生态环境有过显著效益且延续至今；在历史上发生过重大事件，或曾为革命政权机关驻地而闻名于世；历史上发生过抗击外来侵略或经历过改变战局的重大战役、以及曾为著名战役军事指挥机关驻地；能体现我国传统的选址和规划布局经典理论，或反映经典营造法式和精湛的建造技艺；或能集中反映某一地区特色和风情，民族特色传统建造技术；建筑遗产、文物古迹和传统文化比较集中，能较完整地反映某一历史时期的传统风貌、地方特色和民族风情，具有较高的历史、文化、艺术和科学价值，现存有清代以前建造或在中国革命历史中有重大影响的成片历史传统建筑群、纪念物、遗址等，基本风貌保持完好。”从作用、影响、历史价值、代表范围等方面明确了历史文化名镇（村）应当具备的基本条件和评选标准，尤其是明确地划定了历史文化名镇（村）的时间节点。截至2014年住建部与国家文物局又先后六次公布了中国历史文化名镇名村的名单，至此，我国共有国家级历史文化名镇名村528个，其中名镇252个，名村276个（图55-1）。事实证明，历史文化名镇名村评选，有力地推动了我国传统文化的保护工作。

图55-1　1～6批全国历史文化名镇（村）分布

国外则将村落的保护范围放在更加宽泛的背景上来认定。从区域上看，自然保护区、风景区、小乡村都列为保护的范围，既有人居建筑，也有环绕在人居建筑周边的自然和人文环境。从价值上看，国外更加看重自然保护区、风景区、小乡村拥有的艺术、历史、科学、传奇及画境特色的价值。20世纪60年代前后，美国、法国、英国和日本明确将文物古迹的保护范围扩大到乡村，纷纷开展历史小城镇、村落的保护工作。在这些国家，传统村落一般也与“历史小城镇”“小聚落”相对应。

1975 年国际古迹遗址理事会（ICOMOS）通过了《关于保护历史小城镇的决议》，指出：“历史性小城镇可按照其普遍性、大小、文化背景和经济功能的不同划分为很多类型。在修复和翻新这些城镇的过程中，必须尊重当地居民的权利、习俗和期望，必须对公共目的和目标负责。”指出了小城镇在保存历史信息方面的重要性，将“保护和复原历史地区及其周围环境”作为保护的基本原则。1976 年联合国教科文组织在内罗毕通过了《关于历史地区的保护及其当代作用的建议》，简称《内罗毕建议》，将“史前遗址、历史城镇、老城区、老村庄、老村落以及相似的古迹群”统统列入了保护范围。1982 年国际古迹遗址理事会（ICOMOS）还专门召开会议，讨论乡村遗址保护问题，通过了《关于小聚落再生的宣言》，认为，在乡村或小城镇，不仅那些历史留存下来的建筑遗产是珍贵的，周边环境同样也是一种不可再生的资源，建议对小聚落的保护工作不能只局限在建筑物本身，还要尊重建筑物周边的环境，注重环境和氛围的保护。这样的思路，不仅扩展了乡村遗址保护的范围，而且提升了保护的标准。

2）为传统村落证名

通过以上回顾不难看出，在城市化进行到一定程度，大体完成了城市为中心的文物古迹保护以后，国内外都将文物保护的范围从城市扩大到农村。对我国而言，传统村落保护的问题是跨世纪前后逐渐提到日程上来的。这段时间是我国经济快速发展，城市化进程、农村改造最为迅速的时期，也是散布在民间的历史遗迹受到威胁最为严重的时期。从 80 年代在关于历史文化名城评选与保护的官方文件中以“历史小镇、村寨”的名义附带提出，到 21 世纪初期由国家部委启动“中国历史文化名镇（村）评选”，再到 2015 年由七部委在全国分四次评选出 4157 个传统村落，尽管使用的名称还不太一致，但是，承认历史价值，肯定文化内涵，明确其在民族文化中的重要地位是基本一致的。

这样的回顾，勾勒出了中国社会对传统村落认定由官方到民间，由一般性到专业性，由模糊到清晰，由注重历史信息保护到景观保护的基本过程，也为我们认定传统村落的自身特点奠定了基础：

首先，传统村落应当具有一定的历史性，是遗留下来的村庄或聚落，一般具有较长的修建历史并集中在比较偏僻的乡下，是一些具有历史特色、原貌保存比较完整的居住区域；其次，要有地域性的生活方式，人口居住密度较高，保持着传统的生产和生活方式，村落形成以家族式为主；再次，具有一定的文化代表性，能以物质或非物质的形式，比较集中地表现一个地区或一个时代的风俗特点；另外，传统村落应当具有一定的规模并相对保存完好，至今仍然在使用。

基于这样的认识，我们认为，“传统村落”与“历史文化名镇名村”是同中有异、异中有同的两个概念。所谓“同”，是说两者都有着悠久的历史，同样是通过农耕方式来养育同宗或同族的人们，因此有着大体相同的风俗习惯和价值取向；所不同是说，“传统村落”涵盖的范围更大，不仅包括那些历史延续至今仍然保存完好的村落，还包括那些整体不再完好，仍然存留着的某些足以代表一种文化现象的村落，而“历史文化名镇名村”则主要是指那些历史延续至今仍然整体保存完好的村落。因而，我们也可以将“历史文化名镇名村”视为“传统村落”中的一员，不过，它们比较幸运，属于“精品”一类。

于是，我们完全可以从形成时间、生产方式和村民构成上对传统村落进行认定并得出这样的结论：凡是以传统的营造理念建造起来，依靠自给自足的方式进行农业生产，以血缘关系为家族纽带或以几个大姓形成的聚落组织，都可以视为传统村落。传统营造理念的核心是“因天材，就地利”，传统生产方式是将大地视为“万物之本源”，传统家族关系是将“亲善”作为基本宗旨。在很大程度上说，传统村落中的物质和非物质遗产，都是围绕这些而展开的，并且形成了“天与人交相胜”的生态系统。应该承认，作为历史遗存，传统村落确实具有一定的文物属性，与博物馆里的文物并没有根本不同。然而，传统村落没有高墙护卫，而是分布在特定的地域空间里，或与青山绿水相伴，或与广川大漠为邻，体现出明显的自然色彩。加之这些村落多数还在实际的使用当中，是人们遮风挡雨、存储财富、繁衍子孙、埋藏祖先的场所，使这里的每一个文化基因都体现出浓浓的人性味道。

3）传统村落的文化基因解析

传统村落是农耕文明孕育出来的聚落，时至今日，这里还遗存着与中华民族有关的各种文化基因，比如王侯将相的血脉，才子佳人的故事，四大发明的遗迹，历久不衰的建筑和按照天人合一理念形成的生活习俗，从不同的角度展示着中华文化的丰富多彩，也证明着中华文化的源远流长。如果说工业文明是西方人的骄傲，那么，源远流长的华夏文明则是在漫长的农业时代孕育生发。可以说，正是因为凝聚着这些古老文明，传统村落才获得了生生不息的生命力，更容易唤起中华民族的悠远"乡愁"——

比如说，传统村落中鲜明的地域特色，体现了"因天材，就地利"的古老建设理念，至今仍能唤起我们强烈的地域认同感。地域环境是形成不同生存方式、凝聚不同文化形态最为基本的条件，所谓"一方水土养一方人"。快速城市化所以导致"千城一面"的局面，说到底是因为一味追求速度和效益，忽视了这些建筑与地域环境之间的关系，顾不上将鲜明的地域文化作为规划设计的依据。与大城市中那些样式基本雷同的街区不同，坐落于青山绿水之间的传统村落则是地域文化培育出来，不管是建筑形态还是环境格局都各有特色，自成风格——黄土高原地区的窑洞，保持着西北地区穴居生活的记忆；江浙一带的小桥流水，把江南地区的水乡生活做了空间上展现；闽赣地区的土楼和围屋，将客家人曾经的防御心理展现得淋漓尽致；那些群山环抱中的一个个山寨，则是少数民族地区半农半猎生活方式的结晶。

"社区"是现代工业文明的产物，犹如生产线下来的产品；"村落"是根据自然环境营造的结果，当然会带有浓郁的地域色彩。

比如说，传统村落的环境格局建设，无不显示着祖先"阴阳之枢纽，人伦之轨模"的家园理念，透露出这些村落所以生生不息的根本原因。

江西省上饶市婺源县的严田村始建于北宋，因有千年樟树而闻名遐迩。樟树高近30米，直径达4.3米，树冠覆盖的面积达2000平方米（图55-2）。这里不仅是村落的入口，同时还显示了村落凝聚天地之灵气的寓意，显示出村落有过的繁荣与长久的历史。福建省尤溪县桂峰村村口不仅有古树，还有潺潺流水，站在小桥上可以看到河床里有巨石形成的太阳、月亮和印章的造型，隐含着日月同辉、功成名就的深刻寓意，形成了入村即见景，景中自有意，不是艺术而超越艺术的空间效果。

图 55-2　婺源县严田村樟树

当下的城市化所以出现自然环境与人文环境的双重危机，说到底是因为一味追求速度和效益，忽视了城市与自然和人之间的关系，在规划设计时更多着眼于当下而不顾长远，当然也很难像传统村落那样可持续地发展下去。传统村落在格局营造上的经验告诉我们：传统的家园环境所以能够长治久安，不只是表面上的漂亮，其中还有深深的文化韵味，是自然与人工的巧妙结合，显示出当年人们在家园建造时，既看重自然环境，又不忘人文精神的双重追求，从而才出现了“虽由人作，宛自天开”的卓越效果。

比如说，传统村落中重视教育氛围营造的做法，将“家”与“国”有效地结合到了一起，为国家提供了人才的同时，也有效地提升了村落的文明水平，加强了村落的凝聚力。

福建省三明市邵武县有一座叫“和平”的城堡式古镇，有“中国进士之乡”的美誉，有文字记载的历史始于唐代。历史上这里曾出过两名宰相、6 名尚书、137 名进士。如今，在两百多明清古建群落中，由五代后唐时工部侍郎黄峭创建的“和平书院”依然保存完好，周边还有李氏、黄氏、廖氏等五座文职官员的住所——“大夫第”，以空间的形式展现着当年村子里的重教之风（图 55-3）。

图 55-3　和平古镇大夫第

在很大程度上说，中国历史上的所有人才都来自村落。与当下城乡的“上学功利主义”做法不同，传统的做法则是通过氛围的营造来达到教育目的，将“养”和“育”巧妙地结合到了一起。徜徉在传统村落中，我们还能看到当年读书重教的遗风：大村子里的“书院”，小村子里的“私塾”，不少村子里依然完好的“惜字炉”，庭院里木砖石雕上的励志图案，尤其是抱柱石或正房两侧的山墙上，或刻有 24 孝图，或镶嵌各种醒世格言——这样做的意义不仅仅可以传承圣贤，教育子孙，还可以显示村落或家族的素养，增加村子或家族的文化影响力。

比如说，传统村落中积累下来的各种养生文化，既是村民生存智慧的结晶，保障了村子的人丁兴旺，也是今人获得身心健康的经验补充，是中华生存智慧的重要组成部分。

养生是一个永恒主题，各个民族都积累了相应的经验，取得了明显效果。截止 2015 年，中国老年学学会评选认定了国内共有 41 个长寿之乡。根据有关标准，具备下列条件才可能成为“长寿之乡”：（1）区域内百岁老人存活数要达到7/10万以上；（2）区域内人口平均寿命要比同期国内平均寿命高出3岁；（3）区域内80岁以上高年龄人口占总人口1.4%以上。这些“长寿之乡”中只有浙江的丽水是唯一的地级市，其余全部是县级行政区域，其中不乏一些地处边远的传统村落。因为，这些地方不仅有山清水秀的大环境和适宜生存的清新空气和水源，还有清新平静的区域小环境和心平气和的生存理念，是养生与养心的好地方。

总之，作为物质和非物质文化遗产的荟萃之地，传统村落中的非物质文化遗产部分更加丰富多样，更加神秘莫测，也更加需要认真地研究总结。除了以上提到的这些内容，传统村落中还隐藏着大量关于建筑营造、家族管理、宗教信仰、人伦关系、审美习俗方面的内容，涉及村落生活的方方面面。可以肯定地说，正是因为有了这些精神方面的遵循，传统村落才具有了强大的凝聚力和生命力，生生不息地从过去走到了今天。

4）结论

从2012年至今，全国性的传统村落评审已经进行过四次，其中相当一部分还会得到国家的财政支持，用以村落保护性修缮。在我们看来，评审是对我国传统村落存量情况的盘点，以突显一些村落在传统文化中的不凡地位；财政支持是为了给一些更具文化价值的村落以实际性保护，使其中的价值得以延续。这些都属于传统村落保护中硬件方面的工作。在此同时，开展对传统村落生存智慧方面的研究，探索这些村落在建造理念、管理方式、人伦关系甚至是饮食起居方面的经验，无疑也是一件非常有意义的事情。要知道，正是有了这些精神方面的东西，传统村落中的建筑才可能那样耐久，人与人的关系才可能那样有序，各种生产活动才可能可持续地进行，最终使村落具有了战胜了无数的天灾人祸的力量。在很大程度上说，这些才是传统村落的核心价值之所在！

56 从传统农业到景观农业
——新农村建设的美学思考

农业历来是人们获得生存的重要手段。在现代文明的语境中，农业的景观意义进入了人们的视野。与传统农业的粗犷不同，现代农业在各种技术手段的作用下，不仅在产量上具有明显的优势，也在体现规整、理性的同时具有明显的景观价值，反映出更多的美学意义。新农村建设中，我们不仅需要从环境上改变村容村貌，还需要从生产和生活方式上有所提升，更应当与可持续发展结合起来，将传统的种植生产与旅游观光相结合，大力发展休闲农业与观光农业，增加农业生产的附加值，使农业在满足人们物质需要的同时，也能够满足人们的精神需要，形成新的农村生态。

中国是一个历史悠久的农业大国，自给自足的生活方式延续了几千年。从最初的刀耕火种，到后来的日出而作，日暮而息，农业的审美价值一直都是与收获紧密相连——人们不会去直接歌颂土地本身，而是对土地上的生长情况有着更多的兴趣，也就是说，产量的多少直接关系着人们对土地的评价，当然也包括土地的美与不美。工业革命以后，尤其是在各种科技手段不断进入农业的今天，传统农业也正走出单一生产模式，在与工业的结合中改变生产方式，在与科技的结合中走向多种多样，在与信息的结合中提高着生产效率……在向人们提供衣食之源的同时，农业本身也在发生着微妙的变化，在多元混合中体现出越来越多的精神内涵，导致人们开始对农业的价值进行重新认定。这其中最引人注目的是农业景观价值的提出。

1）传统农业贵在自然

在社会的发展历程中，农业与人类的生存状况休戚相关。生产力水平是决定人们生存方式的根由，而人们的生存方式又影响着特定区域内人们的审美观。传统农业就是在农耕文明演化过程中一点点孕育出来的，是农业处于粗犷生产时期的产物，即使被人们欣赏也是因为从中联想到了衣食之源、财富积累、国力昌盛等象征意义，带给人们近似于“收获”的心理体验。附着的功利因素决定了传统农业具有以下特点：

首先，传统农业文明在师法自然中大都具有朴拙的特点。早期的开荒垦地看重土壤的质量，标准是土壤的肥沃与否，种什么与怎样种的问题需要人们因地制宜、因时制宜地来解决，将田地分割成什么形态也要在顺应自然中完成，一切都不太可能有自己的选择。于是，节气、地域、气候等自然因素成了人们种植农作物的基本依据。在漫长的农业实践中，形成了南稻北粟的品种划分，也形成了平原与丘陵山地的不同种植格局——平原地区的田地多划分为块状，以长方或正方形为主，规整如棋盘。在丘陵地区，人们采取化整为零的办法，在丘陵的坡面上开垦平地，种植层的土地要保持水平，而不太考虑与丘陵外围坡度的关系，形成环丘陵而上的梯田。不管是平原还是丘陵，经过这样耕作，田地融于自然，自然包含着田地，两者之间浑然天成，并没有太大的差别（图 56-1）。甚至于农田在不同的季节里形成的色彩也与大自然之间有着某种默契——春天的生机盎然，夏天的竞相成长，秋天的累累果实，冬天的银装素裹，既是田间的景色，也是自然的本色，呼应中难分彼此。人们进行生产活动所留下的印迹，也在高天厚土之间变成了点点滴滴，或幻化成了点缀，或隐匿得无影无踪，在朴拙中实现了与大自然之间的精妙结合。形象地说，农业文明实际上就是人们在自然母亲的怀抱中创造的。

其次，传统农业文明在漫长的岁月中形成了浓郁的历史感。作为一个由大地孕育出来的民族，农村不仅为人们提供衣食之源，还保持着许多的传统美德，像吃苦耐劳、尊老爱幼、耕读持家等，至今仍是中华民族建设精神家园的重要内容。时至今日，尽管那里的人们还没有城里人富裕，生产方式有

图 56-1　农田与梯田

些还显得古老，但是，人与人之间的和谐关系，简陋但干净的街道，无不显示着历史的痕迹。也就是说，农村遗存下来的绝不是些老房子，还有与之相适应的生活方式以及管理这种生活方式的一套传统。忘掉这些传统不仅不明智，而且不可行。因为，人既是现实的，又是历史的，不可能与自己的过去一刀两断。农村不仅是中华民族的生存之根，还是华夏精神的摇篮。这一点决定了农村的景致之美，不仅有自然的一面，还有人文的一面，共同构成了具有中国特色的人居环境。应该说，在农村，欣赏这里的自然之美并不难，难的是从那些带有古色古香的生存环境和气氛中，体会其中的人文精神。

第三，传统农业是根据自然条件形成的，自然条件不同，与之相适应的人居环境也会有很大不同。在生产力水平较低的情况下，人们对于选择土地耕种作物只能依赖于自然，这是传统农业与大自然浑然天成的根本原因。为了便于农作物生长，获取好的收成，人们不得不去适应环境、顺应万物生长的自然规律。这一点在人居环境建设上表现得也很突出。同是为了居住，用什么材料，采取什么工艺，造成什么样式，如何进行装饰等方面都不是随心所欲的结果，而是带有明显的地方特点。于是就出现了中原地区的房子不同于沿海地区，黄土高原的建筑与草原大漠的又完全不一样。建筑成了一个地区自然与人文环境的缩影。因此，在城里的市容市貌越来越雷同的今天，农业的人居环境还多少保留着一些地域性特色，成为一种渗透了当地习俗风貌以及审美追求的景观形式。

2）现代农业重在景观

如果说传统农业以生产为主，体现出来的朴拙之美也是大自然的一种赐予，那么，现代农业则具有更多的人为成分，体现的是理性指导下的规整之美。大规模的机器耕作，使大地变成了画稿，效果怎样完全可以由人来做主，不同色彩，不同造型的作物相互勾连，犹如几何图案，体现出明快的节奏和韵律感，在增加农业观赏性的同时，也使农业从单纯的生产变成了一种“大地艺术”，形成了自然界的又一种景观。

从根本上说，景观属于一种人造环境，是人们根据自己的美学理想进行的环境营造，其中审美的成分要远远大于使用，因此具有很强的观赏性。农业成为景观，其物质基础是农村生产水平足以解决人们的温饱问题，其哲学根由是人的本质力量在大地上的艺术化体现。与传统农业比较，人们的注意力不再集中于农业实用价值，同时也注意其中的美学价值，将物质上的收获与精神上的满足结合了起来。加拿大阿尔伯达大学教授艾伦·卡尔松曾指出：现代农业景观表现的是技术和科学的美。“农业景观‘真实’的本性就在于它是一种功能性的景观。”因此，农业景观所表现的价值已经不完全取决于自然，同时也取决于营造者所掌握技术的多少和水平的高低。这样一来，同是农业活动，从事景观农业的人不只要熟知作物的品性、土地的墒情，更需要有一定文化修养，懂得现代科学，掌握一些新技术。同时，也需要了解一些艺术方面的知识，使自己的劳动从粗犷走向集约，在关注物质利益的同时也注意精神上的影响，将产品的形式也作为一种经济增长点来对待，形成另一种魅力。

促进现代农业的科学技术很多，大体上可以分为这么几类：排到第一位的是生物技术，凭借这方面的技术，人们可以使农作物的物理属性得到更好地发挥，培育出高产、优质、能抵御各种病虫害的新品种；第二是各种机械技术，凭借机械的力量，劳动生产力不再依赖体力，于是，农业的整个生产过程都发生了质变，加快了农业生产的运转周期，使劳动效率得到大幅度提升；第三是最具有景观意义的农业地貌技术，这种技术足以指导人们合理利用土地、兴建水利工程、寻找水源开垦荒地，特别是根据某种审美理想营造出大地景观。这些技术从不同方面改变着农业的属性：生物工程扭转了一切以“老天爷”指令行事的局面，大棚、滴灌技术使作物的培育摆脱了地域和气候的限制，基因技术的运用更使得农产品的形式和质量都发生了巨变（图

56-2)。机械技术的大量运用，使农业生产从粗放走向集约，大大提高劳动效率的同时，也使农民有更多的时间和精力去考虑产品的更新与改良，享受劳动所创造的财富，形成自信。地貌学则是最具有艺术气质的一种技术，可以帮助人们跳出一家一户的局限和吃饱喝足的狭隘，从整体上去设计自己的劳动产品，将物质所得与愉悦性情，眼前效益与长远利益结合起来考虑，增强了农业生产的生态学意义。

图 56-2　现代农业

总之，在科技的帮助下，现代农业已经不再是被动地遵循，而是一种掌握了自然规律以后的创造，所产生的价值也不再仅仅局限在吃饭穿衣的范围，而是将劳动的物质所得与精神的愉悦结合起来，像花卉栽培、宠物养育、草木种植等曾经根本算不上农业的项目，也因为其极大的观赏和娱乐性而成为产业，使农业活动更加具有美的属性。

3）景观农业与新农村建设

国家关于新农村建设提出了“生产发展、生活宽裕、乡风文明、村容整洁、管理民主”的方针，既有生产方面的内容，也有精神方面的指向，是新世纪对农村建设的总体规划，意味着未来的农村在生产、生活、乡风、村容、管理方面都应该达到一个崭新水平。在这样的背景上，旧有的粗放型的生产和管理方式显然已不合时宜。传统农业向景观农业的转型可以说已经成为大势所趋。那么，这样的“景观式新农村”当如何营造？我们认为，其措施应包括以下几点。

首先，因地制宜，注重乡土。结合村落的气候、土壤、风俗、历史等条件，有规划地从事建设活动，形成以作物和民俗为主的农业景观。这里包括两层意思：一是以作物为主体，在生产过程中注意发展有机农业和生态农业，使培育出来的农作物既融于自然又有别于自然，形成新的景观。与传统农业不同，有机农业和生态农业不追求某种作物的高产量，而是努力营造良性循环的生产体系，追求土地上各种作物之间的和谐关系，使村子中所种所养的各种有机物既能在良好的生态关系中茁壮成长，又能在色彩、造型和分布上有机统一，给人以全新的视觉感受。二是以民俗为主体，在村子里发展以艺术、观光、休闲为主体的产业，既是对村里种养殖业的补充，又是对民风民俗的展现，属于新农村建设的文化工程，其主要功能在于审美。这里所说的艺术农业，包括以往就有的农民绘画、雕塑、园艺等手工制品，也包括利用农作物的可塑性进行造型、色彩性进行构图、不同的生长期进行规划等营造活动。观光农业出现在 20 世纪 90 年代，是为满足城里人返璞归真心理应运而生的，其典型形式是“农家乐”，将农村生活体验与旅游观光结合起来，因此也被称为旅游农业。“休闲农业是指利用田园景观、自然生态及环境资源，结合农林渔牧生产、农业经营活动、农村文化及农家生活，提供民众休闲，增进民众对农业及农村体验的农业经营活动。”这种农业不仅提供观赏、游乐等活动，还让旅游者亲自参与，体验农民的生产过程，认识乡土风貌、民风民俗，激起人们热爱劳动、热爱生活、热爱自然的兴趣，有助于增强人们保护自然、保护文化遗产、保护环境的自觉性。

其次，建筑文化的继承。建筑是体现地方文化风貌的重要载体，也是农业景观中必不可少的元素，可以这么说，某一地区农业景观的文化特色如何，主要是由建筑来体现的（图 56-3）。建筑是人们生存智慧的结晶，是根据当地的气候、环境、资源等方面因素，在特定生产力水平下建造出来的一种文化符号，如傣族的竹楼、土家族的吊脚楼，草原上的蒙古包，还有陕北的窑洞等，都打上了时代和地域的烙印。从文化学的角度看，建筑不仅仅是物质上的景观，还带有浓郁的精神属性。新农村建设过程保留村舍建筑的基本风貌，既是对当地居住习惯的保护，也是对传统文化的尊重。工业文明使建筑以及由建筑所构成的人居环境日益产品化，城市面貌的千篇一律，就是这种情况的直接体现。在新农村建设中，应当尽量避免这种情况在农村重演。否则，农业的景观意义就难以形成，所能产生的休闲和旅游价值也会大打折扣。

图 56-3　特色建筑

再次，特有的乡情生活。这是现代农业景观中最具有人情味道的一个部分。村民间淳朴、厚道的乡情关系产生于血缘宗亲的悠远传统，历史上曾在凝聚族群、保卫家园方面产生过重要作用。在现代社会环境中，人与人之间血缘关系的凝聚作用，正在受到信仰和利益关系的巨大挑战，并大有被取代的势头，但是，血缘凝聚所具有的亲情因素，在中国仍然具有强大的生命力。尤其在农村，不但保持着体现家族关系的四合院的居住形式，走门串户的习俗，还有各种用来联络情感的大型活动，比如对红白喜事的操办讲究，定期举行的庙会活动，乡里之间遵守的各种礼仪……都是农村一道充满地方色彩的人文景观，其中也不乏诱人的魅力。

从传统农业到景观农业，是农业从单一走向多元的必然，也是人类社会发展进步的结果。这样的农业产生的经济效益既有物质的方面，又有精神的成分，凝聚了实用、欣赏、参与等多种属性，因此也可以说是现代文化多元性在农村的一种表现。这也提示我们，新农村建设不是一个简单的形式问题，而是关乎着未来的农村是否跟得上时代步伐，建设出来的新农村有没有中国特色的问题。在环境危机促使人们加紧探索生态和谐的今天，农村中的低耗能、低成本、高效率的居住效果，以及营造这种效果体现出来的生存智慧，所呈现出来的群居一体的和谐思想以及在此基础上形成的互助、亲和的凝聚力量，不仅越来越受到建筑设计、城市规划、环境治理等领域专家学者的重视，也正在引起人文学者的研究兴趣。可以说，成功的新农村建设，需要多学科智慧的介入，尤其需要关注人性优化的美学学科的介入。

57 传统村落保护与发展规划中的问题与对策

1）缘起

传统村落调查与保护工作开始于2012年，是为了贯彻落实温家宝总理在中央文史馆成立60周年座谈会上关于“古村落的保护就是工业化、城镇化过程中对于物质遗产、非物质遗产以及传统文化的保护”的讲话精神，摸清我国物质和非物质遗产家底，加强传统村落保护和改善而发起的。这项工作由住房城乡建设部、文化部、国土资源部、国家文物局、财政部等七部委联合开展，具体的评选和审核工作由住建部负责。

到2016年，通过地方申报、住建部审核的方式共有四批村子获得了“中国传统村落”称号，其中2012年第一批有来自28个省的646个村落入选，2013年第二批有来自26个省的915个村落入选，2014年第三批有来自28个省的994个村落入选，2016年第四批有来自30个省的1602个村落入选。至此，全国共有4153个村子入选“中国传统村落”（图57-1）。为了客观准确，评选过程采取村镇申报、省市把关、国家组织专家评审的形式，具有一定的权威性。入围“中国传统村落”，不仅仅是一个称号，还是对当地传统文化资源的挖掘认定，同时也会获得国家为村落保护与发展注入的配套资金。

根据相关文件，入围国家传统村落须符合下列条件：硬件方面，村落中选址和格局的传统风貌依然如故，传统建筑完整、特色鲜明且数量较多，传统的生产和生活方式依然存在，历史要素丰富；软件方面，村落中保存有较多的非物质文化遗产，并在村民的日常生活中有所体现和传承。为了全面反

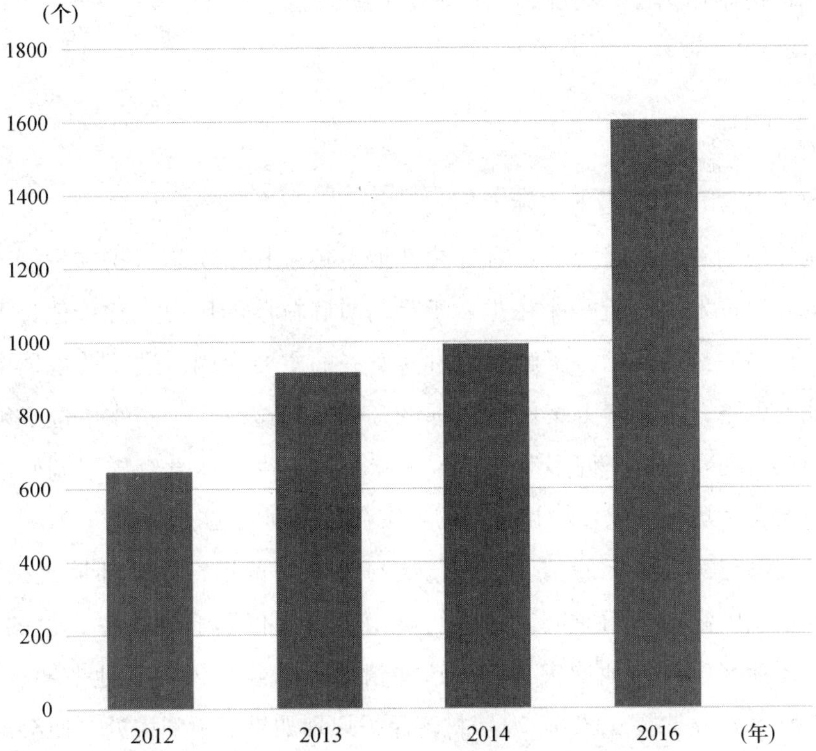

图 57-1　四批传统村落数量

映村落的情况，住建部要求具备条件的村落必须提供三个文件：村落档案、保护发展规划和项目需求表。这些材料，既能够全方位地反映入围传统村落的基本情况，也是村落是否能够获得国家财政支持的关键依据。因此，备受地方政府和申报村落的重视。

要制作出这样的材料，需要制作者不仅要熟练掌握建筑、规划方面的知识，还要懂得文物保护方面的法律法规，更要拥有较为深厚的历史积淀，具备驾驭多种学科知识的综合能力。然而，从实际情况看，旧有的学科划分所形成的专业局限，使得不少制作单位依然按照以往的工作习惯行事，或者将以往城市规划的思路移植到农村，或者用理工科的专业习惯来分析传统村落的价值，或者将村落保护与发展只做理论层面的处理……凡此种种，既影响到传统村落保护发展的质量，也直接关乎着传统村落的未来。

由于导师的原因，本人接触了一些传统村落保护与发展规划方面的事情，了解到一些制作单位的情况，也发现了一些问题并有所思考——

2）问题

（1）规划不切合当地实际

制作规划的目的是为了更有针对性地对传统村落实施保护和发展，给今后村落的保护发展制定一个依据。于是，明确村落的历史文化价值，把握村落保护面临的具体问题，了解制约村落发展的主要原因，进而在规划中提出有见地的思路，是合格方案的基本标准。要做到这一点，制作单位必须做到熟悉当地情况。然而，许多制作单位一味追求速度，在没有详尽调研或粗浅调研后便着手规划，致使设计出来的方案存在下列问题——

首先，与实际情况脱节。许多传统村落地处偏远，地质环境复杂多变，例如福建气候潮湿，雨季降水量大，降雨径流不仅影响到房屋建设的选址、朝向，还会产生许多地质灾害点。这些情况若非经过入村实地考察、询问，设计者难以充分掌握（图 57-2）。村落保护规划如果落不到实处，便会沦为模板的堆积、套路的复制。如此一来，不仅无法为村落的保护与发展提出专业、有针对性的建议，更会浪费村落发展的宝贵契机。

图 57-2　年久失修的窑洞

其次，保护区域划分不合理。根据历史要素的分布情况划分保护区是文物部门的通常作法，传统村落保护工作显然有所借鉴。根据历史要素的分布情况，在村落中划定出核心保护区、过渡区，以便于有的放矢地实施保护和发展，使村中的传统遗迹得到保护，其周边环境也得到有效控制，以达到保护村落整体风貌的目的。核心保护区内主要包括历史建筑、乡土建筑及历史环境要素较为集中的地方，是村落中传统文化信息最为密集的所在，当然需要重点保护。然而，一些单位未对村落仔细勘察便草率划定保护区，造成一些重要的历史要素游离在保护区之外。例如，榆林市米脂县寺沟村与杨家沟村共用一座龙王庙，这个庙宇位于两村交界的山顶之上，从杨家沟一侧上去更为方便，因此平日更多为杨家沟村所用。但在，每年 5 月两村共同在此举办庙会，龙王庙自然也就成了两个村落的共同财产，理应成为两个村共有的核心保护区。与此同时，如果将建设控制范围划定过大也不合适，如榆林市米脂县的桃镇村，作为桃镇的镇中心，这里有较多的商业和行政区域，有一千多外来务工人员，如果将建设控制范围划定过大则会造成用地紧张，从而制约镇区的发展。在村落中这种复杂交织的情况比比皆是，如果不经过实地详细调研，划定的保护区就难以落地，甚至形同虚设。

再次，传统建筑保护措施不当。传统村落大多有百年以上的历史，其间的民居建筑的年代各有不同，加之建造工艺、材料、坐落位置及工艺方法的差异，使其完好程度和保存价值都呈现出较大的差异。因此，做规划的时候需要对不同的建筑提出不同的办法，注明是维修、改善、复建还是拆除。即使是维修，也要根据建筑的历史年代，提出修缮的部位、选用的材料、采取的工艺等具体措施，给下一步的保护工作提供有效的参考。但是，由于缺乏文物保护方面的经验，不少规划单位依然按照既有的习惯开展工作，对村落中的历史要素保护只提出一些概念性的意见，既缺乏针对性，也不符合实际，为下一步实施过程中可能产生的“破坏性保护”埋下了隐患。这样的例子屡见不鲜，例如榆林市子洲县薛家城子村有一处魏城墙遗址，已有两千余年的历史，由于年代久远，目前存留下来的只剩下一地的石片和残破的夯土墙体。从目前当地所做的保护规划看，设计人员并没有明确修缮时需要选用的材料、采取的工艺，更没有对被修缮对象的外形尺度提出明确意见。这样的方案极易让施工单位做出错误判断，在修缮中改变文物遗迹的历史真实性。

（2）规划单位知识结构单一

住房和城乡建设部、文化部、文物局、财政部于2012年联合印发的《传统村落评价认定指标体系（试行）》中，对传统村落的保护价值进行了定性、定量的分析，将其以数据的形式呈现，并分为如下几类：村落传统建筑的年代、文物等级、规模、种类及造型和细部的工艺美学价值；村落选址和格局与周边环境协调程度所体现的选址理念；村落所承载非物质文化遗产的稀缺度、丰富度、连续性、规模、活态传承与否及其与村落的依存程度。由此不难看出，之所以被称之为传统村落，不仅仅是因为具有悠久的历史，更为重要的还有村中留存着的各种历史遗迹，以及农耕时代的生产和生活方式，涉及的信息丰富并充满活力。

与此形成反差的是，目前不少规划设计人员多毕业于建筑和规划专业，基本上保持着理工科的知识结构，哲学、历史、美学、社会、伦理、心理等人文学科方面的知识普遍薄弱，对村落中的传统文化价值只能进行浅层次的挖掘与分析。通过建筑格局或形态谈些结构、材料和工艺方面的问题还可以，至于这些建筑为什么会有这样的格局或形态？为什么会采取这样的结构、材料和工艺？反映出了哪些历史信息？其中反映出哪些生存智慧等问题则无力解答。如此制定的规划只能反映传统村落的一些表象，很难涉及村落的核心价值。

（3）无法摆正保护与发展的关系

“传统村落保护与发展规划”由两部分内容组成，一是“保护”的重点和途径，二是“发展”的方向和措施，两者缺一不可。在制定规划之时能否摆正保护与发展的关系，考验着制作人员的设计思路，也考验着制作人员的政策水平。作为历史遗存，“保护”是“发展”的基础，失去历史真实性的传统村落也就没有了保护价值；同时，一味侈谈“保护”而忽略“发展”的重要性，传统村落便会陷入困境，使“保护”下来的村落不可持续。

针对一些传统村落“重发展、轻保护”，甚至一味发展旅游的现状，住房城乡建设部、文化部和国家文物局发文指出传统村落保护应“严格控制旅游和商业开发项目”。诚然，旅游、休闲度假等是传统村落保护利用的重要途径，但要坚持适度有序。传统村落规划应从村落经济、交通、资源等条件出发，正确处理资源承载力、村民接受度、经济承受度与村落文化遗产保护间的关系，反复论证旅游和商业开发类项目的可行性。不顾现实条件而过度商业化只会破坏传统村落，贪图了眼前利益而忽视了村民的长远利益。“绿水青山就是金山银山”，规划单位应明确发展经济和保护生态之间的辩证关系，使保护下来的传统村落见人见物见生活。

3）对策

（1）深入了解村落现状，做好规划前期准备

规划前期的调查应尽可能详尽，通过深入村落、实地考察、询问村民、制作统计表、拍摄现场照片等方式，为后期规划材料的制作收集尽量多的材料，以做到有的放矢。此外，划定保护区划时不宜简单套用经纬度定点的方法，虽然这样看似精准，但因村落的特殊情况，不具备现实的可行性。比较起来，以实地的村庄道路、田间分布、水井、古树、沟渠等标志物圈定范围则更加符合实际。规划人员应对传统村落的形成历史、重要事件、演变过程等有所研究，搞清楚当地的自然与人文情况，丰富相关知识，对一些难以确定价值的遗迹应请相应专家协助定性，以充分挖掘传统村落的历史价值。

（2）规划单位应组建复合型的人才梯队

传统村落的特色体现在自然和人文两个方面，既需要环境设计、建筑修复方面的人才，也需要擅长解读村落历史、总结村落智慧和传统文化方面的人士。传统村落保护项目由住建、文物、文化等部门联合开展，就是为了能够尽可能全面地认识和挖掘其中的各种价值。因此，作为规划单位应有建筑、历史、文物、民俗等专业的专家，对项目进行技术指导，也应有美术、文化遗产保护等专业的学者积极参与，还应积极听取老人的意见建议。使规划材料契合《传统村落评价认定指标体系（试行）》的各项技术要求，制定出比较规范、全面的规划方案。

（3）保护与发展应相辅相成

“保护”与“发展”并非对立的两极，而是相辅相成的关系。规划材料

在这方面出现问题，往往不是出于技术方面，更多是认识的不足以及驾驭能力所限。因此，规划单位除了要认真学习住建部门相关文件，充分解读政策及指导意见，还要苦练内功，加强人文历史方面、尤其是建筑文化方面的修养。这样在面对传统村落时，才可能不只是从技术上进行关照，还可以从历史、人文、经济、心理等方面展开思路，准确把握村落的核心价值，从而在规划中保持传统村落文化价值的真实性、完整性和可持续性，在保护传统村落现状的基础上，复兴地域文化，走个性化发展的道路，使传统村落真正得到活态的传承。

作者：苏志刚

58　姜氏庄园的文化要素浅析

窑洞是中国最古老的民居形式之一，保留有原始穴居的基本形态，又拥有取材方便、易于加工的优势，尤其是冬暖夏凉的居住效果，使得这种建筑形态深受黄土高原地区百姓的欢迎，从远古保存至今。

窑洞民居主要分布在甘肃、山西、陕西、河南和宁夏五省，河北省中西部和内蒙古中部也有少量的分布。陕西的窑洞主要分布在关中平原以北的旱原上以及陕北的广大地区。而榆林一带尤以砖窑、石窑居多。近现代以来，这里的窑洞民居在保持传统的同时，也融入了一些其他民居的形式，自成一种风格。米脂县的姜氏庄园就是一个代表。

姜氏庄园位于榆林市米脂县桥河岔乡的刘家峁村。这里属典型的黄土高原丘陵沟壑区，以无定河为分水岭，地势总体东西高中间低，地貌主要以峁、梁、沟、川为主，沟壑纵横、梁峁起伏、自然植被稀少，是黄土高原的腹地。刘家峁村周围梁峁连绵，地势高低起伏，属典型的黄土高原地质结构。姜氏庄园就坐落在刘家峁村北部的牛家梁上。庄园占地约 40 亩，主体建筑为窑洞，辅助建筑为砖瓦房，规整有序地展示在三级台原上（图 58-1）。

姜姓始祖姜思政，系陕西关中华阴县人，木匠，明嘉靖年间移居米脂，繁衍生息。刘家峁村以姜姓为主，门坡支系较多，十二世姜耀祖是重要一支。其家族发家致富始于祖父姜安邦、父亲姜锦塘，到姜耀祖时已经完成了原始资本积累，拥有土地数十万亩，粮食数千石，金银充足，为姜家的发展奠定了基础，也对姜氏庄园的建设起到了重要的作用。清朝末年，朝政腐败、民不聊生，陕北地区常有盗贼和土匪，光天化日之下抢劫，像姜家这样的大户当然成为了主要目标。于是，正值壮年的姜锦塘决定新建一座壁垒式的大宅

图 58-1 姜氏庄园

院，以保障家业安全。从同治十三年（1874 年）开建，到光绪十二年（1886 年）竣工，历时 13 年之久，反映出工程建设的每个环节都一丝不苟。

这座城堡式建筑群背靠牛家梁，三面环山，南面有无定河支脉穿过，契合了“负阴抱阳”的风水理念。布局上，姜家选择了“明五暗四六厢窑”的造法，也属于陕北地区民居的最高等级。13 年中，先后修建了上、中、下三处院落，有城垛式寨墙、马面、井楼、炮台、库房、碾磨院、鸡鸭棚、马厩、通道等。真可谓：土木石砖材料一应俱全，垒砌掏挖工艺无所不用。精心打造的过程中，也留下了农耕、游牧和战争等多种文化的烙印——

农耕文化是以土地为对象，以体力为主体的劳作方式，是工业文明前人们获得衣食之源的主要生产活动，当然也包括生产者在生产活动中形成的各种风俗习惯，以及与此相匹配的思想意识形态。姜氏庄园所表达出的农耕文化主要有这样几个方面：首先，以农为主的生产方式。姜家致富于商，兴旺时生意做到了县城，但是，农耕一直是姜家的根本。家中的万亩良田加之“日出而作、日落而息”的勤奋，是姜家主要的经济保障，也成为了姜家几代不变的传统。其次，选址布局和房屋造型上的大地情结。姜氏庄园坐落在山峁环抱之间，正门面对大路，四面皆为田地环绕。这种将住宅建在田地间的做法，显然是为了便于耕种。庄园分上中下三层，环环相套，与当地窑洞不设院落的传统形成反差。尤其是庄园中部的二道院，正南方向的中部是通往第三道院的大门，院子左右依次是硬山顶和卷棚顶的厢房（图 58-2）。厢房砖木结合，屋顶上有脊兽，也与当地传统的窑洞建筑形成反差。这样的布局和建筑形态，显然都受到了关中地区的影响，显示出对土地的眷恋。再次，装饰上的农业味道。英国文艺批评家克莱夫·贝尔（1881—1964 年）于 19 世纪末提出“有意味的形式”理论。将事物中孕育着的某种特定内涵作为美的根源。这种观点也为我们领会建筑上的各种装饰提供了思路。姜氏庄园的门窗框架上刻有各种图案，较多的是“卍”字纹。“卍”字纹本是一种古老的符号，通常象征太阳和火，也被认为是一种宗教符号。民居建筑所以喜欢雕刻这种纹样，当然与宜于木匠制作有关，也与“卍”字纹前后左右、上下四方相互联结的“意味”有关，而这种不断头的“意味”被民间演绎成了富贵不断头。陕北人认为“卍”字可以镇恶压邪，护佑家中老小，因而十分喜欢运用。再是双喜格子造型。双喜是陕北地区最喜闻乐见的一种符号。寓意非常广泛，得子与生财，登科与升迁，平安与富贵，福与寿等，均可成为双喜，但民间主要寓意为嫁娶之喜。这些图案是农耕文化的一种表达，与陕北当地代表游牧文化的兽型图案相映成趣。

图 58-2　厢房

与农耕文化相比，游牧文化是在狩猎基础上演化而来的生产方式，以动物的放养为对象，在逐水草而居中获得生活保障，具有很强的游动性。对动植物崇拜、对大自然的依赖、对族群的认同等带有原始图腾意味的观念，是游牧民族的思想基础。历史上，农耕民族与游牧民族的对垒只是文明演化史上的一个侧面，而更为重要的是彼此之间通过迁徙、聚合、和亲等形式，构成彼此交融的互补关系。

据记载，陕北地区曾经有过各种少数民族聚集，匈奴、回、蒙、壮、藏、羌、狄……他们以牛羊为伴、逐水草而居，又被称为"马背上的民族"。这种文化在姜氏庄园中依然留有不少痕迹。庄园中有不少养马的空间，在一道院和二道院中就修建有几处马棚（图 58-3）。同时，马槽下方的石材上、庄园的石质墙面上，还打凿出不少拴马用的凹槽，也证明了马在庄园历史上重要。其实，窑洞这种建筑形式也与游牧文化有关。从建筑史来看，窑洞的前身是横穴式建筑，或依山体掏挖，或向地下延伸，造型随意，就地成型，同样适合搬迁游弋的生活，所以在黄土高原地区的少数民族中很是普及。姜氏庄园将窑洞与砖瓦房混建的格局，当然有追求建造形式变化上的考虑，也自觉或不自觉地将古远的游牧文化与后来的农耕文化进行了融合，增加了这处建筑的文化含量。

图 58-3　马棚

战争在人类历史上由来已久，从政权更迭，到财产分配；从国家与国家之间的争斗，到民族与民族之间的冲突，都有可能通过战争的方式来解决问题。于是，围绕战争所形成的所有物质和精神活动，便形成了战争文化。历史上，榆林南部一直也是兵家必争之地，先秦时期的秦晋相争，北宋时期的征伐西夏，明清时期的李自成起义……置身在这样的社会环境中，姜氏庄园在建设过程中当然也会充分考虑战争对生活的影响。

站在远处遥望姜氏庄园，首先看到的是高大的城堡式墙体。高 9.5 米，横跨 30 余米，上有垛口的巨大石质立面形成寨墙。沿着寨墙外的斜坡石道可以到达一个涵洞。这里是进入姜氏庄园的唯一通道，上方有“大岳屏藩”四个大字。穿过涵洞可以到达庄园的第一层级。这里有带垛口的女儿墙，墙体上有枪眼，有隐藏着水井的塔楼。为了增强防御功能，塔楼并没有与寨墙处在一条平行线上，而是凸出于主墙体之外，犹如城墙上的“马面”。站在这里，寨墙的外立面一览无余，与进入山寨的涵洞口完全处在监视之下，有“一夫挡关，万夫莫开”之势（图 58-4）。

图 58-4 寨墙

沿着高 8 米、长 10 多米的第二道寨墙，可以进入第一道正方形的院子。这里东北和西北是联排的窑洞，南面和东面的入门处是牲口棚。这道院子是当年管家等人住的地方，大门修建的也很讲究（图 58-5）。沿着这里的路可以进入第三道涵洞，出洞便到达了中院。这里有一处逃生通道，穿过土墙上的洞口可以直达山岭。穿过二道院便是三道院，是姜家主人居住的地方。坐北向南一字排开的是五孔大窑洞，十分气派。五孔窑洞的最右边是灶房。除了有给水和排水系统，这里还隐藏着一个暗道，可以直达窑洞后面的山上。在姜氏庄园的三道院子里，或安排有武力抵抗，或安排有逃生通道，显示出防御不测在建设者心目中的重要位置。

图 58-5　大门

农耕、游牧、战争，三种看似相距十分遥远、彼此毫无关联的文化要素，就这样在姜氏庄园的建筑中水乳交融在了一起，反映着姜家的生活，折射出当地的历史，演绎着近现代中国社会的变迁。可能正是因为承载着如此众多的信息，2006 年，姜氏庄园入围“国家重点文物保护单位”，成为当地绝无仅有、在国内也很少见的民居建筑。至此，姜氏庄园的意义已经超越了居住，成为我们认识当地历史、解读当地民风、反思当下建筑文化质量的活教材。

作者：刘倩

59　别让“经营乡愁”毁了乡愁

“经营乡愁”最早出现在一些媒体上，是指那些凭借自然风光发展旅游、将地方饮食推向市场、在古村落搞商业开发的各种活动。在这样的语境中，“乡愁”成了商品，自然山水、古村古镇、地方小吃等具有地域特色的东西经过包装之后供人消费，在买卖中去体现价值。

《辞海》上将“乡”解释为“出生地，如故乡”；将“愁”解释为一种“挂念、担忧”的情结。结合起来看，“乡愁”是人们对故乡的一种怀念之情。在这样的语境中，诗人余光中的一首《乡愁》，情深意切地表现了对童年、对母亲的眷恋，对祖国统一的渴望；2013 年中央城镇化工作会议上，更将“留住乡愁”作为了建设中国城镇的目标，以保护中国城镇的文化底色。

很显然，主张“经营乡愁”的人立意在赚钱，而不太顾及这样做对“乡愁”本意的影响与社会的感受。

“乡愁”的内涵是游子的思乡之情，而故乡之所以令人思念，是因为那里供奉有祖先，有父母之恩，有童年的记忆，是每一个人生理和文化的基因所在。因此，这种情感与父母之情、爱人之情甚至国家之情一样，自然有着几分亲切，几分神圣，理应放在社会乃至每一个人心灵中最为圣洁的地方。以经营的态度对待“乡愁”，犹如以经营的态度对待父母、爱人和祖国，往小里说是不恭不敬，往大里说是对神圣的亵渎。

“乡愁”的外延是家乡的各种存在，包括自然山水中的一草一木，也包括老屋旧房内外的父母乡亲。凡此种种尽管平凡至极，却是每一个人来到世间后，观看到的第一道风景，感受到的第一份亲情，印刻着从孩童到成年的各种记忆。在一定程度上说，家乡是我们来到社会后的又一个“子宫”。随着年龄的增长和阅历的加深，这样由父母营造出来的环境会离我们越来越远，因而也越发地显得珍贵，我们也会像怀念童年一样怀念养育我们的故乡。如果以经营的态度对待“乡愁”，犹如以经营的态度对待童年，既冷漠又无情。

“经营乡愁”的思路显然脱胎于“文化搭台，经济唱戏”，就是利用老祖宗留下的东西做买卖。这是跨世纪前后一些急功近利的人提出来的一种城市建设思路。在这样的思想指导下，不知道有多少历史遗迹被改头换面成了市场，在偷梁换柱中沦为了地产商的摇钱树，成为挂羊头卖狗肉的场所……经过这样的开发，假古董取代了真古董，伪民俗置换了真民俗，使得不少城市不仅褪去了历史特色，也褪去了地域和民族特色，成了没有文化根脉和尊严的地方。

“经营乡愁”者的矛头对准的是农村，尤其是那些还存留着绿水青山和传统生活方式的古村落。经过各种名目的建设，这种地方在中国大地上已经十分稀少，完全可以用“中华传统的最后活态文化领地”来形容。如果照搬当年对待城市的办法来对待这些地方，这里的传统活态文化恐怕很快也会消失殆尽。

我们并不反对在古村落中发展经济，而是反对将当年经营城市的思路移植到这里，重蹈以牺牲环境和文化的覆辙。因为，古村落的自然和文化生态都十分脆弱，如何在这样的地方发展经济，处理好保护与利用的关系，使这些地方的绿水青山和传统文化可持续地流传下去，不只是一个技术问题，更是一个文化问题，需要慎重地通盘考虑才行。

我们并不反对在古村落中修复与建设，而是反对那种不顾当地历史和自然实际，模仿城市的做法去大拆大建。在城市，由设计单位来担纲建设项目是惯例。在古村落的建设上显然不能如法炮制，而是需要当地村民的加入。设计单位来自城市，对当地的自然和历史，尤其是民风民俗情况显然不济村民熟悉。更为重要的是，古村落是村民的家，忽略村民意愿的任何规划建设，既难以符合村民的需要，也难以让村民接纳。

我们并不反对在古村落中引入新的生活方式，而是反对那种不顾当地百姓的习俗，将城市生活照搬到农村的做法。生活方式与生产方式相配套，是人们获得幸福感的基本保障。城里人是这样，农村人更是这样。城市生活是建立在高耗能基础上的，盲目地将城市人的生活引入到村落，势必打破这里原有的生态系统，可以给当地人带来一时的新鲜感，但是，后期的运行开支显然是村民们所难以承担的，使那些新东西成为中看不中用的摆设。

经济发展在给我们带来财富的同时，也形成了以经济论英雄的思维惯性。“经营乡愁”就是这种思维的体现。中国历史上不乏盛世，更不乏如何正确对待财富的规劝与原则。比如，儒家就特别强调“爱财”要有君子之风，对“不义而富且贵”的行为给予极大蔑视；道家更主张“君子爱财”，要“取之有道”；佛教也将感恩父母师长、恭敬圣贤和扶危济困作为获得财富的前提条件。这样的传统使中华祖先一直将“财富积累”与“品德修养”相提并论，并视见利忘义、唯利是图为不耻。

后　　记

历经几个月的编纂整理，电脑前的劳作终于变成了一份厚厚的书稿。作为祁嘉华教授的研究生，我们有幸参与了这项工作的全过程。在此书即将付梓之际，导师让我们来写“后记”，算是对这段工作的一个小结。

作为学生，我们有更多的机会了解导师——不仅包括现在，还包括历史。

导师出生在北京，父母都是知识分子。1966 年以“支援三线建设”名义随父母单位迁到西安。因为政治运动造成的学校停课，他不得不在 16 岁就参加了工作，成为了一名工人。在知识分子遭到批判的年代，作为知识分子的后代也只能干最脏最累的活儿，而且一干就是 8 年。

那是一段不需要知识的年代，当然也不会给有志成才的青年提供高考的机会。然而，导师却能白天上班，晚上自学，用六年时间学完了初、高中的全部知识，其中付出的甘苦和毅力是常人难以想象的。同时，导师还阅读了大量中外名著。四十余年过去了，现在讲课，他仍能背诵《马克思的青少年时代》《哈姆雷特》《高老头》《安娜·卡列尼娜》《周易》《诗经》《文心雕龙》《红楼梦》等精彩段落，灵活自如地讲解中外历史发展的脉络和不同时期出现的重大事件。

恢复高考给当时的青年人提供了机会，凭着经年不辍的刻苦努力，在录取率仅 3% 的情况下他走进了大学。导师经常用“如饥似渴”来形容当时大学生的学习状态，比如说，上课记笔记竟然能让握笔的手指磨出茧子；读书不仅要做笔记，还要将一些重要的内容背诵下来；共住一室的同学，竟然不知道他每天晚上什么时间回宿舍，清晨又是什么时间离开的……这是那个时代的人才可能做到的付出，也得到了与付出相匹配的收获——不仅仅有书本知识，还有对知识的独立判断和善于思考的头脑。

人们常用“桃李不言下自成蹊”来形容教师的影响力。作为学生，我们也有切身的体会。报考研究生少不了要选择导师。怀着一种想获得真才实学的心理，我们没太在意招生广告，而是在网络上直接查询导师的信息，直接询问已经毕业的学长，最后才下定决心报考到导师的名下，开始了一番别开生面的学习——

首先是读书。早就听说导师要求研究生读书，从开列阅读书目，到每周一次阶段性检查；从个人谈阅读体会，到同学之间相互品评；从专业书籍，到人文历史。尤其重要的是，每一次都是由导师来做最后总结，对书籍内容进行分析，对同学们的观点做出评价，最后还要给大家介绍一些阅读经验。三个小时的读书会，是督促、是引导，让我们在领会书本知识的同时，也在导师的循循善诱下浮想联翩，仿佛经历了一场思想的洗礼。经过这样的训练，不仅开阔了我们的学术视野，掌握了读书方法，还领悟着导师研究问题的路径和规律。

其次是参加学术活动。学术活动是知识界高规格的交流，往往是那些身在学界并有所见地者才有资格参加。我们身边的一些同学也有过参加的经历，不过，充其量是参加些会场布置、代表接待、会场服务等外围工作，不要说论文，能把会议标题记住就算不错了。导师带我们参加学术会议则不是这样，既要求向会议提交论文，还鼓励同学们在会议上发言，同时还要向有关学术期刊推荐我们的论文去发表。对学生来说，参加一次学术会议就是一次完整的学术锻炼，论文写作，会议发言，公开发表，每一个环节都是一次尝试，一次进步，一次发现。听学长说，导师的学生中在学期间就有在《城市问题》《华中建筑》《中国名城》等行业内的重要期刊上发表了论文，其中还有人和导师一起出版了30多万字的专著！

最让我们难忘的是田野考察。早就知道“读万卷书，行万里路”的说法，真正领会其中的真谛还是在亲身经历之后。导师的项目很多，不管是理论研究类还是规划设计类，为了保障研究的客观准确，他都会亲自带我们去现场调研。尤其是在完成那些与古村落有关的项目时，每到一处都要召开村民座谈会，接下来还要走家串户，询问生活，查看住房，测量取样，拍摄影像……每天万余步的长途跋涉，尤其是遇到像勘查屋顶、翻越陡壁、登高望远等有危险的事情，导师总是走在最前面，不管是烈日炎炎的盛夏，还是风雪交加的严冬。行走之间，导师还会不失时机地向我们介绍当地的自然环境和历史背景，提示我们要注意发现村落的建筑形态与自然和人文环境之间的关系。

作为学生，我们还知道导师这些稿件的写作情况——包括时代背景和反复推敲的过程。

导师是一个多产的人，从文化角度研究城乡建筑不仅是他的专业，也成为了生活的重要组成，经年笔耕不辍。收集在这里的近 50 篇文章，是他 2012 年以来写作并已经发表在了各类期刊。如果说平均每年 10 篇的数量说明的是劳作的勤奋与思想的活跃，那么，多发表在北京权威的刊物上，体现的则是胆识与境界。在导师看来，近三十年是中国城乡建设最快也是问题最多的一段时间。从城市形象的趋于雷同，到环境污染的常态化，引起了老百姓的不安，也引起了国家高层和国际社会的极大关注。技术上的解决方案是必要的，但是，仅凭技术也是远远不够的。因为，技术是一把双刃剑，既可以造福，也可以造祸，而“造福”与“造祸”的关键在于人，在于人思想觉悟水平的高低。于是，想方设法提高人的觉悟才是关键。

在整理这些文章时我们发现，强烈的问题意识与答案探索，是贯穿始终的一条线索——

像“建筑与灰霾”“雾霾再来袭”等文章，跳出就事论事的局限，直指造成雾霾的环境根源；“‘奇怪建筑’的奇怪之处”“最丑建筑降低城市品位”“后现代主义建筑在中国”“城市化不等于西化”等文章，站在维护国家形象的高度，指出了建筑领域缺乏文化自信的普遍病症；“勿让城市超载行”“城市应该是这样的”等文章，向过分商业化带来高容积率提出质疑的同时，还提出了维护城市家园本质的思想；“生态学视野中的城市困境及其克服路径”“中国城市怎样与国际接轨”等文章，在提出问题的同时，也指出了解决问题的办法……

像“城镇化浪潮来袭，古村落价值几许”“由表及里：传统村落的价值再认定”等文章，将村落中的传统人居智慧与城市的可持续发展相结合，指出了古村落保护的现实意义；“古镇古村古堡中自然与人文价值的当下意义”“从传统农业到景观农业”等文章，立足实际，引进经验，为优秀传统文化的弘扬提出了有针对性的办法；“古村落与哥德巴赫猜想”“古村落人居智慧的当代价值”等文章，在剖析古村落流变历史的过程中，将散乱的生存智慧进行总结并提升到了学理的高度；“让更多人懂得中华营造智慧”“在营造文化研究中心授牌仪式上的讲话”等文章，在融汇古今中，指出了中华营造智慧在优秀传统文化中的地位以及对于增强民族文化自信的重要……

这些见解，每一个都有着明确的所指，有理有据地分析利弊得失，不仅体现了一个学者的深邃广博，还表现出担当社会责任的高度自觉，引起了政府有关部门的关注，引来了新闻媒体的采访，也被国外的一些刊物转载。

丰硕的成果给导师带来了更大的发展空间。2012 年，他承担了国家大学视频公开课《中华建筑的文化解码》，将建筑文化方面的研究成果以网络的形式推向了世界；2012 年，他参加了由住建部、文化部、国土资源部、财政部等七部委联合开展的传统村落调查与保护工作，审阅了几千份传统村落的申报材料，并实地勘察了全国几百个村落；2016 年，由中国民间文艺家协会批准的“中国营造文化研究中心”成立，意味着导师的学术生涯进入到了一个更高的社会层面。

写到这里，中学时就知道的名言“路漫漫其修远兮，吾将上下而求索”不由得又在心目中浮现。不过，这次不是为了应付某种考试，而是因为身边有了活生生的参照。

以创造为乐，以贡献为荣，将担当社会责任视为己任，而不为功名利禄而斤斤计较。根据我们的阅历，好像每个时代都会有这样一些人。当这样的人成为“脊梁”的时候，国家可以强大，社会可以进步，单位可以兴旺，生活也会因为有了这样的人而充满着活力。

随着社会活动的增多，导师很忙，可能上午还在某个城市开会，下午就到了某个村子。不过，不管多忙，读书不会耽误，写作也不会耽误，就连整理这部书稿的时候，他还督促我们每一个人都要写上一篇文章。在我们的心目中，不管从事多少社会活动，导师的治学还是那样严谨，带人还是那样诚恳，还保持着“上下求索”的研究态势。

这可能就是一个学者应有的“初心”吧。有人说：“人生的道路是很漫长的，但要紧处常常只有几步”。在导师身上，我们看到了在人生“要紧处”走好那几步的重要，也看到了“不忘初心，方得始终”的结果，更深刻体会到了他在中国营造文化研究中心成立大会上提出要“继绝学，融古今，创新业”的良苦用心和历史意义。

苏志刚、刘倩、祁俊程

二〇一七年十一月二十二日